SABER VER
A ARQUITETURA

SABER VER
A ARQUITETURA
Bruno Zevi

Tradução Maria Isabel Gaspar / Gaëten Martins de Oliveira

Título original: *SAPER VEDERE L'ARCHITETTURA.*
Copyright © by Bruno Zevi.
Copyright © 1984, Livraria Martins Fontes Editora Ltda.,
Copyright © 2011 Editora WMF Martins Fontes Ltda.,
São Paulo, para a presente edição.

1ª edição 1984
6ª edição 2009
4ª tiragem 2020

Tradução
MARIA ISABEL GASPAR
GAËTAN MARTINS DE OLIVEIRA

Revisão da tradução
Pier Luigi Cabra
Produção gráfica
Geraldo Alves
Paginação
Studio 3 Desenvolvimento Editorial
Capa
Katia Harumi Terasaka
Foto
Nelson Kon

Dados Internacionais de Catalogação na Publicação (CIP)
(Câmara Brasileira do Livro, SP, Brasil)

Zevi, Bruno
  Saber ver a arquitetura / Bruno Zevi ; tradução Maria Isabel Gaspar, Gaëtan Martins de Oliveira. – 6ª ed. – São Paulo : Editora WMF Martins Fontes, 2009. – (Coleção mundo da arte)

  ISBN 978-85-7827-084-1

  1. Arquitetura 2. Arquitetura – História I. Título.

09-00899   CDD-7204

Índices para catálogo sistemático:
1. Arquitetura   720

Todos os direitos desta edição reservados à
Editora WMF Martins Fontes Ltda.
Rua Prof. Laerte Ramos de Carvalho, 133 01325-030 São Paulo SP Brasil
Tel. (11) 3293-8150 e-mail: info@wmfmartinsfontes.com.br
http://www.wmfmartinsfontes.com.br

ÍNDICE

Capítulo 1
A ignorância da arquitetura   1

Capítulo 2
O espaço, protagonista da arquitetura   17

Capítulo 3
A representação do espaço   29

Capítulo 4
As várias idades do espaço   53
    A escala humana dos gregos   56
    O espaço estático da antiga Roma   67
    A diretriz humana do espaço cristão   70
    A aceleração direcional e a dilatação de Bizâncio   74
    A barbárica interrupção dos ritmos   77
    A métrica românica   80
    Os contrastes dimensionais e a continuidade espacial do gótico   91
    As leis e as medidas do espaço do século XV   95
    Volumetria e plástica do século XVI   101
    O movimento e a interpenetração no espaço barroco   113
    O espaço urbanístico do século XIX   118
    A "planta livre" e o espaço orgânico da idade moderna   121

Capítulo 5
As interpretações da arquitetura   **137**
   A interpretação política   140
   A interpretação filosófico-religiosa   142
   A interpretação científica   143
   A interpretação econômico-social   144
   Interpretações materialistas   146
   A interpretação técnica   150
   As interpretações fisiopsicológicas   152
   A interpretação formalista   166
   Da interpretação espacial   175

Capítulo 6
Para uma história moderna da arquitetura   **195**

Notas   219
Bibliografia   231
Índice dos lugares e monumentos citados   267
Índice das figuras   277
Índice dos quadros   279

CAPÍTULO 1 A IGNORÂNCIA DA ARQUITETURA

É quase uma praxe iniciar um estudo de crítica ou de história da arquitetura com uma censura ao público. Dezenove livros em cada vinte dentre os citados na bibliografia começam com diatribes e apologias:

– O público interessa-se por pintura e música, por escultura e literatura, mas não por arquitetura. O intelectual que se envergonharia de não conhecer um pintor do nível de Sebastiano del Piombo e empalideceria se o acusassem de ignorar um quadro de Matisse ou uma poesia de Éluard, sente-se perfeitamente à vontade ao confessar não saber quem é Buontalenti ou Neutra.

– Os jornais dedicam colunas inteiras a um novo livro de Koestler ou a uma exposição de Burri, mas ignoram a edificação de um novo palácio, ainda que seja obra de um famoso arquiteto. E, se todos os jornais que se prezam têm um noticiário sistemático de música, de teatro, de cinema e pelo menos uma coluna semanal sobre as artes, a arquitetura continua a ser a grande esquecida pela imprensa.

– Assim como não existe uma propaganda adequada para difundir a boa arquitetura, também não existem instrumentos eficazes para impedir a realização de edifícios horríveis. A censura funciona para os filmes e para a literatura, mas não para evitar escândalos urbanísticos e arquitetônicos, cujas conseqüências são bem mais graves e mais prolongadas do que as da publicação de um romance pornográfico.

– Todavia (e aqui começam as apologias), qualquer um pode desligar o rádio e abandonar os concertos, não gostar de cinema e de teatro e não ler um livro, mas ninguém pode fechar os olhos diante das construções que constituem o palco da vida citadina e trazem a marca do homem no campo e na paisagem.

O desinteresse do público pela arquitetura não pode, contudo, ser considerado fatal e inerente à natureza humana[1] ou à natureza da produção de edifícios[2], de tal forma que tenhamos de nos limitar a constatá-lo. Existem sem dúvida dificuldades objetivas, e uma incapacidade por parte dos arquitetos, dos historiadores da arquitetura e dos críticos de arte para se fazerem portadores da mensagem arquitetônica, para difundir o amor pela arquitetura, pelo menos entre a maioria das pessoas cultas.

Há, antes de mais nada, a impossibilidade material de transportar edifícios para um determinado local e de com eles fazer uma exposição, como se faz com os quadros. É necessário já ter interesse por este tema e estar munido de notável boa vontade para ver a arquitetura com uma certa ordem e inteligência. O homem médio que visita uma cidade monumental e sente o dever de admirar seus edifícios desloca-se segundo critérios meramente práticos de localização: hoje, visita uma igreja barroca num determinado bairro, depois uma ruína romana, depois uma praça moderna e uma basílica protocristã. Em seguida, passa para outro setor urbano e, no "segundo dia" do guia de turismo, volta a se deparar com a mesma mistura de exemplares arquitetônicos estranhos e diferentes[3]. Quantos turistas se propõem visitar hoje todas as igrejas bizantinas, amanhã todos os monumentos renascentistas, depois de amanhã as obras modernas? Qual de nós resiste à tentação de não seguir esta ordem de contemplação para admirar aquela torre românica que se ergue ao fundo de uma igreja barroca, ou para entrar mais uma vez no Panteão que está logo ali, ao lado das pedras góticas de Santa Maria sopra Minerva? É possível reunir em toda a Europa os quadros de Ticiano ou de Brueghel e revelar as suas personalidades em grandes exposições; também é possível executar as obras de Bach ou de Mozart em concertos unitários; mas cada um terá de criar com o próprio esforço físico e moral – que pressupõe uma paixão pela arquitetura – uma exposição de Francesco di Giorgio ou de Neumann.

Esta paixão não existe. A obstinação e a dedicação dos arqueólogos, merecedores de toda a admiração no campo filológico, dificilmente se elevam a esse plano de sintética reevocação que tem um eco exaltante no público. Os arquitetos profissionais que, para suportarem os problemas da arte de edificar contemporânea, nutrem uma profunda paixão pela arquitetura no sentido vivo da palavra, não têm hoje, em sua grande maioria, uma cultura que lhes permita entrar de uma forma, digamos, legítima no debate histórico e crítico. A cultura dos arquitetos modernos está muito freqüentemente ligada à sua crônica polêmica. Lutando contra o academismo enganoso e voltado a um simples trabalho de cópia, eles têm declarado muitas vezes, ainda que inconscientemente, o seu desinteresse pelas obras autênticas do passado, e renunciaram desta forma a extrair delas o elemento condutor vital e perene sem o qual nenhuma nova posição de vanguarda se desenvolve numa cultura. Não falamos apenas de F. Ll. Wright e de sua hostilidade para com o Renascimento italiano; a um gênio tudo é permitido e, particularmente, a falta de objetividade crítica. Referimo-nos também ao culturalismo de Le Corbusier; este seu roçar superficialmente e julgar por impressões as épocas históricas da arquitetura[4] constitui antes um elegante e brilhante exercício intelectual do que uma fecunda contribuição de renovação crítica. "Les yeux qui ne voient pas", os olhos que não viam a beleza das formas puristas hoje não vêem nem entendem as lições da arquitetura tradicional.

Há, portanto, muito o que fazer. É tarefa da segunda geração de arquitetos modernos, uma vez superada a ruptura psicológica do ato de gestação do movimento funcionalista, restabelecer uma ordem cultural. Passado o tempo da ostentação de novidades e dos manifestos de vanguarda, a arquitetura moderna insere-se na cultura arquitetônica, propondo antes de mais nada uma revisão crítica dessa mesma cultura. É evidente que uma cultura orgânica, no seu esforço por dar uma base e uma história ao homem moderno, disperso e sem raízes, e por integrar as exigências individuais e sociais que se apresentam hoje em forma de antítese entre a liberdade e o planejamento, a cultura e a prática, voltando-se para o passado, e especificamente para a história da arquitetura, não pode usar pesos diferentes de apreciação para a arquitetura moderna e para a tradicional. Quando formos capazes de adotar os mesmos critérios de avaliação para a arquitetura contemporânea e para a que foi edificada nos séculos que nos precederam teremos dado um decisivo passo em frente na senda dessa cultura.

Dezenas e dezenas de livros de estética, de crítica e de história da arquitetura poderiam ser apreciados através de uma prova de fogo: nos volumes de caráter arqueológico-histórico, acrescentem o capítulo sobre a arquitetura moderna e verifiquem se os conceitos críticos informadores continuam a ter validade; nos volumes de caráter apologético-moderno, incluam os capítulos sobre a arquitetura do passado e observem os absurdos a que chegaria a extensão crítica da postura meramente funcionalista ou racionalista. É de admitir que, com um expediente desse gênero, os volumes que não chegariam a ser eliminados se reduziriam a muito poucos. De fato, a maioria dos livros históricos seria eliminada por falta desse atributo de vitalidade, isto é, da capacidade de falar de interesses palpitantes a homens vivos, sem a qual a crítica e a história da arquitetura se tornam arqueologia no sentido morto da palavra. Muitos dentre os livros recentes falhariam por sua parcialidade modernista, por esse entusiasmo continuamente infantil e tão monotonamente ingênuo dos que descobrem todas as manhãs a revelação funcionalista, uma revelação que já tem mais de um quarto de século, afirmada profusamente e culturalmente adquirida, que por isso atingiu aquela idade madura em que todos os seres, e todas as mensagens humanas, se propõem temas mais amplos da própria autodefesa.

Essas são, em resumo, as posições do público, dos arqueólogos e dos arquitetos. Mas aonde os críticos de arte chegaram? Aparentemente, deram um passo em frente. Há quinze anos, quando sociólogos e pensadores do tipo de Lewis Mumford já se interessavam pelos problemas da arquitetura histórica e contemporânea, era raríssimo encontrar críticos de arte que se dedicassem especificamente a esses problemas. Hoje em dia, as coisas se passam de outro modo: podemos citar em todos os países vários críticos de arte que se ocupam quase que exclusivamente de arquitetura, e um número muito maior deles que se interessa por ela periodicamente. É significativo observar que a arquitetura seja freqüentemente estudada nas revistas de artes figurativas; que publicações mensais como o *Magazine of Art*, de Nova Iorque, ou o londrino *The Studio* publiquem uma resenha sistemática das mais importantes obras de arquitetura; que peritos de arquitetura comecem a entrar até mesmo na redação de jornais como o *London Times* e o *New York Herald Tribune*. Mesmo na Itália, alguns dentre os melhores críticos de arte, como Argan e Ragghianti, compreendem perfeitamente a importância do assunto e colaboram para sua difusão.

Porém, se analisarmos com mais cuidado esse fenômeno, tranqüilizador à primeira vista, observamos que, para além da aparência quantitativa, a substância é, muitas vezes, pouco satisfatória. A razão fundamental é a mesma que torna inadequados os capítulos de arquitetura da maior parte dos textos de história da arte, escritos por críticos de arte.

Qual é o defeito característico da maneira de tratar a arquitetura nas histórias da arte correntes? Já dissemos mais de uma vez: consiste no fato de os edifícios serem apreciados como se fossem esculturas e pinturas, ou seja, externa e superficialmente, como simples fenômenos plásticos. Em vez de uma falta de método crítico, trata-se de um erro de postura filosófica. Afirmada a unidade das artes e, portanto, outorgada a todos os que são entendidos numa atividade artística a autorização para compreender e julgar todas as obras de arte, a massa dos críticos estende os métodos avaliativos da pintura a todo o campo das artes figurativas, reduzindo tudo aos valores pictóricos. Dessa forma, se esquecem de considerar o que é específico da arquitetura e, portanto, diferente da escultura e da pintura, ou seja, no fundo, o que vale na arquitetura como tal[5].

No decorrer dos últimos cinqüenta anos, e em especial nos últimos trinta, a renovação da pintura, do cubismo em diante, marcou uma simplificação da equação pictórica. Os movimentos seguintes, num primeiro momento, divulgaram a libertação do sujeito e da semelhança, depois a arte abstrata. Gritou-se aos quatro ventos que o conteúdo não tinha valor, e, por fim, excluiu-se o conteúdo. Linhas, cor, forma, volume, massa, espaço-tempo são as palavras-tabu da moderna crítica figurativa, que ecoaram na opinião pública com frases aproximativas: foi dito que o artista "estiliza" o humano e que o valor da pintura moderna é de caráter "arquitetônico". Esse adjetivo ressoa, por toda parte, com o poder de uma sentença definitiva. De um desenho de Van Gogh a um baixo-relevo de Manzú, do *Adão* de Epstein à *Guernica* de Picasso, tudo o que tem uma forma expressiva sintética, que mostra uma vontade simplificadora de representação, tudo o que se propõe exprimir figurativamente o essencial de uma realidade sem o acréscimo de adjetivos e de decoração, foi definido como arquitetônico. Assim, a arquitetura voltou a estar na moda não pelos seus méritos intrínsecos, mas pela arquitetonicidade, se assim nos for permitido dizer, dos movimentos pictóricos modernos.

O fenômeno parecerá menos surpreendente se considerarmos que, apesar de todas as declarações teórico-estéticas, a crítica figurativa baseava-se amplamente no conteúdo representativo. A arquitetura mantinha-se hostil em relação ao crítico de arte médio exatamente por não permitir a ele todas aquelas evocações romântico-psicológicas em relação às quais demonstrava certa indulgência em matéria de pintura e escultura, isto é, por ser uma arte "abstrata". Uma vez que a pintura moderna impunha uma renovação do vocabulário crítico, recorreu-se, como é natural, precisamente àquela arte e à música, que, numa classificação tão superficial quanto abusada, era unida à arquitetura por uma pretensa fraternidade na abstração.

Do ponto de vista de uma crítica de efeito e de um brilhantismo social, essa moderna confusão de línguas abria infinitas possibilidades. E mesmo estudiosos sérios, como Giedion, deleitaram-se em comparar o equilíbrio de uma bailarina de Degas com o equilíbrio da base dos arcos da Galerie des Machines (Galeria das Máquinas), na Exposição de Paris de 1889; ou então em confrontar um quadro de Mondrian com uma planimetria de Miës van der Rohe, ou um esquema urbanístico curvilíneo de Le Corbusier, com as volutas de Borromini ou de Jones: todos jogos de azar agradáveis como ginástica intelectual, mas nada mais do que isso.

Ninguém pode impedir que se fale do cubismo de Le Corbusier, do construtivismo da primeira fase de Terragni, do neoplasticismo de Miës; às vezes, podemos mesmo considerar esses atributos justos pelo que diz respeito a uma vaga orientação do gosto, e quase sempre divertidos e estimulantes. Mas é preciso reconhecer dois fatos: 1) com esse método apenas continuam aplicados à arquitetura os critérios da crítica pictórica, com a única diferença de que atribuem-se agora à arquitetura contemporânea os conceitos válidos para a pintura contemporânea, enquanto anteriormente atribuíam-se os da pintura tradicional à arquitetura tradicional; 2) desse modo a crítica e a história da arquitetura não progridem.

A ignorância da arquitetura. O desinteresse pela arquitetura. Mas, diante de tamanha confusão crítica, podemos sinceramente culpar o público? Não é talvez a carência de uma interpretação clara e válida da arquitetura que determina esse desinteresse e essa ignorância? Se os engenheiros continuarem a escrever histórias da arquitetura como se fossem histórias da construção técnica, de que maneira o grande público pode acompanhá-los? Se os arqueólogos persistem na ensaística filológica, como podem pretender que as pessoas não especializadas se interessem pelo assunto? Por outro lado, se os críticos de arte ilustram a arquitetura como um reflexo e um eco das tendências pictóricas, por que razão o público deveria deter-se sobre a arquitetura e não dirigir-se às fontes primordiais, ou seja, à pintura e à escultura?

Se queremos, de fato, ensinar a *saber ver a arquitetura*, precisamos, antes de mais nada, nos propor uma clareza de método. O leitor médio que tem acesso aos livros de estética e de crítica arquitetônica fica horrorizado com a imprecisão dos termos: "verdade", "movimento", "força", "vitalidade", "sentido dos limites", "harmonia", "graça", "repouso", "escala", *"balance"*, "proporção", "luz e sombra", "eurritmia", "cheios e vazios", "simetria", "ritmo", "massa", "volume", "ênfase", "caráter", "contraste", "personalidade", "analogia" – são atributos da arquitetura que os diversos autores registram, muitas vezes sem especificar a que se referem. Todos têm certamente um lugar legítimo na história da arquitetura, mas com uma condição: que tenha sido esclarecida *a essência da arquitetura*.

Essa exigência de uma nova atitude crítica – parece supérfluo afirmá-lo – não é mencionada pela primeira vez nestas páginas. À parte as intuições dos críticos e historiadores antigos, de Lao Tse a Vischer, de Vasari a Goethe, de Schopenhauer a Milizia e a Wölfflin, pode-se dizer que todos os livros de crítica arquitetônica contêm pelo menos um trecho que diz respeito a essa exigência. Na produção crítica dos últimos anos, essas referências tornaram-se cada vez mais freqüentes; alguns volumes, e, notadamente, o de Pevsner, abriram o caminho. A presente contribuição não constitui, por isso, uma nova descoberta; ela pretende apenas compendiar e esclarecer os resultados críticos mais recentes, que pressupõem todo o imenso trabalho desenvolvido pelos estudiosos anteriores, e reúnem tudo aquilo que, com inteligência e tenacidade, foi por eles semeado.

Quadro 1 *Arquiteturas sem espaço interior.*

Página anterior:
Coluna de Marco Aurélio na Piazza Colonna, em Roma (séc. II d.C.).
Pietro e Gian Lorenzo Bernini: Fontana della Barcaccia na Piazza di Spagna, em Roma (séc. XVII).
Pirâmide de Caio Céstio, em Roma (15 a.C.).
Obelisco egípcio na Piazza del Popolo, em Roma (séc. XII a.C.).
Arco de Tito no Fórum Romano (81 d.C.).
Emilio Gallori: Monumento a Garibaldi, em Roma (1895).
Giuseppe Sacconi: Monumento a Vítor Emanuel II, em Roma (1885-1911).

Em cima:
Ruínas do Aqueduto de Cláudio (52 d.C.) vistas da Via Appia Nuova, em Roma.

Consideradas em si, estas obras, independentemente do seu valor artístico, não fazem parte da história da arquitetura. Pertencem à história da escultura monumental e à história da urbanística na medida em que limitam e qualificam o espaço interno da cidade e a paisagem.

Quadro 1a *Arquiteturas sem espaço interior.*

Página anterior:
Ponte de Castelvecchio, em Verona (1354-1356). Quatro vistas.
Fontes no parque de Villa Trissino, próximo de Vicenza (séc. XVIII).
Varanda setecentista.
Giulio Romano: Palazzo del Tè, em Mântua (1524-1530). Rotunda do jardim.

Em cima:
Nicola e Giovanni Pisano: Fonte de praça, em Perugia (construída em 1278).

Quadro 2 *Superfícies e volumes na representação fotográfica.*

Página anterior:
Antonio da Sangallo, o Jovem, e Michelangelo: Palazzo Farnese, em Roma (1514-1547). Ver Figs. 10 e 23.
Frank Lloyd Wright: Falling Water (Casa sobre a cascata), em Bear Run, Pensilvânia (1936).
Ver Figs. 11, 28 e Quadro 16.

Em cima:
Castello Ursino, em Catânia (séc. XIII).
Le Corbusier e P. Jeanneret: vila em Garches (1927).

A técnica fotográfica oferece uma representação adequada dos elementos bidimensionais da arquitetura. Proporciona, a partir de um único ângulo de visão, os elementos tridimensionais.

Quadro 2a *Superfícies e volumes na representação fotográfica.*

Página anterior:
Eugenio Montuori e Annibale Vitellozzi: estação ferroviária de Roma (1950). Átrio.
Fondaco dei Turchi (Loja dos Turcos), em Veneza, antes da restauração (séc. XIII).

Em cima:
Nello Aprile, Cino Calcaprina, Aldo Cardelli, Mario Fiorentino, Giuseppe Perugini: Monumento às Cave Ardeatine, em Roma (1945).
Michelangelo: Piazza del Campidoglio, em Roma (1546-1547).

CAPÍTULO 2 O ESPAÇO, PROTAGONISTA DA ARQUITETURA

A falta de uma história da arquitetura que possa ser considerada satisfatória deriva da falta de hábito da maior parte dos homens de entender o espaço, e do insucesso dos historiadores e dos críticos da arquitetura na aplicação e difusão de um método coerente para o estudo espacial dos edifícios.

Todos aqueles que, ainda que fugazmente, refletiram sobre esse tema, sabem que o caráter essencial da arquitetura – o que a distingue das outras atividades artísticas – está no fato de agir com um vocabulário tridimensional que inclui o homem. A pintura atua sobre duas dimensões, a despeito de poder sugerir três ou quatro delas. A escultura atua sobre três dimensões, mas o homem fica de fora, desligado, olhando do exterior as três dimensões. Por sua vez, a arquitetura é como uma grande escultura escavada, em cujo interior o homem penetra e caminha.

Quando queremos construir uma casa, o arquiteto nos apresenta uma perspectiva de uma das suas vistas exteriores e possivelmente outra da sala de estar. Depois apresenta-nos plantas, fachadas e seções, isto é, representa o volume arquitetônico, decompondo-o nos planos que o encerram e o dividem: paredes exteriores e interiores, planos verticais e horizontais. Do uso desse método representativo, utilizado nos livros técnicos de história da arquitetura e ilustrado nos textos populares de história da arte com fotografias, provém, em grande parte, a nossa falta de educação espacial.

Na verdade, a planta de um edifício nada mais é do que uma projeção abstrata no plano horizontal de todas as suas paredes, uma realidade que ninguém vê a não ser no papel, cuja única justificativa depende da necessidade de medir as distâncias entre os vários elementos da construção, para os operários que devem executar materialmente o trabalho. As fachadas e as seções longitudinais, interiores e exteriores, servem para medir as alturas. Mas a arquitetura não provém de um conjunto de larguras, comprimentos e alturas dos elementos construtivos que encerram o espaço, mas precisamente do vazio, do espaço encerrado, do espaço interior em que os homens andam e vivem. Em outras palavras, utilizamos como representação da arquitetura a transferência prática que o arquiteto faz das medidas que a definem para uso do construtor. Para o que diz respeito ao objetivo de saber ver a arquitetura, isso equivale, mais ou menos, a um método que, para ilustrar uma pintura, desse as dimensões da moldura ou calculasse as distâncias das diversas cores, reproduzindo-as separadamente.

É óbvio que uma poesia é algo mais do que um grupo de belos versos; quando a apreciamos, estudamos o seu contexto, o conjunto, e, ainda que depois se proceda à análise dos versos isoladamente, essa análise é feita em função e em nome desse conjunto. Quem quer se iniciar no estudo da arquitetura deve, antes de mais nada, compreender que uma planta pode ser abstratamente bela no papel; quatro fachadas podem parecer bem estudadas pelo equilíbrio dos cheios e dos vazios, dos relevos e das reentrâncias; o volume total do conjunto pode mesmo ser proporcionado, e no entanto o edifício pode resultar arquiteturalmente pobre. O espaço interior, o espaço que, como veremos no capítulo seguinte, não pode ser representado perfeitamente em nenhuma forma, que não pode ser conhecido e vivido a não ser por experiência direta, é o protagonista do fato arquitetônico. Tornarmo-nos senhores do espaço, saber "vê-lo", constitui a chave que nos dará a compreensão dos edifícios. Enquanto não tivermos aprendido não só a compreendê-lo teoricamente, mas também a aplicá-lo como elemento substancial na crítica arquitetônica, uma história e, conseqüentemente, um prazer proporcionado pela arquitetura apenas nos serão vagamente permitidos. Debater-nos-emos numa línguagem crítica que se refere aos edifícios com os termos próprios da pintura e da escultura[6], e, quando muito, elogiaremos o espaço imaginado de forma abstrata e não sentido de forma concreta[7]. Os estudos e as investigações limitar-se-ão às contribuições filológicas – os dados sociais, isto é, da função; os dados construtivos, isto é, da técnica; os dados volumétricos e decorativos, isto é, plásticos e pictóricos –, decerto bastante úteis, mas ineficazes para fazer entender o valor da arquitetura, uma vez que se esqueça a sua essência, o substantivo que é o espaço. Continuaremos a usar indistintamente palavras como "ritmo", "escala", "*balance*", "massa", até darmos a eles um ponto de aplicação específico na realidade em que se concretiza a arquitetura: o espaço.

Uma parte enorme e seguramente desproporcionada das páginas sobre arquitetura que se encontram nas histórias da arte escolares é dedicada à história da escultura e da pintura, à história social e talvez psicológica (através do estudo da personalidade dos autores) dos edifícios, não à sua realidade arquitetônica, à sua essência espacial. Esse material é, indubitavelmente, precioso: para quem não conhece a língua inglesa e pretende ler o *Hamlet* é de enorme utilidade aprender o significado de cada palavra, depois, através do estudo dos verbos, apreender o sentido das frases, e enfim conhecer a história britânica do século XVI e as vicissitudes materiais e psicológicas da vida de Shakespeare. Mas seria absurdo deixar de lado, durante esse laborioso preparo, o seu motivo original e o seu objetivo último, que é reviver o poema trágico. Todo o trabalho arqueológico-histórico e filológico-crítico é todavia útil, na medida em que prepara e enriquece a possibilidade sintética de uma história da arquitetura[8].

O que é a arquitetura? E, o que mais interessa agora, o que é a não-arquitetura? É correta a identificação entre arquitetura e edificação artística, e entre não-arquitetura e edificação feia? Em outras palavras, a distinção entre arquitetura e não-arquitetura baseia-se numa apreciação meramente estética? E o que é esse espaço protagonista da arquitetura? Quantas são as suas dimensões?

Essas são as perguntas imediatas que se colocam à crítica arquitetônica. Tentemos responder começando pela última, que é a mais específica.

Já dissemos que as quatro fachadas de uma casa, de uma igreja ou de um palácio, por mais belas que sejam, constituem apenas a caixa dentro da qual está encerrada a jóia arquitetônica. A caixa pode ser artisticamente trabalhada, ousadamente esculpida, decorada com gosto, pode constituir uma obra-prima, mas continua a ser um invólucro; nos Estados Unidos desenvolveu-se toda uma técnica e uma arte de fazer embrulhos, que é ensinada nas escolas industriais e de *commercial design*, mas ninguém jamais pensou em confundir o valor da caixa com o valor daquilo que ela contém. Em cada edifício, o continente é o invólucro mural, o conteúdo é o espaço interior. Na maioria das vezes, um condiciona o outro (basta lembrar uma catedral gótica francesa ou a maior parte dos edifícios autenticamente modernos), mas essa regra tem numerosas exceções no que diz respeito ao passado, em particular na arquitetura barroca. A história da edificação muitas vezes nos coloca diante de edifícios nos quais existe uma diferença nítida entre continente e conteúdo, e basta uma rápida análise para observar que, com alguma freqüência, na verdade com freqüência demasiada, o invólucro mural foi objeto de maiores preocupações e trabalho do que o espaço arquitetônico[9]. Ora, quantas dimensões tem o invólucro mural de um edifício? Podem elas identificar-se com as dimensões do espaço, isto é, da arquitetura?

A descoberta da perspectiva, ou seja, da representação gráfica das três dimensões – altura, profundidade e largura –, podia levar os artistas do século XV a acreditar que possuíam finalmente as dimensões da arquitetura e o método de representá-las. Os edifícios ilustrados nas pinturas pré-renascentistas são, de fato, achatados e tortos; Giotto perdia a paciência no momento de colocar fundos arquitetônicos em seus afrescos, mas ele próprio devia compreender que tecnicamente o seu sucesso era bastante relativo, ainda que aproveitasse, de uma maneira até certo ponto artística, essa sua incapacidade, para sublinhar propósitos cromáticos que ele sabia seriam alterados pelas representações tridimensionais. Na época, a pintura ainda agia sobre duas dimensões; a rigidez frontal bizantina ia-se arqueando nos rostos das figuras, uma maior capacidade nas passagens pictóricas da luz para as sombras transferia as experiências plásticas da escultura para o quadro cromático; a arquitetura pisana rompia a primeira superfície das fachadas das catedrais e dava uma profundidade, além de uma vibratilidade cromática, aos planos murais. No entanto, foi preciso esperar a descoberta da perspectiva para obter uma representação adequada dos ambientes interiores e das vistas exteriores da arquitetura. Uma vez elaborada a perspectiva, o problema parecia solucionado: a arquitetura – concluiu-se – tem três dimensões; o método é esse, qualquer pessoa pode desenhá-la. De Masaccio, Angelico e Benozzo Gozzoli a Bramante, aos seiscentistas, e continuando até o século XIX, um sem-número de pintores alinha-se aos desenhistas e arquitetos na representação em perspectiva da arquitetura.

Quando, no último decênio do século passado, a reprodução de fotografias se tornou comum, isso facilitou sua difusão em massa; os fotógrafos então tomam o lugar dos desenhistas e com um disparo de sua objetiva substituem as perspectivas que os apaixonados estudiosos da arquitetura vinham laboriosamente traçando desde o Renascimento. No entanto, quando tudo parecia criticamente claro e tecnicamente alcançado, a mente humana descobriu que, além das três dimensões da perspectiva, existia uma quarta. E foi a revolução dimensional cubista do período imediatamente anterior à guerra.

Não nos demoraremos a ilustrar a quarta dimensão mais do que seja estritamente necessário ao nosso assunto. O pintor parisiense de 1912 fez o seguinte raciocínio: eu vejo e represento um objeto, por exemplo uma caixa ou uma mesa; vejo-o de um ponto de vista e faço o seu retrato nas suas três dimensões a partir desse ponto de vista. Mas se girar a caixa nas nãos, ou caminhar ao redor da mesa, a cada passo mudo o meu ponto de vista, e para representar o objeto desse ponto devo fazer uma nova perspectiva. Conseqüentemente, a realidade do objeto não se esgota nas três dimensões da perspectiva; para possuí-la integralmente eu deveria fazer um número infinito de perspectivas dos infinitos pontos de vista. Existe, pois, outro elemento além das três dimensões tradicionais, e é precisamente o deslocamento sucessivo do ângulo visual. Assim designou-se o tempo, "quarta dimensão". De que maneira os pintores cubistas tentaram exprimir essa realidade da quarta dimensão sobrepondo as imagens de um mesmo objeto representado de diversos pontos de vista para projetar ao mesmo tempo o seu conjunto, não nos diz respeito.

E os cubistas não pararam por aqui. Sua ânsia de descobrir, de compreender profundamente a realidade de um objeto, conduziu-os ao seguinte pensamento: em cada fato corpóreo, além da forma externa, existe o organismo interno; além da pele, existem os músculos e o esqueleto, a constituição interna. Assim, em suas pinturas, eles representam simultaneamente não só os diferentes aspectos exteriores de um objeto, digamos uma caixa, mas a caixa aberta, a caixa em planta, a caixa rasgada.

A conquista cubista da quarta dimensão é de grande alcance histórico, independentemente da avaliação estética, positiva ou negativa, que se pode fazer das pinturas cubistas; pode-se preferir um mosaico bizantino a um afresco de Mantegna sem por isso se desconhecer a importância da perspectiva no desenvolvinento das pesquisas dimensionais; e assim é possível não gostar dos quadros de Picasso, mesmo reconhecendo o valor da quarta dimensão. Esta teve uma relação decisiva com a arquitetura, não tanto pelas traduções em termos de edificação da linguagem pictórica cubista, numa primeira fase do movimento moderno francês e alemão (influências melhor ilustradas na obra *Moderna história da arquitetura*), mas porque propiciou uma sustentação científica à exigência crítica de distinguir entre arquitetura construída e arquitetura desenhada, entre arquitetura e cenografia, que durante longo tempo permaneceu em estado confuso.

A quarta dimensão pareceu responder de forma satisfatória à questão das dimensões da arquitetura. Viramos uma estatueta em nossas mãos para observá-la de todos os lados, ou andamos em torno de um grupo estatuário para estudá-lo de um lado e de outro, de perto e de longe. Em arquitetura – raciocinou-se – existe o mesmo elemento "tempo", ou melhor, esse elemento é indispensável à atividade de construção: da primeira cabana, da primeira caverna do homem primitivo à nossa casa, à igreja, à escola, ao escritório onde trabalhamos, todas as obras de arquitetura, para serem compreendidas e vividas, requerem o tempo da nossa caminhada, a quarta dimensão. O problema pareceu mais uma vez solucionado.

Uma dimensão, porém, comum a todas as artes não pode, evidentemente, ser característica de nenhuma, e por isso o espaço arquitetônico não se esgota nas quatro dimensões. Esse novo fator "tempo" tem, assim, dois significados antitéticos em arquitetura e em pintura. Nesta, a quarta dimensão é uma qualidade representativa de um objeto, um elemento da realidade do objeto que um pintor pode preferir projetar no plano, e que não requer nenhuma participação física do observador. Na escultura, sucede a mesma coisa: o "movimento" de uma figura de Boccioni é uma qualidade própria da estátua que contemplamos e que devemos reviver psicológica e visualmente. Em arquitetura, no entanto, o fenômeno é totalmente diferente e concreto: aqui é o homem que, movendo-se no edifício, estudando-o de pontos de vista sucessivos, cria, por assim dizer, a quarta dimensão, dá ao espaço a sua realidade integral[10].

Para sermos mais precisos – uma vez que se escreveram complicados volumes a respeito, quando ao contrário a única dificuldade é explicar de forma clara uma experiência que todos conhecem –, a quarta dimensão é suficiente para definir o volume arquitetônico, isto é, o invólucro mural que encerra o espaço. Mas o espaço em si – a essência da arquitetura – transcende os limites da quarta dimensão.

Então, quantas dimensões tem este "vazio" arquitetônico, o espaço? Cinco, dez. Talvez infinitas. Mas, com relação aos nossos objetivos, basta estabelecer que o espaço arquitetônico não pode ser definido nos termos das dimensões da pintura e da escultura. É um fenômeno que se concretiza apenas em arquitetura e que desta constitui por isso a característica específica.

O leitor compreende que, tendo chegado a este ponto, a pergunta "o que é a arquitetura?" já encontrou uma resposta. Dizer, como é hábito, que a arquitetura é a edificação "bela" e a não-arquitetura a edificação "feia" não tem qualquer sentido esclarecedor, porque o belo e o feio são relativos e porque, de qualquer maneira, seria necessário dar antes uma definição analítica da edificação, recomeçando de certo modo do princípio.

A definição mais precisa que se pode dar atualmente da arquitetura é a que leva em conta o espaço interior. A bela arquitetura será a arquitetura que tem um espaço interior que nos atrai, nos eleva, nos subjuga espiritualmente; a arquitetura feia será aquela que tem um espaço interior que nos aborrece e nos repele. O importante, porém, é estabelecer que tudo o que não tem espaço interior não é arquitetura.

Se admitirmos o que fica dito acima – e admiti-lo parece questão de bom senso, além de lógica –, devemos reconhecer que os livros correntes de história da arquitetura estão cheios de observações que com a arquitetura, nesse sentido específico, nada têm em comum. Dedica-se uma infinidade de páginas aos prospectos dos edifícios, mas estes são escultura, plástica em grande escala, e não arquitetura no sentido espacial da palavra. Um obelisco, uma fonte, um monumento, ainda que de grandes proporções, um portal, um arco de triunfo, são todos feitos da arte que encontramos nas histórias da arquitetura, que podem ser obras-primas poéticas, mas não são arquitetura. A cenografia, a arquitetura pintada ou desenhada não são arquitetura, nem mais nem menos, como um poema ainda não transposto em versos e apenas narrado em suas linhas gerais não é um poema ou só o é no estado meramente internacional; em outras palavras, a experiência espacial não é dada enquanto a expressão mecânica e factual não tiver realizado a intuição lírica. Pois bem, se tomássemos uma história da arquitetura qualquer e tirássemos rigidamente todas as partes em que se nota uma hesitação na descrição de fatos não-arquitetônicos, poderíamos ter certeza de que, de cada cem páginas, pelo menos oitenta deveriam ser suprimidas.

Por outro lado, podem surgir aqui dois graves equívocos que não só anulariam o valor do raciocínio precedente, mas tornariam mesmo ridícula a interpretação espacial da arquitetura. São eles:

1) que a experiência espacial arquitetônica só é possível no interior de um edifício, ou seja, que o espaço urbanístico praticamente não existe ou não tem valor;

2) que o espaço não somente é o protagonista da arquitetura, mas esgota a experiência arquitetônica, e que, por conseguinte, a interpretação espacial de um edifício é suficiente como instrumento crítico para julgar uma obra de arquitetura.

Esses equívocos devem ser imediatamente dissipados.

A experiência espacial própria da arquitetura prolonga-se na cidade, nas ruas e praças, nos becos e parques, nos estádios e jardins, onde quer que a obra do homem haja limitado "vazios", isto é, tenha criado espaços fechados. Se no interior de um edifício o espaço é limitado por seis planos (por um soalho, um teto e quatro paredes), isto não significa que não seja igualmente espaço um vazio encerrado por cinco planos em vez de seis, como acontece num pátio ou numa praça. Não sei se a experiência espacial que se obtém percorrendo uma auto-estrada retilínea e uniforme, por quilômetros de planície desabitada, pode ser definida como uma experiência arquitetônica no sentido corrente da palavra, mas é certo que todo o espaço urbanístico, tudo o que é visualmente limitado por cortinas, quer sejam muros, fileiras de árvores ou cenários, é caracterizado pelos mesmos elementos que distinguem o espaço arquitetônico. Ora, visto que todos os volumes arquitetônicos, todos os invólucros murais, constituem um limite, um corte na continuidade espacial, é óbvio que todos os edifícios colaboram para a criação de dois espaços: os interiores, definidos perfeitamente pela obra arquitetônica, e os exteriores ou urbanísticos, encerrados nessa obra e nas contíguas. Então, é evidente que todos os temas que excluímos da arquitetura autêntica – pontes, obeliscos, fontes, arcos de triunfo, grupos de árvores, etc. (v. Quadro 1) – e particularmente as fachadas dos edifícios, todos entram em jogo na formação dos espaços urbanísticos. Mesmo aqui não tem importância o seu valor artístico particular, ou não tem grande importância; o que interessa é a sua função como determinantes de um espaço fechado. Que as fachadas sejam belas ou feias é até aqui (quer dizer, até termos esclarecido o segundo equívoco) secundário. Como quatro paredes bem decoradas não criam por si sós um ambiente bonito, um grupo de magníficas casas pode limitar um péssimo espaço urbanístico, e vice-versa[11].

O segundo equívoco leva o raciocínio aos seus limites extremos e ao absurdo, com ilações totalmente estranhas às intenções dos que defendem a interpretação espacial da arquitetura. Dizer que o espaço interior é a essência da arquitetura não significa efetivamente afirmar que o valor de uma obra arquitetônica se esgota no valor espacial. Cada edifício caracteriza-se por uma pluralidade de valores: econômicos, sociais, técnicos, funcionais, artísticos, espaciais e decorativos, e cada um tem a liberdade de escrever histórias econômicas da arquitetura, histórias sociais, técnicas e volumétricas, como é possível escrever uma história cosmológica, tomista ou política da *Divina Comédia*. Mas a realidade do edifício é conseqüência de todos esses fatores, e uma sua história válida não pode esquecer nenhum deles. Mesmo prescindindo dos fatores econômicos, sociais e técnicos, e fixando a atenção nos fatores artísticos, é claro que o espaço em si, apesar de ser o substantivo da arquitetura, não é suficiente para defini-la. Se é certo que uma bela decoração nunca criará um espaço bonito, também é verdade que um espaço satisfatório, quando não complementado por um tratamento adequado das paredes que o encerram, não cria um ambiente artístico, pelo menos enquanto a decoração não for renovada. É comum vermos todos os dias uma sala bonita estragada por pinturas feias ou por móveis inadequados ou mesmo por má iluminação. Trata-se, sem sombra de dúvida, de elementos relativamente pouco importantes, pois podem ser mudados com facilidade, enquanto o espaço lá está e se mantém. Mas uma apreciação estética sobre um edifício baseia-se não só no seu valor arquitetônico específico, mas em todos os fatores acessórios, ora esculturais, como na decoração aplicada, ora pictóricos, como nos mosaicos, nos afrescos e nos quadros, ora de decoração, como nos móveis.

Após um século de arquitetura predominantemente decorativa, escultural, a-espacial, o movimento moderno, em sua magnífica tentativa de levar a arquitetura para o campo que lhe é próprio, baniu a decoração dos edifícios, insistindo na tese de que os únicos valores arquitetônicos legítimos são os volumétricos e espaciais. A arquitetura racionalista voltou-se para os valores volumétricos, enquanto o movimento orgânico se fixou nos espaciais. É óbvio, porém, que, se como arquitetos sublinhamos os substantivos e não os adjetivos da arquitetura, como críticos e historiadores não podemos propor as nossas preferências no campo dos modos ou das expressões figurativas como o único padrão apreciativo para a arquitetura de todos os tempos. Mesmo porque, passados vinte anos de nudismo arquitetônico, de desinfecção decorativa, de fria e glacial volumetria, de esterilização estilística contrária a demasiadas exigências psicológicas e espirituais, a decoração (ainda que em forma não de ornamentação aplicada, mas de acoplamento de materias naturais diversos, de novo sentido da cor, etc.) está entrando de novo na arquitetura, e é justo que assim seja. A "falta de decoração" não pode ser um ponto programático de arquitetura alguma, a não ser em base polêmica e, portanto, efêmera.

O leitor leigo ficará possivelmente confuso a esta altura. Se a decoração tem importância, se a escultura e a pintura, excluídas inicialmente, voltam ao campo da arquitetura, para que serviu todo este discurso?

Evidentemente não foi para descobrir novas idéias ou inventar teorias esotéricas da arquitetura, mas apenas para ordenar e orientar as idéias que existem e que todos pressentem. É verdade que a decoração, a escultura e a pintura se relacionam ao estudo dos edifícios (não menos do que os motivos econômicos, valores sociais ou funcionais, e razões técnicas); tudo diz respeito à arquitetura como, de resto, a todos os grandes fenômenos artísticos, de pensamento ou de experiência humana. Mas de que forma isso acontece? Não indistintamente, como se poderia julgar, afirmando uma genérica e vazia unidade das artes. Relacionam-se na equação arquitetônica, nos seus lugares de substantivos e de adjetivos, de essência e de prolongamentos.

A história da arquitetura é, antes de mais nada e essencialmente, a história das concepções espaciais. O julgamento arquitetônico é fundamentalmente um julgamento sobre o espaço interior dos edifícios. Se ele não pode ser expresso pela falta de espaço interno, como acontece com os vários temas construtivos já mencionados, o edifício – quer seja o Arco de Tito, a Coluna de Trajano, ou uma fonte de Bernini – excede os limites da história da arquitetura e passa a integrar, como conjunto volumétrico, a história do urbanismo, e, como valor artístico intrínseco, a história da escultura. Se o julgamento sobre o espaço interior for negativo, o edifício faz parte da não-arquitetura ou da má arquitetura, mesmo que, mais tarde, os seus elementos decorativos possam ser abrangidos pela história da arte escultórica. Se o julgamento sobre o espaço de um edifício for positivo, este entra na história da arquitetura, mesmo que a decoração seja ineficaz, quer dizer, mesmo que o edifício, considerado integralmente, não seja totalmente satisfatório. Quando, por fim, o julgamento sobre a concepção espacial de um edifício, sobre sua volumetria e seus prolongamentos decorativos, for positivo, encontramo-nos então diante das grandes e íntegras obras, em cuja excelsa realidade colaboram os meios expressivos de todas as artes figurativas.

Concluindo: se podemos encontrar na arquitetura as contribuições das outras artes, é o espaço interior, o espaço que nos rodeia e nos inclui, que dá o *lá* no julgamento sobre um edifício, que constitui o "sim" ou o "não" de todas as sentenças estéticas sobre a arquitetura. Todo o resto é importante, ou melhor, *pode* sê-lo, mas é função da concepção espacial. Todas as vezes que, na história e na crítica, se perde de vista essa hierarquia de valores, gera-se a confusão e se acentua a atual desorientação em matéria de arquitetura.

Se pensarmos um pouco a respeito, o fato de o espaço, o vazio, ser o protagonista da arquitetura é, no fundo, natural, porque a arquitetura não é apenas arte nem só imagem de vida histórica ou de vida vivida por nós e pelos outros; é também, e sobretudo, o ambiente, a cena onde vivemos a nossa vida.

CAPÍTULO 3 A REPRESENTAÇÃO DO ESPAÇO

Um dia, por volta de 1435, um certo Gutenberg, de Mainz, teve a idéia de gravar em pedacinhos de madeira as letras do alfabeto; em seguida, as justapôs para formar palavras, linhas, frases e páginas. Inventou a imprensa, e, ao fazê-lo, abriu o mundo das obras poéticas e dos escritos literários, até então propriedade e instrumento de uma restrita classe de intelectuais, às massas populares.

Em 1839, um tal Daguerre aplicou os seus conhecimentos fotoquímicos para reproduzir as imagens de um objeto. Inventou a fotografia e marcou a passagem de todas as experiências visuais, humanas e artísticas, do plano aristocrático, do plano das poucas pessoas que podiam pagar a um pintor para que as retratasse ou podiam viajar para estudar as obras pictóricas e escultóricas, ao plano coletivo.

Edison, em 1877, inventou um aparelho cilíndrico e conseguiu, pela primeira vez, registrar os sons numa lâmina de estanho. Quarenta e três anos mais tarde, em 1920, realizava-se a primeira transmissão radiofônica. A arte musical, até então à disposição exclusiva de limitados grupos de conhecedores, difundiu-se entre as massas com o fonógrafo e o rádio.

Assim, num contínuo progresso científico e técnico dedicado ao enriquecimento do patrimônio espiritual de um sempre crescente número de homens, a poesia e a literatura, a pintura, a escultura e a música encontraram os meios para uma difusão em grande escala. Como a reprodução sonora atinge, atualmente, quase a perfeição, a fotografia em cores faz prever, dentro de alguns anos, uma nítida elevação da educação cromática, ainda muito inferior à média dos conhecimentos de desenho e composição.

Mas, em todo esse processo, a arquitetura mantém-se isolada e só. O problema da representação do espaço, longe de ter sido resolvido, ainda nem foi colocado. Por não termos até agora a definição exata da consistência e do caráter do espaço arquitetônico, faltou a exigência de representá-lo e difundi-lo. Por essa mesma razão, a educação arquitetônica é totalmente inadequada.

Como já vimos, o método de representação dos edifícios que encontramos aplicado na maioria das histórias de arte e da arquitetura serve-se de: a) plantas, b) elevações e cortes ou seções, c) fotografias. Já afirmamos que, isoladamente e no seu conjunto, esses instrumentos são incapazes de representar completamente o espaço arquitetônico, mas é útil aprofundar o assunto porque – se até agora não temos à nossa disposição melhores meios representativos – a nossa missão é estudar a técnica de que dispomos e torná-la mais eficiente. Se não existe uma maneira satisfatória de representar as concepções espaciais, há, sem dúvida, uma problemática dos meios que possuímos. Tratemos de discuti-la.

a) AS PLANTAS. Já dissemos que são uma coisa abstrata porque estão completamente fora de todas as concretas experiências visuais de um edifício. Não obstante, a planta ainda é o único meio com que podemos julgar a estrutura completa de uma obra arquitetônica: todo arquiteto sabe que a planta é um elemento que, mesmo não sendo por si só suficiente, tem uma acentuada proeminência na determinação do valor artístico. Quando Le Corbusier fala do *plan générateur*, ele não contribui para o progresso da compreensão da arquitetura, antes gera nos seus seguidores uma mística da "estética da planta" que não é muito menos formalista do que a estética mural das *beaux-arts*; contudo, ele denuncia uma "realidade". As plantas ainda hoje são um dos meios fundamentais da representação arquitetônica. Mas podem ser melhoradas?

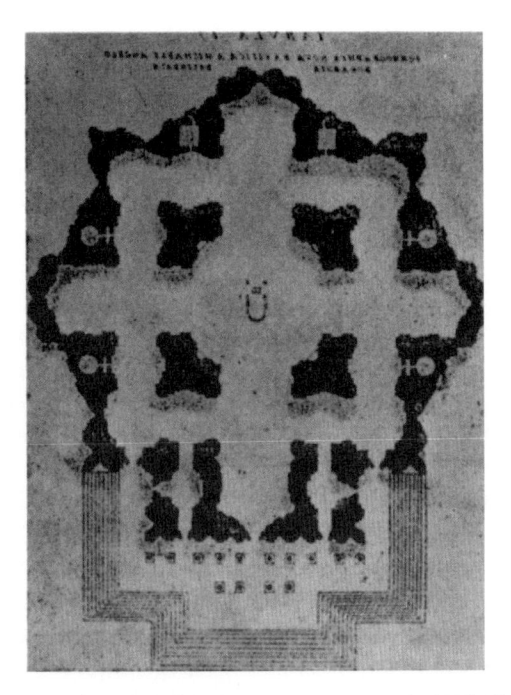

Fig. 1 – Michelangelo: projeto da Basílica de São Pedro, em Roma (c. 1520). Planta (segundo Bonanni). Ver Quadro 19.

Tomemos por exemplo a planimetria feita por Michelangelo de S. Pedro, em Roma. Muitos livros reproduzem a planta de Bonanni (Fig. 1), em parte pela moda esnobe do desenho antigo e arcaico – moda que, especialmente nos temas históricos da urbanística, colabora grandemente para reforçar a confusão do público –, em parte, porque os seus autores não se preocupam em investigar a problemática das representações arquitetônicas. Apesar disso, nenhuma pessoa de bom senso poderá dizer que essa é a melhor representação da concepção espacial de Buonarroti para um jovem que se inicie no estudo da arquitetura, ou para um leitor leigo que naturalmente exige que o crítico e o historiador lhe facilitem a tarefa de aprender os valores da arquitetura.

Nessa planta, existe, antes de mais nada, uma ostentação de detalhes, uma indicação minuciosa de todos os pilares e curvas, que poderá ser útil numa fase posterior da ilustração crítica (ou seja, na fase em que devemos verificar se o tema espacial tem um prolongamento coerente no tratamento plástico do invólucro mural e na decoração), mas que confunde agora, neste primeiro momento crítico em que todo o esforço é dedicado à ilustração da essência espacial da arquitetura.

Um professor de história da literatura não entrega aos alunos uma edição completa e desprovida de notas da *Divina Comédia*, dizendo: "Eis a obra-prima – leiam e admirem." Há todo um preparo prévio para a leitura do poema, durante o qual aprendemos os temas dantescos nos vários resumos que deles fazem os textos literários, e nos habituamos à linguagem do poeta através dos cantos e fragmentos reproduzidos nas antologias. A didática literária dedica uma considerável parte do seu trabalho à simplificação da matéria, enquanto a didática arquitetônica, dirigida ao grande público, ainda ignora, em grande parte, o problema. Não é certamente necessário fazer resumos de um soneto da *Vita Nuova*, de uma poesia lírica ou de um fragmento poético; do mesmo modo, uma vivenda ou uma pequena casa de campo não requer uma simplificação da planta. Mas o S. Pedro de Michelangelo é uma obra complexa como a *Divina Comédia*, e não se compreende por que motivo é aceitável dedicar três anos de estudo para analisar e depois apreciar a *Comédia* dantesca, e se deve liquidar S. Pedro num rápido esboço feito durante uma aula sobre a arquitetura do Cinquecento. A desigualdade que existe entre o tempo dedicado às artes literárias e o empregado na ilustração da arquitetura não tem qualquer justificativa crítica (é necessário mais tempo para compreender Sant'Ivo alla Sapienza, de Borromini, do que os *Noivos* de Manzoni) e tem como última conseqüência a nossa geral falta de conhecimentos espaciais.

Antes de representar uma tragédia, os gregos ouviam seu argumento, resumido num prólogo, e acompanhavam assim o desenrolar da ação sem o elemento de curiosidade pelo conteúdo que é estranho à serenidade da contemplação e da apreciação

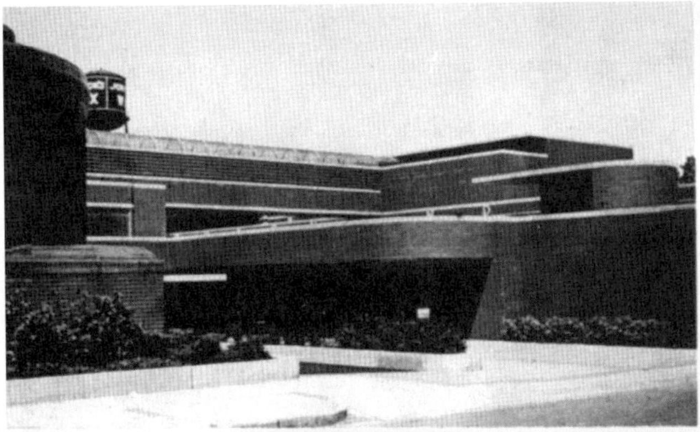
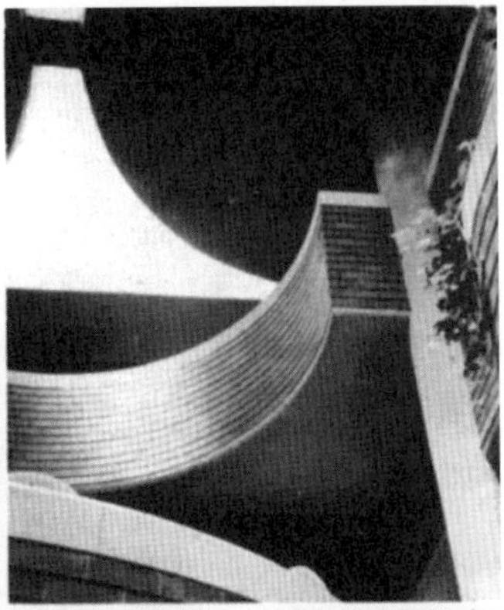
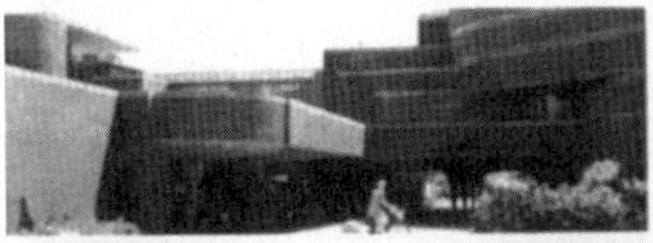
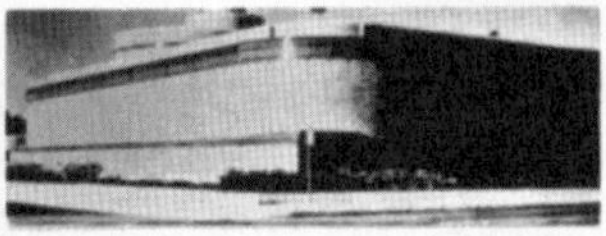
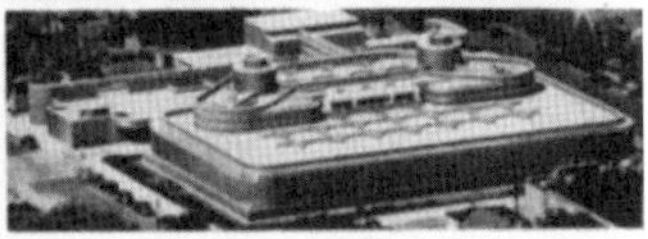
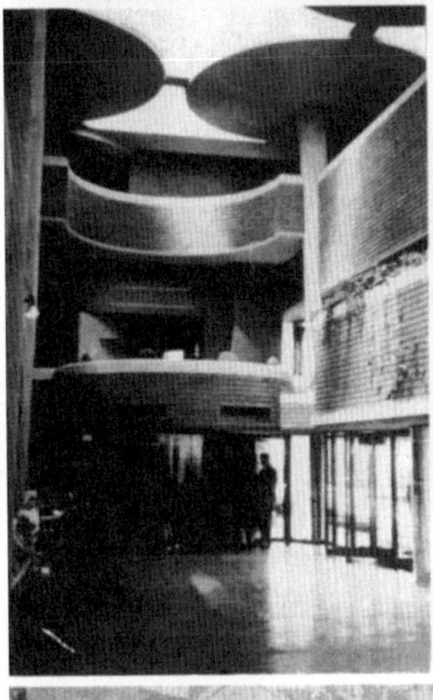
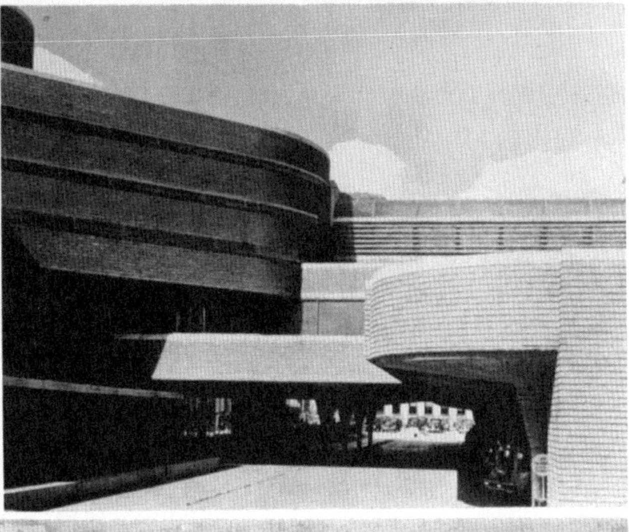
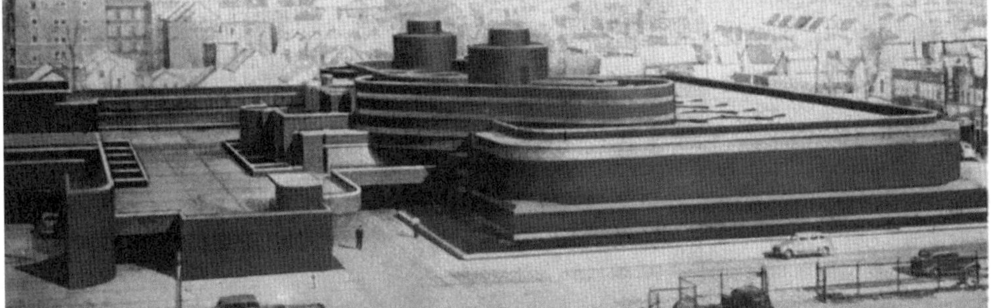

Quadro 3 *Os jogos volumétricos na representação fotográfica.*

Página anterior:
Frank Lloyd Wright: Edifício da administração da S. C. Johnson, em Racine, Wisconsin (1936-1939).

Em cima:
Basílica de Santo Antônio, em Pádua (sécs. XIII-XIV).

Uma série de fotografias, tiradas de pontos diferentes, proporciona os efeitos volumétricos da arquitetura. No entanto, o instrumento mais adequado para a representação volumétrica é o cinema.

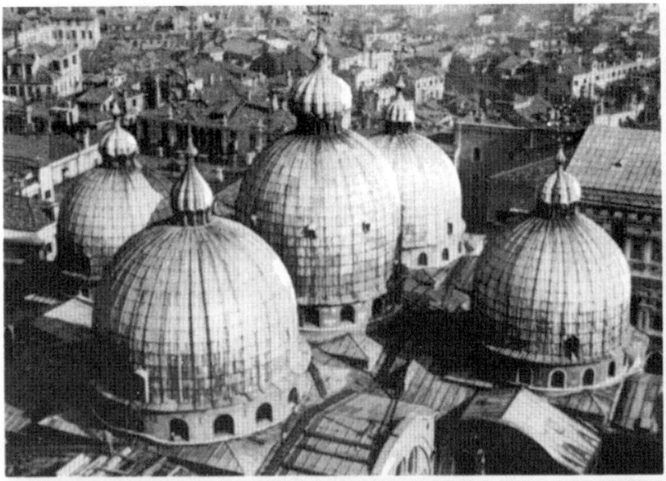
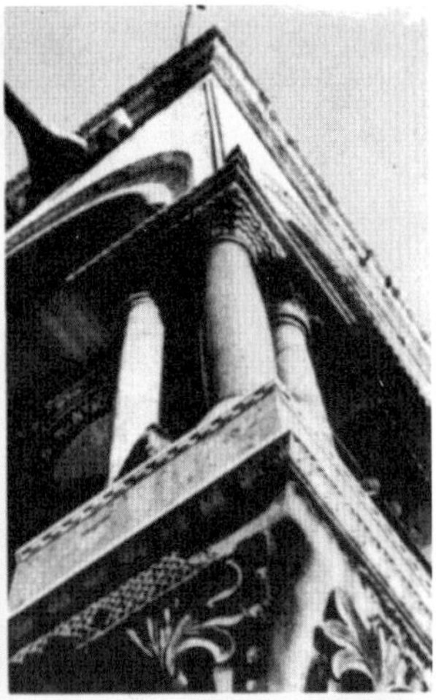
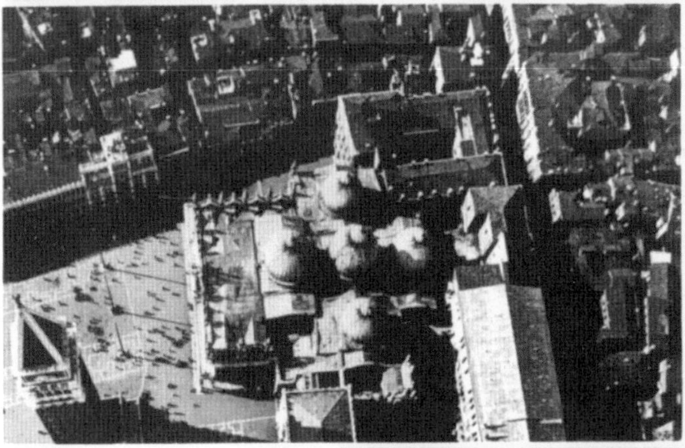
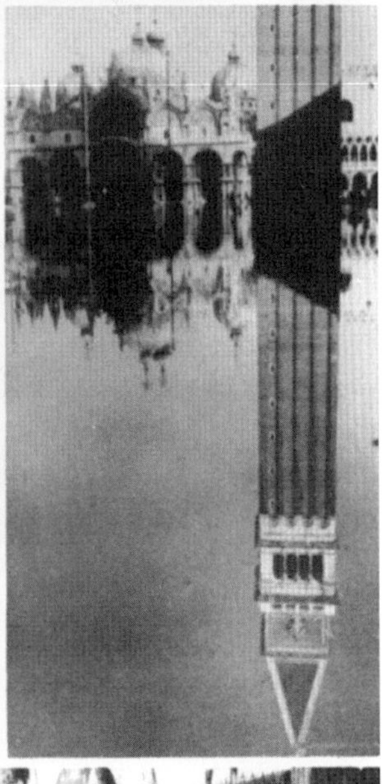
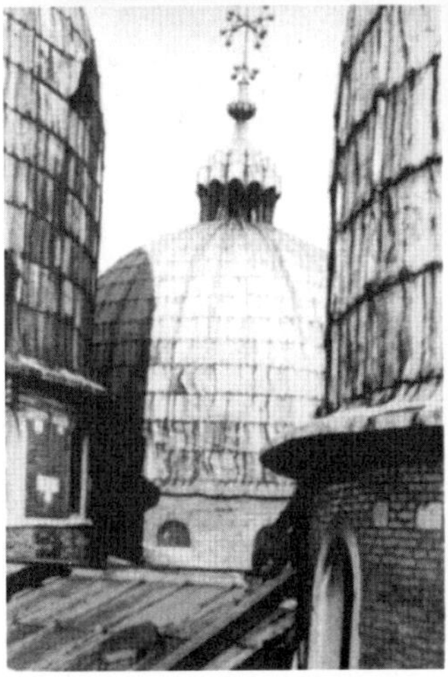
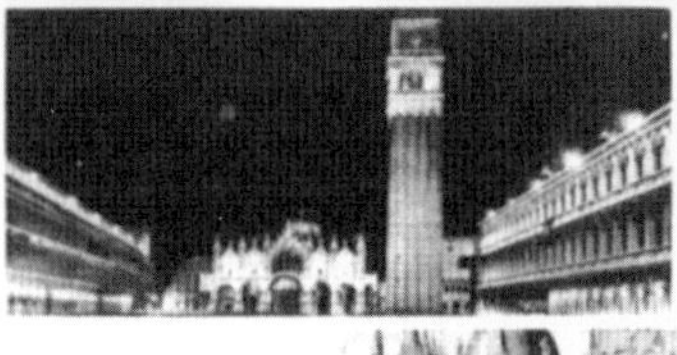
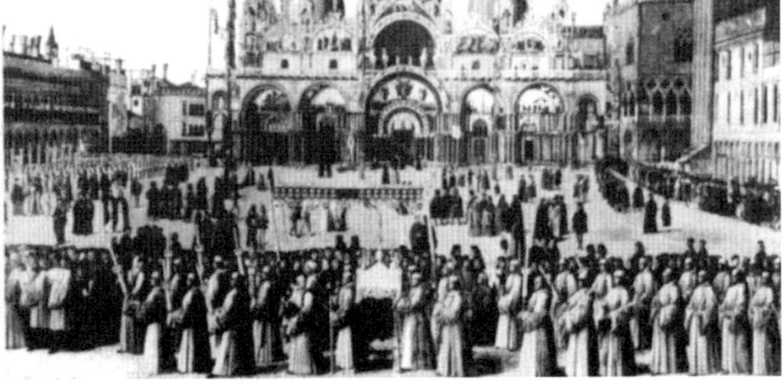

Quadro 3a *Os jogos volumétricos na representação fotográfica.*

Página anterior:
Basílica de São Marco em Veneza (sécs. X-XIV). Para a praça, ver Quadro 4.

Em cima:
Giuseppe Terragni: Orfanato em Como (1936-1937).

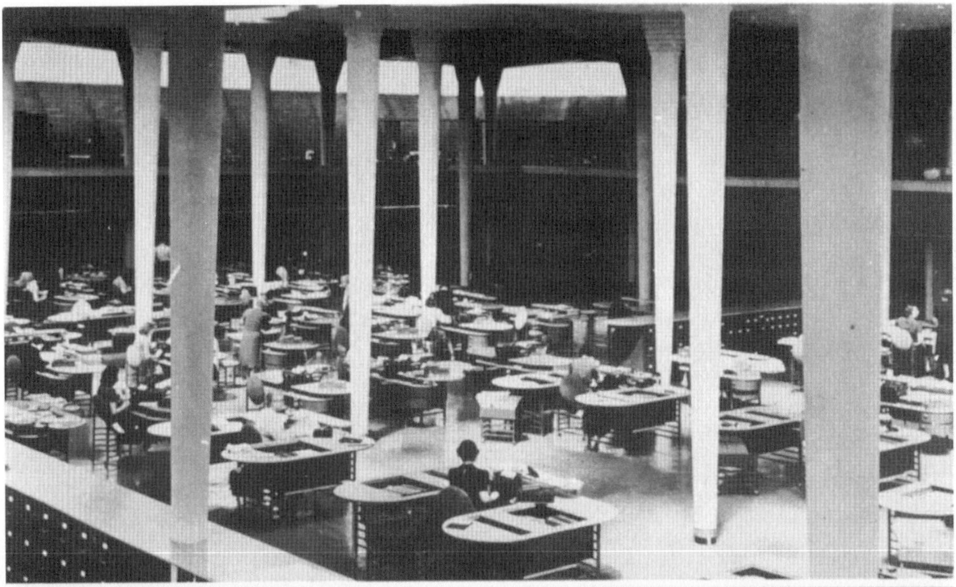
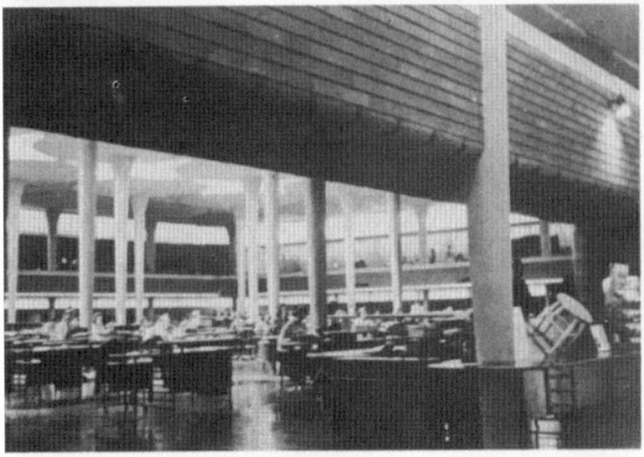
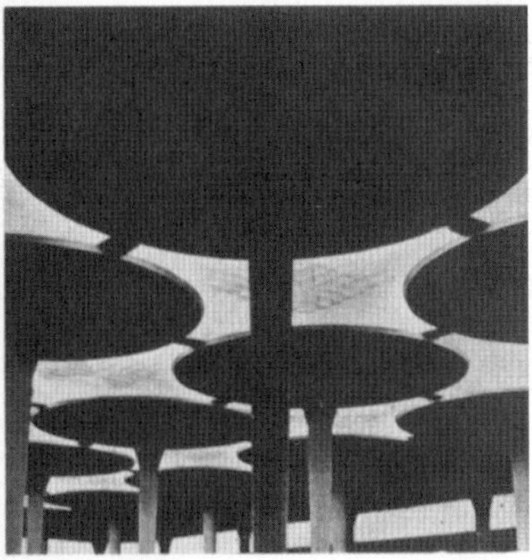
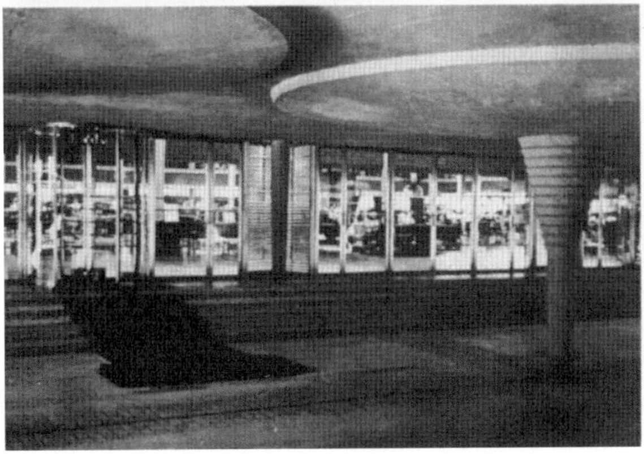
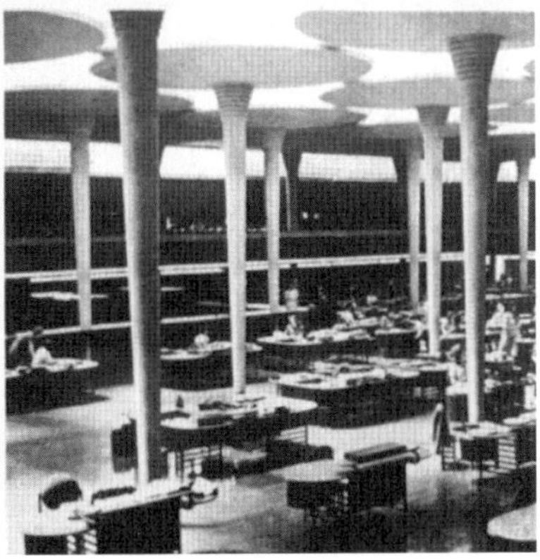

Quadro 4 *O espaço interior na representação fotográfica.*

Página anterior:
Frank Lloyd Wright: Edifício da administração da S. C. Johnson, em Racine, Wisconsin (1936-1939).

Em cima:
Praça de São Marco, em Veneza (séc. XV). Ver Quadro 3a.

Nem mesmo cem fotografias podem dar a sensação dos "vazios", do espaço interior, protagonista da arquitetura. Ainda que se trate apenas de uma sala de um edifício complexo ou de uma praça – um entre os muitos episódios da narrativa da cidade. O próprio cinema é incapaz de representar perfeitamente o espaço interior.

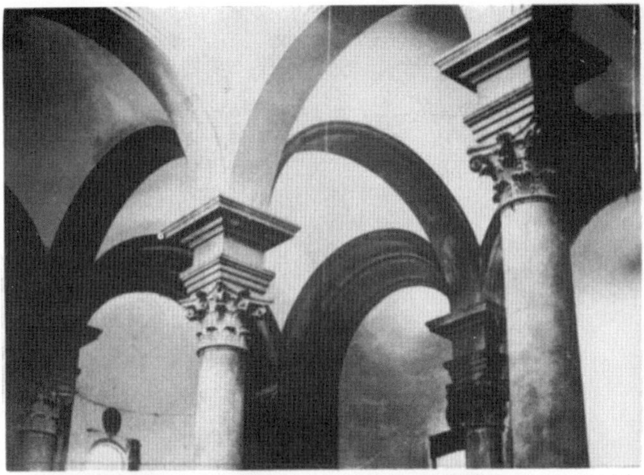
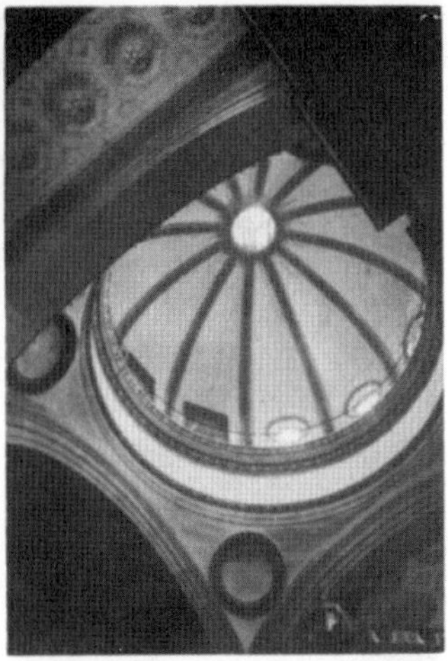
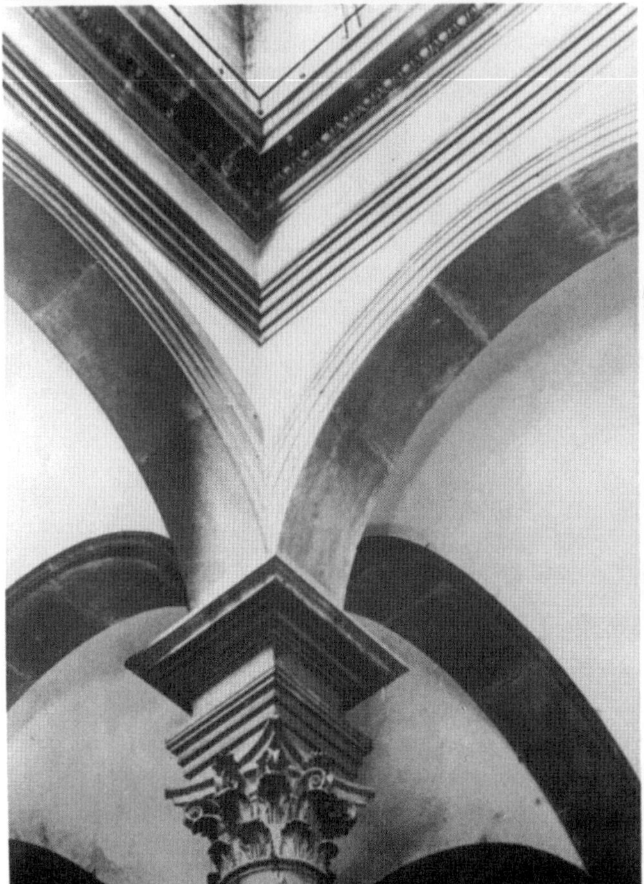
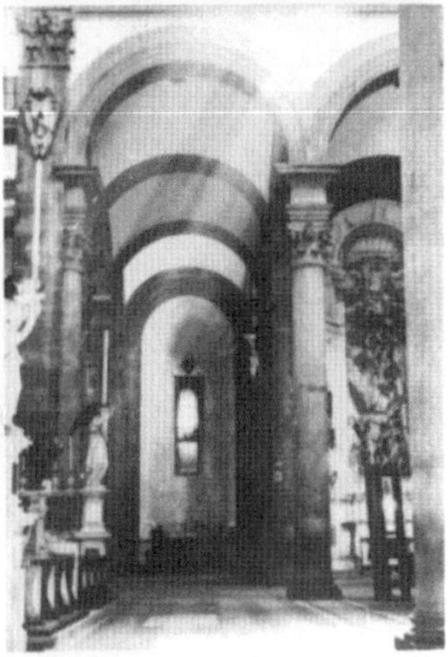
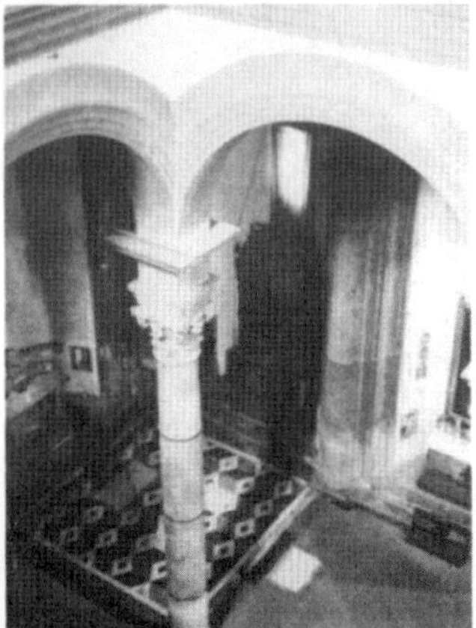

Quadro 4a *O espaço interior na representação fotográfica.*

Página anterior:
Filippo Brunelleschi: Igreja de Santo Spirito, em Florença (iniciada em 1444). Aspectos do interior. Ver Fig. 22 e Quadro 11.

Em cima:
Le Corbusier e P. Jeanneret: Villa Savoie, em Poissy (1928-1930). Aspectos do interior.
Ver Fig. 26 e Quadro 15.

Figs. 2 e 3 – A planta da Figura 1, simplificada, e seu negativo fotográfico.

estética; aliás, conhecendo o tema, a essência do drama, podiam apreciar melhor a realização artística, o valor de todos os pormenores e de cada adjetivo. Na educação arquitetônica, ainda que estejamos limitados ao único meio representativo das plantas, o método do resumo gráfico é importante: a síntese antecede a análise, a estrutura antecede os acabamentos, o espaço antecede as decorações; para propor a um leigo a compreensão de uma planta de Michelangelo, o processo crítico deve ser feito no mesmo sentido em que Michelangelo desenvolveu sua criação. A Fig. 2 propõe um resumo da planta da Fig. 1, segundo uma interpretação que é inevitável em todos os resumos; é possível delinear cem interpretações melhores, mas o importante é que todos os historiadores de arquitetura considerem como sua tarefa desenvolver este trabalho interpretativo de simplificação.

Vamos focalizar agora um ponto muito mais substancial. As paredes assinaladas em preto na planta separam o espaço exterior ou urbanístico do espaço interior mais propriamente arquitetônico. De fato, todos os edifícios cortam bruscamente, interrompem a continuidade espacial, de maneira que o homem, estando no interior, não pode ver tudo o que está fora do invólucro mural e vice-versa. Assim, cada edifício coloca um limite à liberdade visual e espacial do observador. Muito bem, o importante, a essência da arquitetura e, portanto, o que se deve sublinhar na sua representação em planta não é o limite posto à liberdade espacial, mas esta liberdade delimitada, definida e potenciada entre as paredes. Tal como a Fig. 1, a Fig. 2 coloca em evidência a massa construtiva, isto é, os limites do espaço, os obstáculos que determinam o perímetro das possibilidades visuais, mas não representa o "vazio" por onde a visão se espraia e na qual se exprime o valor da criação de Michelangelo. Se o preto tem maior atração óptica do que o branco, estas duas representações planimétricas parecem, à primeira vista, o contrário, os negativos fotográficos de uma representação espacial adequada.

Na verdade, não se trata de positivos ou negativos, mas de um erro. Se, de fato, observarmos a Fig. 3, que é o negativo da Fig. 2, verificamos que nos encontramos na mesma situação anterior; em destaque estão ainda as paredes, os limites, a moldura do quadro e não o próprio quadro. E por quê? Pela simples razão de se dar uma equivalência de representação ao espaço exterior e ao interior, quando, na realidade, entre esses dois espaços existe uma contradição peremptória e absoluta, de tal forma que ver um deles significa excluir o outro.

A essa altura, o leitor já compreendeu aonde se quer chegar, e nas Figs. 4 e 5 encontrará as representações planimétricas da concepção de Michelangelo. A Fig. 4 dá a espacialidade interior da igreja no nível do espectador, isto é, apresenta todo o espaço do ambiente em que o homem caminha. A Fig. 5 dá, ao contrário, o espaço exterior tal como está definido pelos muros da basílica e, naturalmente, possui um valor bastante inferior, porque a realidade do espaço urbanístico não se concretiza em torno de um único edifício, mas nos vazios limitados por todos os elementos murais e naturais que o definem.

É evidente que mesmo aqui nos encontramos num campo interpretativo que permite, com maior reflexão, notáveis melho-

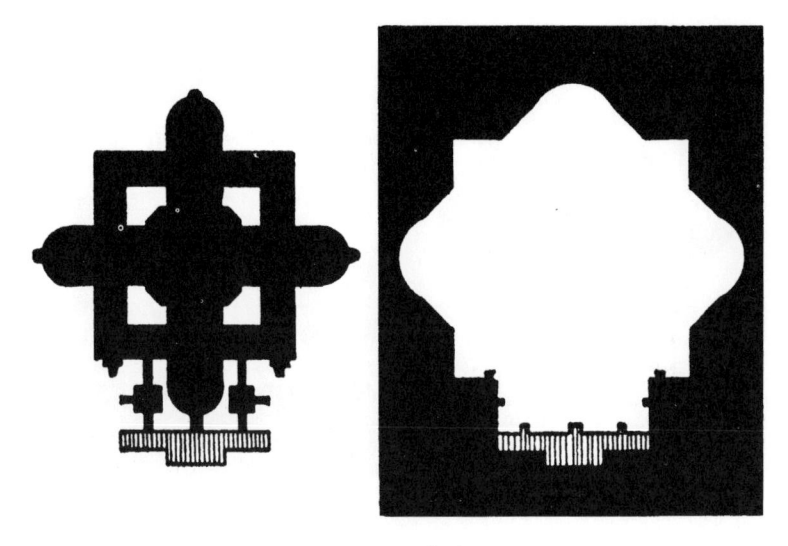

Figs. 4 e 5 – o espaço interior e o espaço exterior da Figura 1.

rias. A Fig. 4, sobretudo no que diz respeito ao anonimato da Fig. 1, pode nos surpreender, mas não nos satisfaz. Uniformizando na mancha negra todo o "vazio", não exprime a hierarquia altimétrica dos diversos vazios. A rigor, erra, ao representar, mesmo em tracejado, o espaço do pórtico que não pode existir ao mesmo tempo que o espaço da igreja; logo depois identifica o espaço determinado pela altíssima cúpula central com os definidos pelas quatro pequenas cúpulas dos ângulos e pelos corredores e nichos. A Fig. 4 seria aceitável se a altura da basílica fosse toda igual; mas, uma vez que os desníveis são acentuados e de importância decisiva no valor espacial do edifício, é necessário tentar, mesmo na planta, projetar suas formas. Em alguns livros encontra-se a Fig. 6 com a projeção das estruturas fundamentais em que se articula o conjunto da igreja; é, certamente, um passo à frente em relação à Fig. 1, ainda que conserve todos os defeitos notados a respeito das Figs. 2 e 3. O juízo interpretativo torna-se por isso mais complexo.

Pensando bem, a mesma afirmação de antítese entre espaço exterior e interior ilustrada nas Figs. 4 e 5 parece um pouco axio-

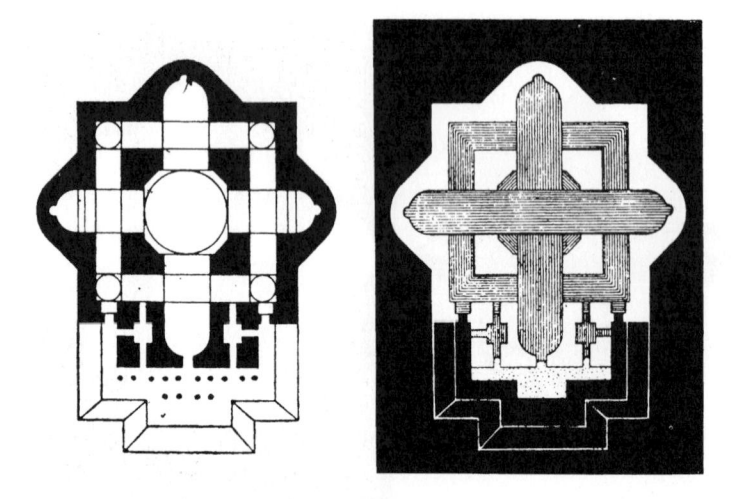

Figs. 6 e 7 – A planta da Figura 1 com a projeção das estruturas e uma interpretação espacial.

mática e polêmica. Michelangelo não concebeu, separadamente, primeiro o interior da basílica e depois o exterior: ele criou todo o conjunto de S. Pedro ao mesmo tempo, e se é verdade que a visão do espaço interior exclui a do espaço exterior, também é verdade que existe a "quarta dimensão", o tempo dos pontos de vista sucessivos, e que o caminhar do homem não se dá apenas no interior ou no exterior, mas consecutivamente num e noutro. Nas obras edificadas por camadas sucessivas, em épocas diferentes, e por vários arquitetos, onde um tenha criado o interior, outro as fachadas, poderá ser legítima a diferença e a antítese estabelecidas nas Figs. 4 e 5. Mas nas concepções unitárias existe uma coerência, uma interdependência e diria mesmo quase uma identidade entre espaço interior e volumetria – por sua vez, fator do espaço urbanístico – criados e definidos simultaneamente por uma mesma inspiração, um mesmo tema, um mesmo artista.

Entramos então a fundo na problemática da representação planimétrica do espaço. Um autor poderá achar que o mais importante a realçar é a forma em cruz da igreja, e desenhará a planta da Fig. 7; outro julgará oportuno sublinhar a predominân-

Figs. 8 e 9 – Duas outras interpretações espaciais da planta da Basílica de São Pedro, de Michelangelo.

cia arquitetônica da cúpula central e o percurso marcado pelo quadrado dos corredores, produzindo a interpretação da Fig. 8; um terceiro dará maior valor às quatro cúpulas e às abóbadas, e apresentará a Fig. 9. Cada uma dessas interpretações exprime um elemento real do espaço desejado por Michelangelo; cada uma delas é em si insuficiente. Mas se a investigação nos problemas da representação do espaço se aprofunda neste sentido, podemos ter certeza de que, mesmo que ninguém consiga encontrar um método para exprimir adequadamente em planta uma concepção espacial, com essas tentativas parciais e com a discussão sobre elas, poder-se-á ensinar a compreender o espaço, a saber ver a arquitetura melhor do que descuidando do problema e limitando-se a reproduzir a Fig. 1.

b) AS FACHADAS. O raciocínio que se desenvolveu em relação às plantas repete-se, simplificado, para a representação das elevações. No fundo, trata-se aqui de reproduzir um objeto que tem duas ou, no máximo, três dimensões. Todavia, se percorrermos os livros de arquitetura, encontraremos, grandemente difundido, o método gráfico linear, como, por exemplo, na fachada do Palazzo Farnese, de Letarouilly (Fig. 10), ou no prospecto da Falling Water (Casa sobre a Cascata), de F. Ll. Wright (Fig. 11). Pode-se imaginar um método menos pensado e mais contraproducente?

Com o prospecto do Palazzo Farnese nos encontramos diante de uma obra meramente mural. Duas dimensões apenas. O único problema, portanto, é exprimir a diferente consistência e o diferente grau de permeabilidade à luz dos materiais: reboco, pedra, vidro, vazios. A Fig. 10 ignora por completo o problema, identifica todos os materiais, equipara até mesmo uma parede lisa com o espaço que delimita o edifício e com os vãos das janelas. Fala-se muito de cheios e vazios, não obstante esse tipo de desenho ser ainda apontado como exemplo de clareza. Recusamos o esboço oitocentista, a representação pictórica e cenográfica dos edifícios, em favor de uma maior exatidão de relevo; mas vamos caindo na moda de uma grafia abstrata, decididamente antiarquitetônica. Aliás, visto tratar-se de um problema essencialmente escultóreo, tal representação equivaleria à que, para reproduzir uma estátua, colocasse em destaque linear apenas os seus contornos.

Quando depois passamos à Fig. 11, isto é, a um edifício, cuja estrutura não está encerrada dentro de uma forma estereométrica

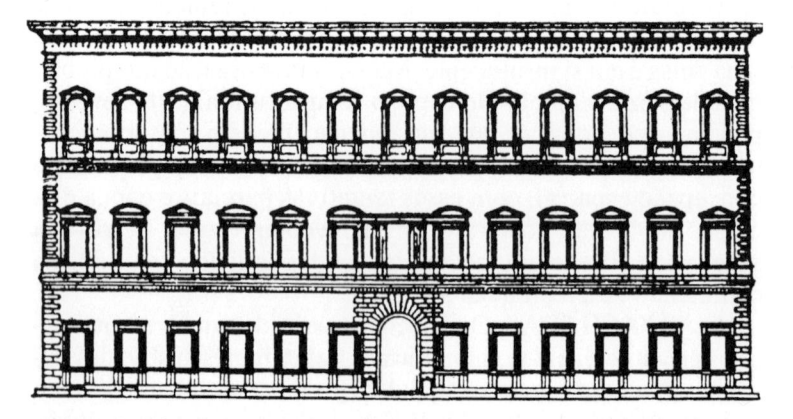

Fig. 10 – Antonio da Sangallo e Michelangelo: fachada do Palazzo Farnese, em Roma (1515-1530). Desenho de Letarouilly. Ver Quadro 2.

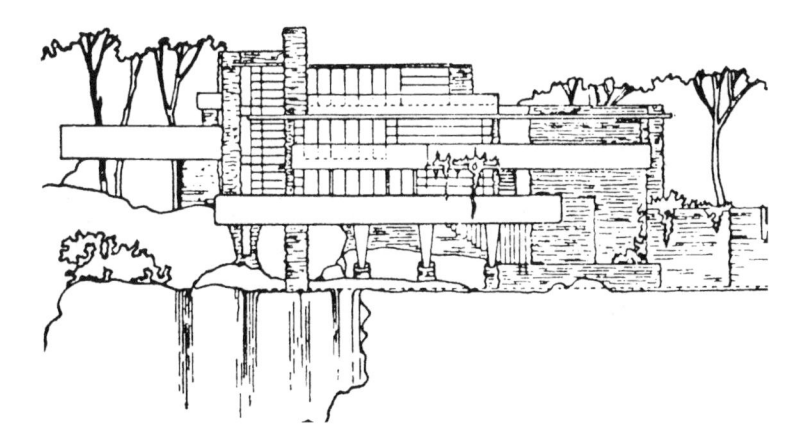

Fig. 11 – Frank Lloyd Wright: fachada de Falling Water, em Bear Run, Pensilvânia (1936). Ver Quadro 2.

simples, mas se expande com formidável riqueza de conjunto em relevos e reentrâncias, em planos que se libertam no vazio e se cruzam no espaço, esse método de representação é simplesmente ridículo: nem um leigo, e nem mesmo o arquiteto mais

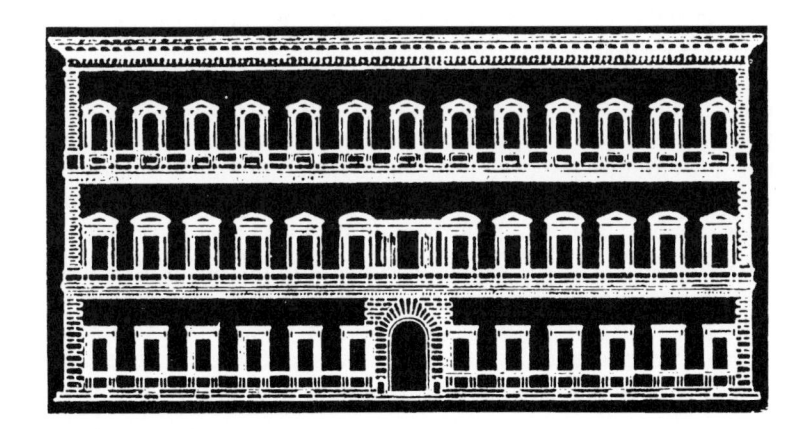

Fig. 12 – Negativo fotográfico da Figura 10.

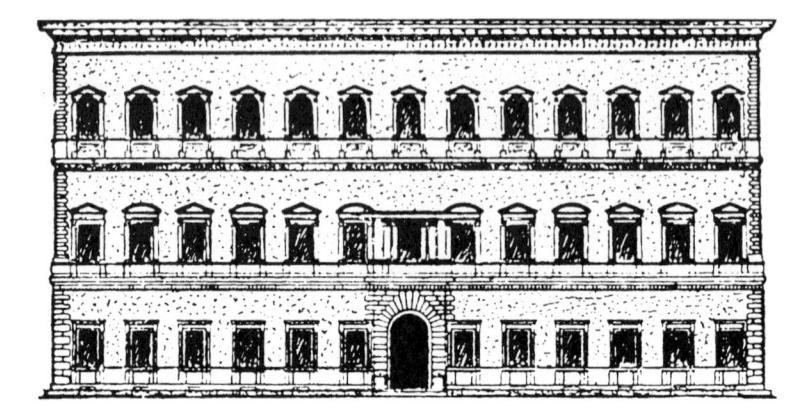

Fig. 13 – Uma interpretação da Figura 10.

habituado a ler num desenho a imagem de uma concepção arquitetônica, poderia compreender, por esse prospecto, como é feita a Falling Water.

Como vimos ao tratar de plantas, tampouco serve para as fachadas fazer o negativo do desenho. A Fig. 12, negativo da Fig. 10, apresenta os mesmos defeitos desta. É preciso chegar a algo semelhante à Fig. 13, que destaca a materialidade do edifício do céu que o circunscreve, diferencia das paredes os vazios mais transparentes das janelas, marca uma diferença entre os diversos materiais.

E quanto à Falling Water? No desenho da Fig. 11, nada há a fazer. Pôr claro-escuro nos vazios e cheios seria absurdo neste jogo volumétrico: a Fig. 14 não é menos impotente do que original. É evidente que essa técnica de desenho é absolutamente incapaz de representar os conjuntos arquitetônicos complexos, quer sejam a Catedral de Durham ou uma igreja de Neumann ou um edifício de Wright. Onde o invólucro mural não se divide em planos, em paredes simples e autônomas entre si, mas é projeção do espaço interior, ou seja, cada vez que este invólucro sugere temas predominantemente volumétricos, a técnica representativa deve ser substancialmente diferente. Encontramo-nos diante de um fato meramente volumétrico-plástico que apenas com a técnica dos esboços pode ser representado. A evolução da escul-

Fig. 14 – Uma interpretação da Figura 11.

tura moderna, as experiências construtivistas, neoplásticas e em parte futuristas, as pesquisas sobre o acoplamento, a justaposição e a interpenetração dos volumes nos fornecem os instrumentos necessários para essa representação.

Ela é completamente satisfatória? Não diríamos tal coisa: a modelagem revela-se muito útil, deveria ser amplamente aplicada no ensino da arquitetura, mas não pode satisfazer plenamente porque omite um fator-chave de toda concepção espacial: o parâmetro humano. Para que a representação plástica fosse perfeita, seria necessário supor que uma composição arquitetônica tivesse valor apenas pelas relações existentes entre as diversas partes que a compõem, independentemente do espectador; que, por exemplo, se um palácio é belo, se possam reproduzir seus elementos na sua exata proporção, reduzindo-os, porém, às dimensões de um móvel e obter um belo móvel. O que é obviamente absurdo: o caráter de toda obra arquitetônica é determinado, quer no espaço interior, quer na volumetria das paredes, por um elemento fundamental, a *escala*, isto é, a relação entre as dimensões do edifício e as dimensões do homem. Todos os produtos de arquitetura são qualificados por sua escala, e por isso não só as maquetes plásticas não são suficientes para representá-los, como também qualquer imitação, qualquer tradução dos seus recursos decorativos e dos seus temas compositivos em conjuntos diferentes – existe todo o ecletismo oitocentista para demonstrar isso – resulta pobre e vazia, triste paródia do original.

c) AS FOTOGRAFIAS. Resolvendo em grande parte os problemas da representação de três dimensões, e por isso os problemas da pintura e da escultura, a fotografia cumpre a importante missão de reproduzir fielmente tudo o que existe de bidimensional e tridimensional na arquitetura, ou seja, todo o edifício menos a sua essência espacial. As vistas fotográficas dos Quadros 2 e 2a exprimem bem o efeito do invólucro moral de Palazzo Farnese e de Falling Water, quer sejam os elementos de superfície do primeiro edifício ou os valores volumétricos do segundo.

Mas, se, como já esclarecemos, o caráter primordial da arquitetura é o espaço interior, e se o seu valor deriva do viver sucessivamente todas as suas etapas espaciais, é evidente que nem uma nem cem fotografias poderão esgotar a representação de um edifício, e isso pelas mesmas razões pelas quais nem uma nem cem perspectivas desenhadas poderiam fazê-lo. Cada fotografia engloba o edifício de um único ponto de vista, estaticamente, de uma maneira que exclui esse processo, que poderíamos chamar musical, de contínuas sucessões de pontos de vista que o observador vive no seu movimento dentro e ao redor do edifício. Cada fotografia é uma frase separada de um poema sinfônico ou de um discurso poético, cujo valor essencial é o valor sintético do conjunto (v. Quadros 3, 3a; 4, 4a).

A fotografia tem muitas vantagens em relação às maquetes porque (sobretudo se compreende uma figura humana) dá o sentido da escala do edifício; por outro lado, tem a desvantagem de nunca apresentar, nem mesmo com as vistas aéreas, o conjunto completo de um edifício.

No último decênio do século passado, as pesquisas de Edison e depois as dos irmãos Lumière levaram à invenção de uma máquina fotográfica munida de um engenho capaz de fazer correr a película após cada impressão e de estabelecer assim uma continuidade visual nas sucessivas tomadas. A descoberta da cinematografia é altamente importante para a representação dos espaços arquitetônicos porque, se bem aplicada, resolve praticamente todos os problemas colocados pela quarta dimensão. Se percorrermos um edifício com uma filmadora e, em seguida, projetarmos o filme, reviveremos os nossos passos e uma grande parte da experiência espacial que os acompanhou. A cinematografia está entrando na didática, e é preciso ter em mente que, quando a história da arquitetura for ensinada mais com o cinema do que com os livros, a tarefa da educação espacial das massas será amplamente facilitada.

Plantas, fachadas e seções, maquetes e fotografias, cinematografia: eis os nossos meios para representar os espaços, cada um dos quais, uma vez compreendido o sentido da arquitetura, pode ser investigado, aprofundado e melhorado; cada um dos quais traz uma contribuição original e deixa aos outros preencher as eventuais lacunas. Se, como os cubistas pensavam, a arquitetura pudesse definir-se nas quatro dimensões, teríamos os meios adequados para uma perfeita representação dos espaços.

No entanto, a arquitetura, como já concluímos anteriormente, tem dimensões que ultrapassam as quatro. A cinematografia representará um, dois, três caminhos possíveis do observador no espaço, mas este apreende-se através de caminhos infinitos[12]. Além disso, uma coisa é estar sentado na poltrona de um teatro e ver os atores se movendo, e outra é viver e atuar na cena da vida. Existe um elemento físico e dinâmico na criação e apreensão da quarta dimensão com o próprio caminho; é a diferença que existe entre praticar esporte e olhar os outros enquanto o praticam, entre dançar e ver dançar, entre amar e ler romances de amor. Falta, talvez, na representação cinematográfica, esse impulso de participação completa, esse motivo de vontade e essa consciência de liberdade que sentimos na experiência direta do espaço. No interior de uma basílica paleocristã, ou no Santo Spirito, de Brunelleschi, envolvidos pelas colunatas de Bernini ou percorrendo o itinerário narrativo de uma rua medieval, pairando no vazio sobre um terraço de Wright ou atraídos pelos mil motivos espaciais de uma igreja de Borromini, sob os *pilotis* de uma casa de Le Corbusier ou entre as dez indicações dimensionais de Piazza del Quirinale – onde quer que exista uma perfeita experiência espacial a viver –, nenhuma representação é suficiente, precisamos nós mesmos ir, ser incluídos, tornarmo-nos e sentirmo-nos parte e medida do conjunto arquitetônico, devemos nós mesmos nos mover. Todo o resto é didaticamente útil, praticamente necessário, intelectualmente fecundo; mas é mera alusão e função preparatória dessa hora em que, todos nós, seres físicos, espirituais e sobretudo humanos, vivemos os espaços com uma adesão integral e orgânica. Será esta a hora da arquitetura.

CAPÍTULO 4 AS VÁRIAS IDADES DO ESPAÇO

Uma perfeita história da arquitetura é a história dos múltiplos coeficientes que informam a atividade edificatória através dos séculos e englobam quase toda a gama dos interesses humanos. A arquitetura corresponde a exigências de natureza tão diferentes que descrever adequadamente o seu desenvolvimento significa entender a própria história da civilização, dos numerosos fatores que a compõem e que, com a predominância ora de um ora de outro mas sempre com a presença de todos, geraram as diferentes concepções espaciais; é, pois, história e apreciação dos valores artísticos, isto é, das personalidades criadoras que, com base nesta cultura espacial ou neste gosto arquitetônico, produziram obras-primas, cuja excelência não é objeto de demonstração, e cujo conteúdo figurativo, por assim dizer, está presente como elemento da cultura ou do gosto da idade seguinte.

Nos limites entre os quais é legítimo esquematizar um processo histórico-crítico, frente a uma época ou a uma personalidade artística, dever-se-ia, antes de mais nada, explicar os seguintes dados:

a) *Os pressupostos sociais.* Todos os edifícios são o resultado de um programa construtivo. Este fundamenta-se na situação econômica do país e dos indivíduos que promovem as construções, e no sistema de vida, nas relações de classe e nos costumes que delas derivam.

b) *Os pressupostos intelectuais*, que se distinguem dos anteriores por incluírem não só aquilo que são a coletividade e o indivíduo, mas também o que querem ser, o mundo dos seus sonhos, dos seus mitos sociais, das aspirações e das crenças religiosas.

c) *Os pressupostos técnicos* e, por assim dizer, o progresso das ciências e das suas aplicações no artesanato e na indústria, com atenção específica para o que diz respeito à técnica da indústria da construção e à organização da respectiva mão-de-obra.

d) *O mundo figurativo e estético*, o conjunto das concepções e interpretações da arte e o vocabulário figurativo que, em cada época, forma a língua de onde os poetas extraem palavras e frases para exprimir, em linguagem individual, as suas criações. Todas as artes colaboram para ilustrar o gosto e os meios expressivos: a forma da imaginação poética, os temas da invenção cromática, os modos do sentimento plástico, as predileções das seqüências musicais, as modas do mobiliário e do vestir.

Todos esses fatores, analisados não mecanicamente mas no conjunto das suas relações variáveis, apresentam a cena sobre a qual nasce a arquitetura, as obras da qual indicam a supremacia ora de uma classe dirigente, ora de um mito religioso, ora de um propósito coletivo, ora de um problema ou de uma descoberta técnica, ora de uma moda galante, mas são sempre o produto da coexistência e do equilíbrio de todos os componentes da civilização em que surgem.

Uma vez descritos esses fatores materiais, psicológicos e metafísicos comuns a toda uma época, libertos do conteúdo, passa-se à história autêntica das personalidades artísticas e à história dos monumentos. A crítica dos monumentos também pode articular-se esquematicamente na seguinte classificação aproximativa:

a) *análise urbanística*, isto é, a história dos espaços exteriores em que surge o monumento e que ele contribui para criar;

b) *análise arquitetônica* propriamente dita, isto é, a história da concepção espacial, do modo de sentir e viver os espaços interiores;

c) *análise volumétrica*, isto é, estudo do invólucro mural que contém o espaço;

d) *análise dos elementos decorativos*, isto é, da escultura e da pintura aplicadas à arquitetura e sobretudo aos seus volumes;

c) *análise da escala*, ou seja, das relações dimensionais do edifício relativamente ao parâmetro humano.

O leitor compreende que neste capítulo, que examina alguns dos temas fundamentais espaciais com mais de dois milênios de história, não se pretende nem mesmo tentar desenvolver uma história da arquitetura, ainda que em forma de rápido esboço. Esse é um propósito vasto e talvez coletivo, uma exigência vital da nossa cultura, cuja realização é possível, como é demonstrado pelo ótimo compêndio de Nikolaus Pevsner e por inúmeras e excelentes monografias, das quais as presentes páginas apenas pretendem ser uma modesta contribuição orientadora.

Antes de escrever este capítulo fizemos a nós mesmos a seguinte pergunta: para dar uma ilustração prática do que dissemos até agora, é melhor tomar um edifício (por exemplo, o tema criticamente ainda quase inexplorado de uma igreja de Borromini) e analisá-lo a fundo, com muitos desenhos e fotografias, com a descrição completa dos seus valores urbanísticos, da sua essência espacial, do seu gosto volumétrico, dos seus detalhes plásticos? Ou então aludir sumariamente às principais concepções do espaço interior que se encontram ao longo da história da arquitetura ocidental, com um método que omite algumas importantes regras e inúmeras exceções, que toma arbitrariamente um edifício como protótipo de uma época, o que é criticamente antididático porque pode ser confundido com o velho e absurdo sistema de explicar as características dos "estilos" arquitetônicos em lugar das obras concretas de arquitetura?

O primeiro caminho apresentava-se seguro; o segundo, cheio de riscos, necessariamente lacunoso. Prevaleceu este último porque a análise de um monumento isolado tenderia a impor uma longa crítica volumétrica e plástica de que o público não tem, de fato, necessidade, experimentado já na matéria e no método por vinte anos de crítica moderna das artes figurativas e por numerosos livros de estudiosos eminentes. O que falta é a educação espacial, livre de mitos e protecionismos culturais, francamente atrevida. Como vem fazendo há alguns decênios a crítica literária, como vem fazendo a crítica pictórica, como vem fazendo a própria arquitetura no campo criativo – a crítica arquitetônica precisa de uma declaração de independência dos tabus monumentais e arqueológicos, da covardia moral que bloqueia tantas histórias da arquitetura de ir mais além de Valadier, como se, de há um século a esta parte, não tivesse havido contribuições artísticas, criações espaciais, engenhos férteis e autênticas obras-primas. Por isso é preferível para o nosso objetivo traçar um arco, ainda que unilateral e apenas superficial, das idades espaciais de Ictino, Calícrates e Fídias, até a nossa gereção de arquitetos filhos de Le Corbusier e de Wright, em vez de acrescentar mais uma monografia crítica particular que deixaria por solucionar a questão sobre a validade geral da interpretação espacial aqui defendida.

A escala humana dos gregos

O templo grego caracteriza-se por uma enorme lacuna e uma supremacia incontestada através de toda a história. A lacuna consiste na ignorância do espaço interior, a glória na escala humana. Se, em todos os tempos da crítica arquitetônica, encontramos frente a frente os exaltadores e os detratores do templo grego, se ainda hoje vemos opostos nos seus juízos os dois mais conhecidos arquitetos modernos e assistimos à admiração que Le Corbusier lhe manifesta e ao desprezo de Wright, isto depende de uns terem considerado a negação do espaço e outros a escala humana.

Quem investigar arquitetonicamente o templo grego, buscando, sobretudo, uma concepção espacial, fugirá horrorizado, assinalando-o ameaçadoramente como exemplar típico de não-arquitetura. Mas quem se aproxima do Partenon e o admira como uma grande escultura, fica encantado como só acontece diante de pouquíssimas obras do gênio humano. Já vimos que todo arquiteto deve ser um pouco um escultor para poder transmitir, através do tratamento plástico do invólucro mural e dos elementos decorativos, o prolongamento do tema espacial; mas o mito que faz de Fídias, mais do que de Ictino e Calícrates, o idealizador do Partenon parece simbolizar o caráter meramente escultórico das construções religiosas gregas, através de sete séculos de desenvolvimento.

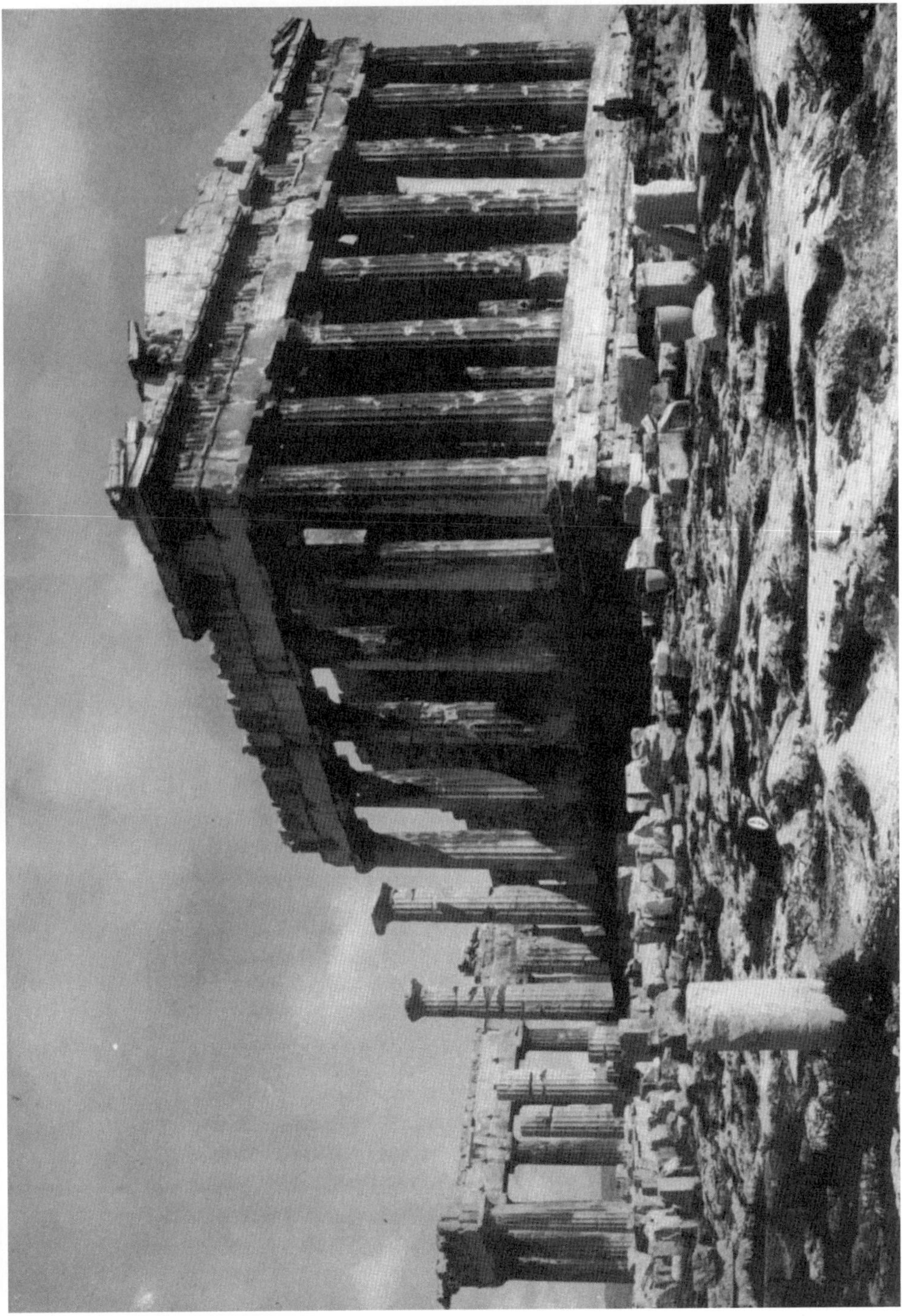

Quadro 5 *A escala humana dos gregos.*

Página anterior:
Ictino, Calícrates e Fídias: o Partenon, em Atenas (447-432 a.C.).

Em cima:
Peristilo do Partenon, em Atenas.

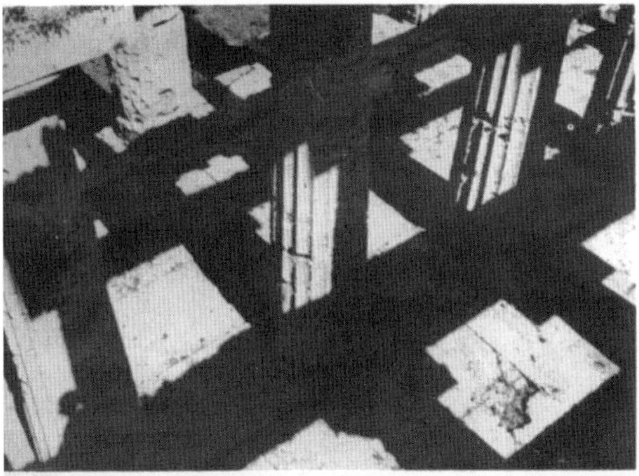
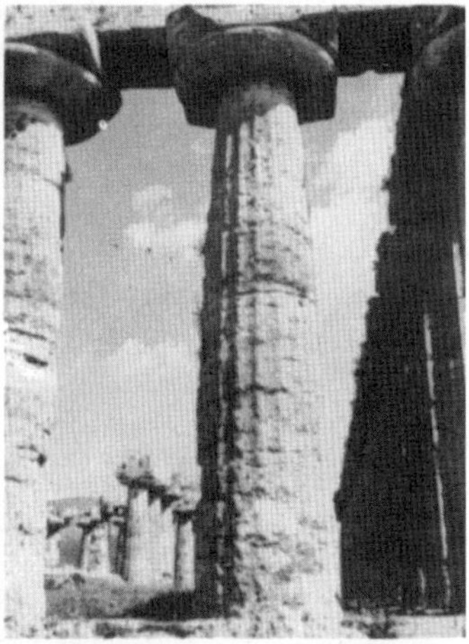
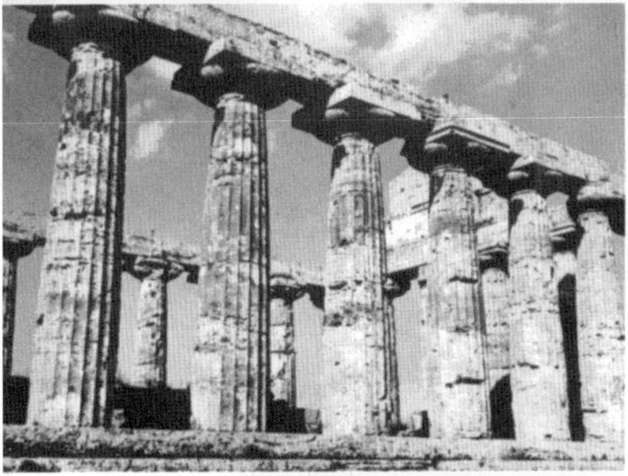
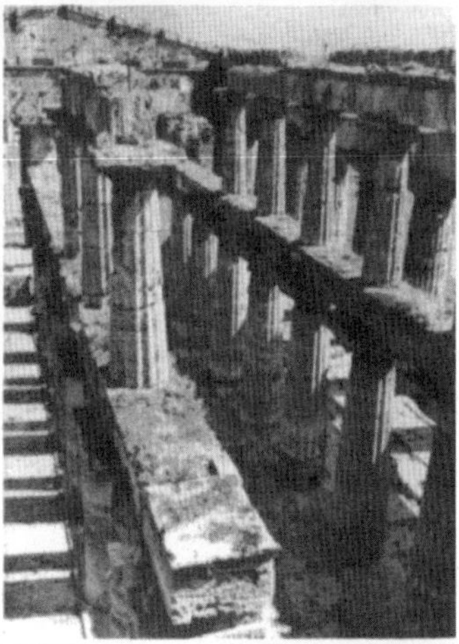
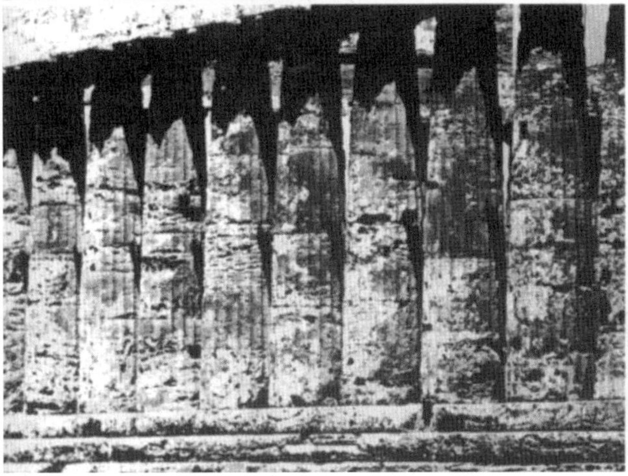
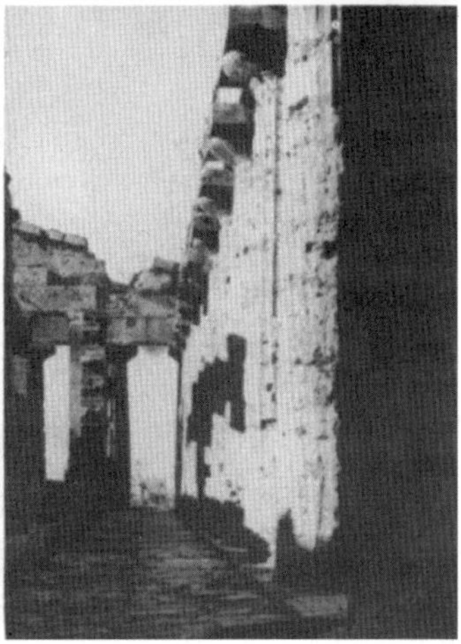

Quadro 5a *A escala humana dos gregos.*

Página anterior:
"Basílica" (séc. VI a.C.) e Templo de Posídon (séc. V a.C.), em Pesto.

Em cima:
Interior da "Basílica" de Pesto (c. 530 a.C.).

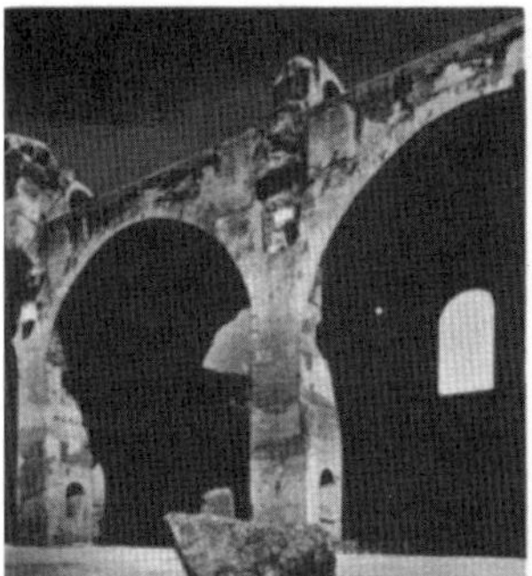

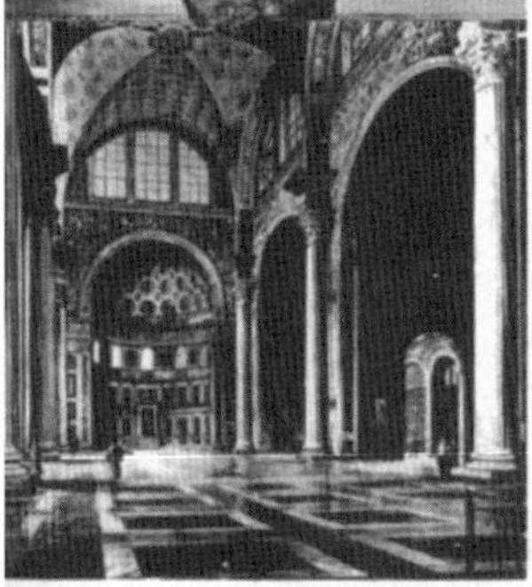

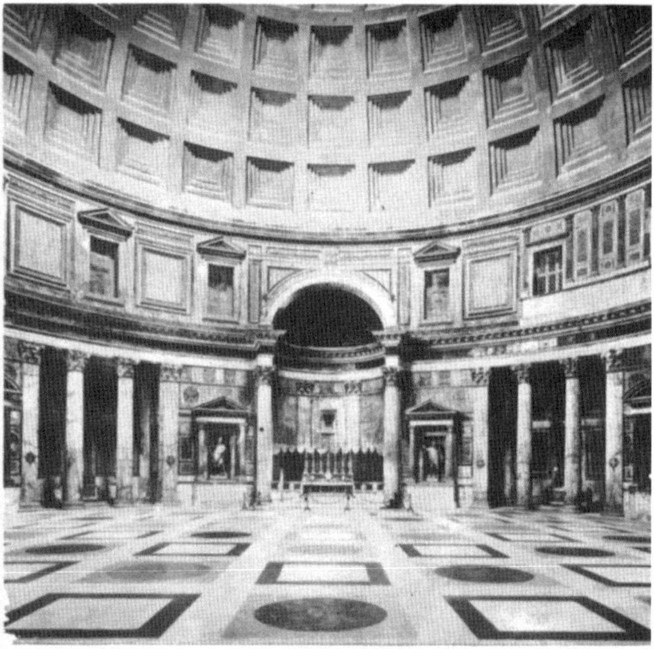

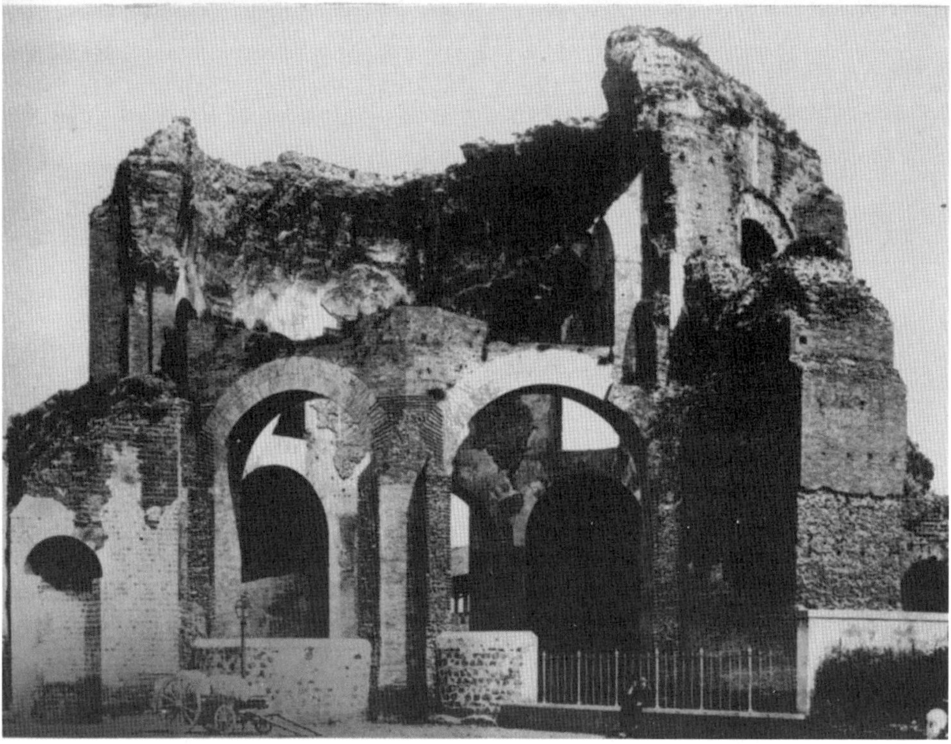

Quadro 6 *O espaço estático de Roma antiga.*

Página anterior:
Basílica de Maxêncio e de Constantino, em Roma: estado atual e reconstrução (308-312 d.C.).
O Panteão, em Roma (27 a.C.; reconstruído em 115-125 d.C.). Ver Quadro 6a e Fig. 17.
Ninfeu dos Hortos Licinianos, conhecido por Templo de Minerva Medica, em Roma (séc. III d.C.). Ver Fig. 17.

Em cima:
Cúpula do Panteão, em Roma (27 a.C.; reconstruído em 115-125 d.C.).
Ruínas da Basílica Ulpia, no Fórum de Trajano, em Roma (séc. II d.C.). Ver Fig. 16.

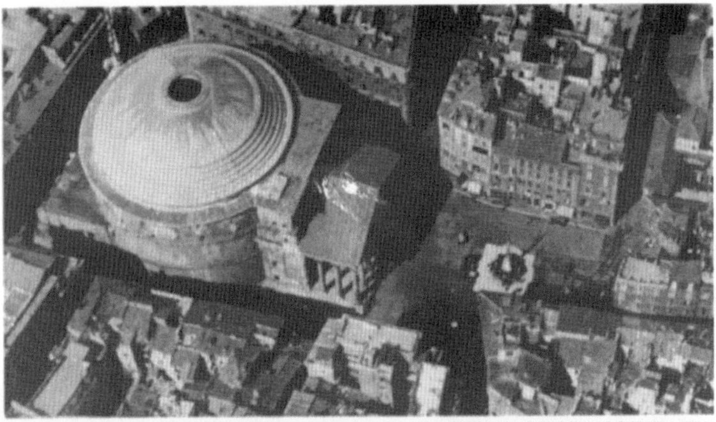
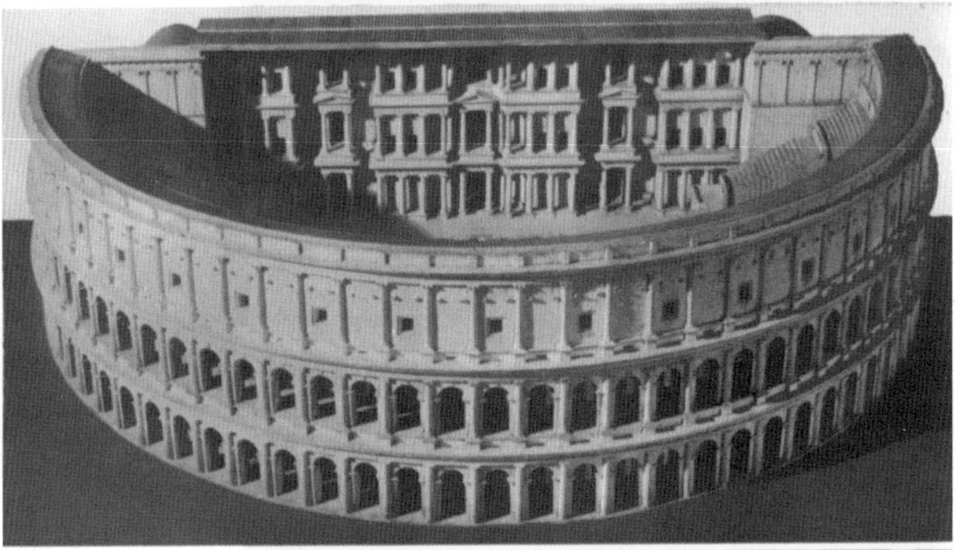
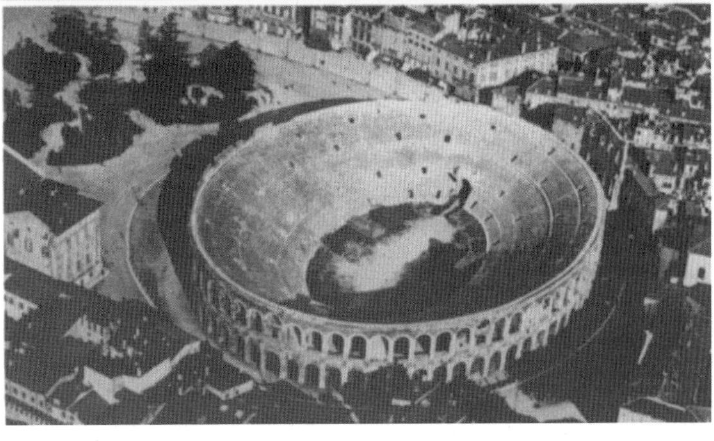

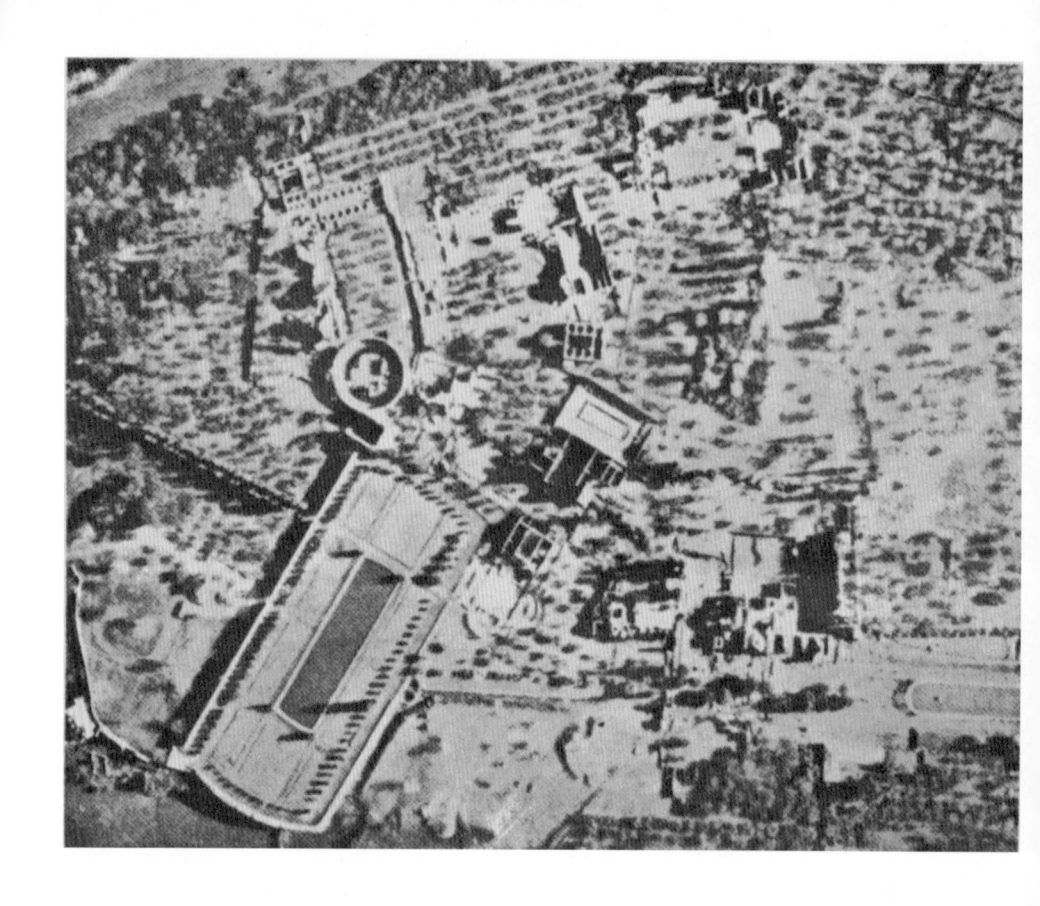

Quadro 6a *O espaço estático de Roma antiga.*

Página anterior:
O Panteão, em Roma (27 a.C.; reconstruído em 115-125 d.C.). Vista aérea.
Teatro de Marcelo, em Roma (terminado em 12 a.C.). Reconstituição.
Anfiteatro de Verona (sécs. I-III d.C.).

Em cima:
Vista aérea de Villa Adriana, em Tivoli.

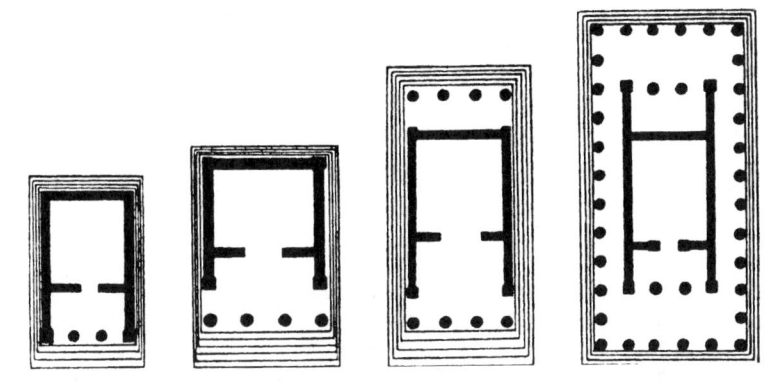

Fig. 15 – Evolução planimétrica do templo grego. Ver Quadros 5 e 5a.

Os elementos constitutivos do templo grego são, como é sabido, uma plataforma elevada, uma série de colunas apoiadas sobre ela e um entablamento contínuo que sustenta o teto. É verdade que existe também uma cela que no período arcaico constituiu o único núcleo construtivo do templo (Fig. 15), e por isso um espaço interior, mas ele nunca foi pensado, do ponto de vista criativo, porque não respondia a funções e interesses sociais: foi um espaço não encerrado, mas literalmente fechado, e o espaço interior fechado é precisamente característico da escultura. O templo grego não era concebido como a casa dos fiéis, mas como a morada impenetrável dos deuses. Os ritos realizavam-se do lado de fora, ao redor do templo, e toda a atenção e o amor dos escultores-arquitetos foram dedicados a transformar as colunas em sublimes obras-primas plásticas e a cobrir de magníficos baixos-relevos lineares e figurativos as traves, os frontões e as paredes (Quadro 5). Uma vez que essa problemática psicológica do íntimo que constituirá a força motriz da pregação cristã e que teve a sua primeira manifestação arquitetônica nos obscuros silêncios das catacumbas estava longe do pensamento grego, a civilização grega se exprimiu ao ar livre, fora dos espaços interiores e das habitações humanas, fora mesmo dos templos divinos, nos recintos sagrados, nas acrópoles, nos teatros descobertos. A história da arquitetura das acrópoles é essencialmente uma história urbanística, triunfa pela humanidade das suas proporções e da sua escala, pelas insuperadas jóias de escultórea graça repousada e repousante, ajustada na sua abstração, esquecida de todos os problemas sociais, autônoma em seu fascínio contemplativo e impregnada de uma dignidade espiritual não mais alcançada[13].

Toda arquitetura responde a um programa construtivo e, nas épocas ecléticas, quando falta uma inspiração original, os arquitetos vão buscar nas formas do passado os temas que servem, funcional ou simbolicamente, para as suas construções. Ora, a que temas responderam os neogrecismos do século XIX? A nenhum tema esencialmente arquitetônico: desde a Coluna de Nelson, que se ergue na Trafalgar Square, ao Lincoln Memorial, de Washington, desde a fachada do British Museum a todos os raquíticos pórticos compostos de pequenas colunas e pequenos frontões gregos, produzidos em massa para as casinhas burguesas da América e Europa, recorreu-se à arquitetura helênica apenas nos grandes temas monumentais e nos elementos decorativos, em problemas de superfície plástica e volumétrica, nunca de arquitetura. E, geralmente, feitas algumas exceções neoclássicas, as repetições e as cópias espalhadas por todo o mundo constituem tristes mascaramentos de invólucros murais que encerram espaços interiores e conservam, por isso, todas as características negativas da arquitetura grega carecendo, porém, ao mesmo tempo, da qualidade de escala humana que os monumentos originais possuíam.

Podemos notar mais este fato: no templo grego, o homem caminha apenas no peristilo, isto é, no corredor que vai da colunata à parede exterior da cela. Ora, quando os templos gregos alcançam as margens da Sicília e da Itália meridional, os peristilos se tornam mais espaçosos e profundos. Isto talvez seja um índice de que os italianos já tinham uma tendência para sentir, acentuar os espaços, e tentaram ampliar e humanizar as fórmulas fechadas da herança helênica (Quadro 5a)[14].

O espaço estático da antiga Roma

A apreciação arquitetônica que damos aos efeitos limitados deste perfil histórico das idades espaciais – não será inútil repeti-lo mais uma vez para dissipar toda possibilidade de equívoco – não se identifica com a apreciação estética. O Partenon é obra não-arquitetônica, mas nem por isso deixa de ser uma obra-prima artística, e em se tratando de história da escultura podemos afirmar que quem não gosta do Partenon não possui sensibilidade estética. Passando para a arquitetura romana, observamos muitas reconstruções de monumentos do Império e imaginamos o espaço e o gosto dos foros como deviam ser; baseados nisso, poderíamos até concluir que muitos edifícios romanos não eram obras de arte, mas nunca poderemos afirmar que não eram arquitetura. O espaço interior está presente de maneira grandiosa e se os romanos não tinham o sensível requinte dos escultores-arquitetos gregos, tinham o gênio dos construtores-arquitetos, que é, no fundo, o gênio da arquitetura. Se muitas vezes não sabiam prolongar na escultura os temas espaciais e volumétricos, possuíam, no entanto, a elevada e corajosa inspiração para esses temas, que é, no fundo, a inspiração da arquitetura. Efetivamente, mesmo os menos filo-romanos dentre nós, mesmo os que mais resistiram à tendência invasora de uma historiografia filo-romana que, por razões nacionalistas, queria dar a Roma uma primazia incontestada através de toda a história da arquitetura, mesmo os críticos mais objetivos e menos preocupados com o estabelecimento de protecionismos culturais em torno da produção do solo itálico são unânimes em concordar que se deve repudiar como insensata a posição crítica de alguns tratados estrangeiros em que a arquitetura romana é definida como filha ou escrava da grega.

A pluriformidade do programa romano no que diz respeito à construção, que se opõe nitidamente ao tema unívoco da arquitetura grega, a sua escala monumental, a nova técnica construtiva dos arcos e das abóbadas que reduz colunas e arquitraves a motivos decorativos, o sentido dos grandes volumes nos reservatórios, nos túmulos, nos aquedutos, nos arcos, as poderosas concepções espaciais das basílicas e das termas, uma consciência altamente cenográfica, uma fecundidade inventiva que faz da arquitetura romana – desde o Tabularium ao Palácio de Diocleciano em Spalato – uma enciclopédia morfológica da arquitetura, o amadurecimento de temas sociais, como o palácio e a casa, todas essas contribuições estão ausentes da construção grega, afloram parcialmente no helenismo, e constituem a glória incontestável de Roma: novos e imensos horizontes arquitetônicos conquistados pelo preço da renúncia à pureza e ao estilo da escultura helênica.

Seria fácil confrontar e opor uma das termas romanas com um templo grego e demonstrar a total diversidade de uma postura arquitetônica que não encerra, mas cobre o espaço. Mesmo nos monumentos em que os romanos não exploraram a sua capacidade de abobadar os espaços, mesmo nos templos e nas basílicas em que aproveitaram o sistema de suporte e entablamento aplicado na Grécia, é clara a antítese (Figs. 15 e 16). Se colocarmos lado a lado as plantas de um templo grego e de uma basílica romana, o que verificamos? Fundamentalmente, os romanos tomaram as colunatas que cingem o templo grego e as transportaram para o interior. A civilização grega conheceu poucas colunatas interiores, mas mesmo onde existem, e basta lembrar o Templo de

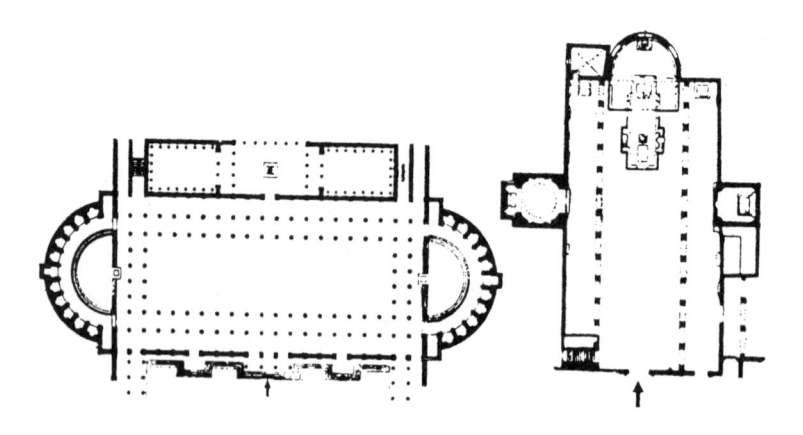

Fig. 16 – Basílica Ulpia (começo do séc. II d.C.) e Igreja de Santa Sabina, em Roma: plantas. Ver Quadros 6 e 7.

Posídon em Pesto, elas respondem às necessidades construtivas de sustentar as traves de cobertura, e não a uma concepção espacial interior. Em Roma, ao lado da necessidade técnica, que se tornou mais precisa devido à escala monumental da arquitetura imperial, surge o tema social da basílica, onde os homens vivem e agem segundo uma filosofia e uma cultura que rompem a contemplação abstrata, o perfeito equilíbrio do ideal grego, enriquecendo-se psicologicamente, fazendo-se mais instrumentais, mais propensas a símbolos retóricos de grandeza. Transportar as colunatas gregas para o interior significa deambular no espaço fechado e fazer convergir toda a decoração plástica à potenciação desse espaço.

No dicionário da arquitetura romana que, no crepúsculo do século I d.C., se identifica com o dicionário de toda a civilização européia e mediterrânea, desde a Bretanha ao Egito, desde a Armênia e a Mesopotâmia até a Espanha e a Tingitânia, é possível encontrar uma infinidade de motivos e sugestões espaciais. Incluindo politicamente as civilizações da Ásia Menor e das costas africanas, Roma absorve todas as suas conquistas arquitetônicas; mas como é inadequada a pretensão de alguns historiadores estrangeiros que desejariam tirar de Roma o mérito da sua originalidade espacial apenas com base em alguns exemplos morfologicamente semelhantes de épocas precedentes no Oriente, assim também é parcial a tese dos filo-romanos, que querem encontrar na morfologia romana a gênese de todas as concepções espaciais posteriores. O fato de o arco e a abóbada existirem respectivamente no Egito e no Oriente antes de terem surgido em Roma pode ser interessante do ponto de vista filológico, mas, no que diz respeito à história da arquitetura, nada subtrai à contribuição romana que empregou esses elementos em concepções espaciais em escala, intenção e significado completamente distintos. Do mesmo modo, o fato de existirem em Roma cúpulas e monumentos construtivamente semelhantes aos do bizantinismo, da Idade Média e do Renascimento, não justifica a megalomania filoromana que, por vezes, parece não querer distinguir não só entre técnica e arte, mas tampouco entre episódio construtivo e tema espacial.

O caráter fundamental do espaço romano é ser pensando estaticamente. Impera nos ambientes circulares e retangulares a simetria, a autonomia absoluta quanto aos ambientes contíguos, sublinhada pelos espessos muros que os separam; uma grandiosidade duplamente axial, de escala inumana e monumental, substancialmente satisfeita consigo mesma e independente do observador (Quadro 6). Hoje, entre as ruínas que se recortam no céu, humanizadas pelo verde que as rodeia, com fragmentos de mármore espalhados ao redor e como que descidos para se medir com o homem, para cobrir e quebrar a peremptória nudez de imensos empedrados, pode-se facilmente encontrar na arquitetura romana um motivo romântico; trata-se, porém, de um motivo próprio das ruínas, e não daquela arquitetura. Fundamentalmente a arquitetura romana exprime uma afirmação de autoridade, é o símbolo que domina a multidão dos cidadãos e anuncia que o império *existe*, e é potência e razão de toda a vida. A escala da arquitetura romana é a escala desse mito, depois dessa realidade, dessa nostalgia, não é e não quer ser a escala do homem.

Por essa razão, quando o academismo e o ecletismo se voltam para a arquitetura romana não extraem dela elementos de decoração e de fachada, nem as preciosas lições de arquitetura doméstica. O "estilo romano" serve para os interiores dos grandes bancos americanos, para as imensas salas de mármore das estações ferroviárias, em obras que impressionam pela grandeza e pelas dimensões, mas não comovem pela inspiração; obras quase sempre frias, onde *não nos sentimos em nossa casa*. Ou então o academismo imitou a arquitetura romana quando tinha um programa de arquiteturas-símbolo que queriam exprimir as tentativas imperiais de restauração falhadas, mitos de supremacia militar e política, com edifícios de espaços estáticos, envoltos na ênfase megalômana e na retórica[15].

A diretriz humana do espaço cristão

Na enciclopédia da arquitetura helenística e romana, os cristãos tiveram de escolher as formas para o seu templo, e, alheios tanto à autonomia contemplativa grega como à cenografia romana, no fundo, selecionaram o que havia de vital para eles em ambas as experiências; reuniram assim na igreja a escala humana dos gregos e a consciência do espaço interior romano. Em nome do homem, produziram uma revolução funcional no espaço latino. A igreja cristã não é o edifício misterioso que guarda o simulacro de um deus; em certo sentido, tampouco é a casa de Deus, mas o lugar de reunião, de comunhão e de oração dos fiéis. É lógico que os cristãos se inspiraram na basílica mais do que do templo romano, pois ela havia constituído o tema social do mundo arquitetônico anterior. Também é natural que eles tenham com freqüência reduzido as dimensões da basílica romana porque uma religião do íntimo e do amor exigia um palco físico humano, criado segundo a escala dos que devia acolher e elevar espiritualmente. Foi essa a transformação quantitativa ou dimensional; a revolução espacial consistiu em ordenar todos os elementos da igreja na linha do caminho humano.

Ao compararmos uma basílica romana, por exemplo a de Trajano, e uma das primeiras igrejas cristãs, como Santa Sabina (Fig. 16), encontramos relativamente poucos elementos de diferenciação, além da escala; mas eles significam uma postura profundamente nova no pensamento e na maneira de encarar o problema espacial. A basílica romana é simétrica em relação aos dois eixos: colunatas de frente para colunatas, abside de frente para abside. Cria, pois, um espaço que tem um centro preciso e único, função do edifício, e não do caminho humano. O que faz o arquiteto cristão? Praticamente duas coisas: 1) suprime uma abside; 2) desloca a entrada para o lado menor. Dessa forma, rompe a dupla simetria do retângulo, deixa o único eixo longitudinal e faz dele a diretriz do caminho do homem. Toda a concepção planimétrica e espacial e, por isso, toda a decoração têm uma única medida de caráter dinâmico: a trajetória do observador. É claro que tal inovação constitui um fato arquitetônico de grande alcance e não vale a pena buscar na arquitetura romana esquemas morfologicamente semelhantes (quer seja a basílica de Pompéia ou exemplos de arquitetura doméstica), porque os cristãos fizeram deles um sistema e lhes deram uma alma e uma função. Ao entrarmos na Basílica de Trajano, pisamos no deambulatório inferior; depois, à medida que avançamos, nos deparamos com uma colunata dupla de uma largura que não conseguimos abranger opticamente. Sentimo-nos estranhos, mergulhados num espaço que tem uma autojustificativa completamente independente de nós, na qual podemos entrar, andar e sair admirando, mas sem nenhuma participação. Em contrapartida, na igreja de Santa Sabina (Quadro 7), a maravilhosa visão cenográfica e retórica não nos perturba: abrangemos todo o espaço, que está disposto no sentido do comprimento, caminhamos ritmicamente acompanhados pelo desfilar de colunas e arcos, temos consciência de que tudo está disposto ao longo de um itinerário que é o nosso, sentimo-nos parte orgânica de um ambiente criado para nós, justificável apenas por nós lá vivermos.

Os gregos haviam alcançado a escala humana numa relação estática de proporção entre coluna e estatura do homem; mas a humanidade do mundo cristão aceita e glorifica o caráter dinâmico do homem, orientando todo o edifício segundo o seu caminho, construindo e encerrando o espaço ao longo do seu caminhar.

A mesma conquista dinâmica é evidente nos edifícios de esquema central. Se tomarmos o Panteão, um monumento da decadência romana, como o esplêndido edifício conhecido pelo nome de Templo de Minerva Medica, e o Mausoléu de Santa Costanza, edificado em 350 d.C., e os compararmos (Fig. 17), o desenvolvimento da concepção espacial nos parecerá semelhante. O espaço do Panteão é estático, centrado uniformemente, sem passagens de sombras e luzes, limitado por enormes e indestrutíveis muros. Já mais para o fim do Império, quando o pensamento filosófico romano se torna menos extrovertido e ativo e mais reflexivo, quando não só se leva a civilização de Roma para os longínquos limites do mundo antigo, mas se aceitam sugestões da sensibilidade oriental, surge o Templo de Minerva Medica com suas formas hostis à estaticidade precedente, que dilatam o espaço nos poderosos nichos sombrios, enriquecendo-o de motivos atmos-

Fig. 17 — Panteão (reconstruído no começo do séc. II d.C.). Ninfeu dos Hortos Licinianos, conhecido como Templo de Minerva Medica (260-268) e Mausoléu de Santa Costanza (350): plantas.

féricos. Mas Santa Costanza, derrubados os nichos de Minerva Medica, cria com o seu vazio anular uma nova articulação espacial, uma dialética de luzes e sombras que na Minerva Medica era adjetivo do invólucro mural, e aqui se torna característica do espaço onde o homem vive; nega todo o sentido romano de gravidade estática, substituindo as paredes por um cortejo de maravilhosas colunas acopladas que, por sua orientação radical e pela sugestão linear das arquitraves que as dominam, indicam ao observador, de todos os pontos do anel circunstante, o centro do edifício. Não há necessidade de nos movermos no Panteão, porque é um ambiente elementar e definido que se apreende à primeira vista; não se anda livremente no Templo de Minerva Medica, a despeito da variedade de sua estrutura; mas em Santa Costanza, uma fecundidade de passagens criadas para o homem, uma pluralidade de indicações direcionais repetidas a toda a volta demonstram a nova conquista cristã mesmo nos edifícios de esquema central que geralmente são mais um indício de uma afirmação autônoma de um ideal arquitetônico do que de uma pacata, rítmica e fluente arquitetura humana (Quadro 7a).

A aceleração direcional e a dilatação de Bizâncio

O tema basilical paleocristão exalta-se e exaspera-se no período bizantino. Observando a igreja de Sant'Apollinare, em Ravenna (Quadro 8), é evidente que o problema do arquiteto bizantino não é de caráter estrutural, mas limita-se a introduzir no esquema longitudinal paleocristão a urgência de uma aceleração. Em Santa Sabina, os arcos da nave assentam solidamente sobre colunas, estabelecendo uma continuidade entre elementos que sustentam e elementos sustentados, uma referência vertical que se escande ao longo do eixo da igreja: quem falou de jorros de água, que, partindo da terra, a ela retornam e de novo se elevam e caem num lento arquear, exprimiu, com uma imagem literária, o *tempo* do ritmar paleocristão. Em Sant'Apollinare, este tempo torna-se mais afanoso, precipita, negando as relações verticais e exaltando todas as referências horizontais. As almofadas formam uma cesura entre arcos e colunas, no centro crítico das relações de gravidade, e criam uma pontuação ao longo da nave, retomada desde as bases das colunas que têm a mesma função; as faixas de mosaico acentuam no conteúdo e na forma a horizontalidade; por fim, todo o revestimento cromático resolve cada passagem estrutural em termos de superfície e substitui os planos luminosos e extensos dos primeiros cristãos por um tecido materializado de cores e cintilante de refrações luminosas.

Nos edifícios de esquema central, particularmente na trilogia máxima da era justiniana formada pelas igrejas dos santos Sergio e Bacco, por Santa Sofia de Constantinopla e por S. Vitale de Ravenna, a postura espacial e a procura de gosto são fundamentalmente as mesmas. Como na basílica longitudinal se negam as relações verticais e se exaspera o ritmo diretor até uma velocidade alucinante, assim nos edifícios de planta cêntrica, o espaço é dilatado até as fluências mais velozes e às mais tensas distâncias. O que quer dizer espaço dilatado? Observemos na planta de Santa Sofia (Fig. 18) esse elemento característico do bizantinismo constituído por grandes exedras semicirculares abobadadas: partindo de dois pontos fixos do ambiente

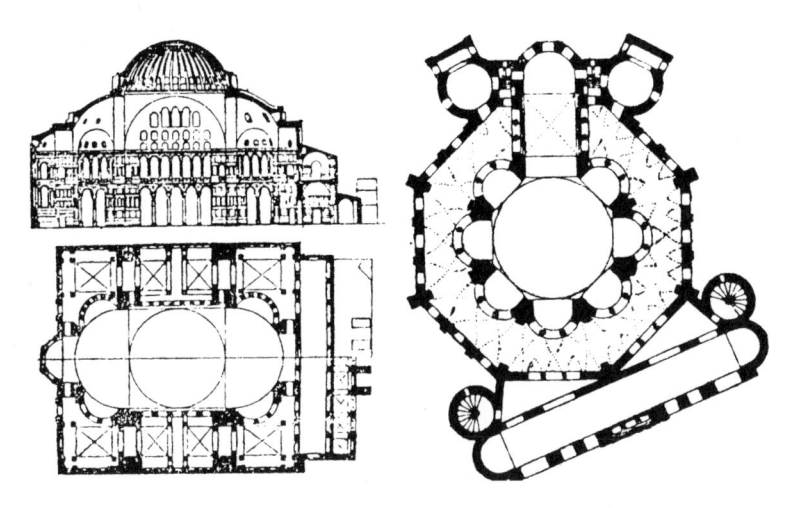

Fig. 18 – Antêmio de Trales e Isidoro de Mileto: planta e seção de Santa Sofia, em Constantinopla (terminada em 537). Ver Quadros 8 e 8a. Basílica de S. Vitale em Ravenna (terminada em 547): planta. Ver Quadro 8.

principal, a superfície mural foge do centro do edifício, lança-se elasticamente para o exterior num movimento centrífugo que abre, rarefaz e dilata o espaço interior (Quadro 8a). Também em S. Vitale, onde o sentido construtivo dos latinos resiste com oito robustos pilares à ascese neoplatônica das igrejas orientais, toda a intenção espacial consiste em dilatar o octógono, negar sua forma geometricamente fechada e facilmente apreensível, ampliar indefinidamente. Revestidas todas as paredes com mosaicos, nega-se cada contraponto de peso e de sustentação, o luzidio e cintilante invólucro mural torna-se um manto de matéria sutil, macia e superficial, sensibilizado pelas propulsões e pressões de um espaço interior que conquista sua solidez em inúmeros alargamentos.

Como já dissemos, os megalômanos filo-romanos tentaram privar do mérito da originalidade os arquitetos dos séculos VI e VII, e os que seguiram suas pegadas nos períodos sucessivos. Com este fim, referiram os documentos da impressionante experiência romana na dilatação espacial. E quem poderia negar essa experiência ou contradizer a afirmação de que dela se valeram os bizantinos? Mas, no terreno crítico dos resultados arquitetônicos, deve ser reconhecido que a dilatação dos espaços romanos, por mais ampla e tecnicamente corajosa que seja, encontra o seu limite na manifesta robustez das suas estruturas murais. É sem dúvida espaço dilatado, mas como asserção, como fato de natureza estática. Ao contrário, o espaço bizantino dilata-se continuamente; existe nele um elemento dinâmico conquistado através da cultura paleocristã, o uso dos planos brilhantes, das vastas superfícies luminosas que agora se transformam gradualmente em tapetes cromáticos. Como os revestimentos de mármore dos romanos eram o lógico prolongamento decorativo de uma concepção estática do espaço, assim esses tapetes exaltam o fato novo das investigações bizantinas.

No que se refere à chamada decadência romana, estudamos o Templo de Minerva Medica que, numa evasão dolorosamente psicológica, lacera com dilatações o esquema clássico. Mas o espaço bizantino está livre daquele drama, não equilibra instâncias contraditórias, e constitui a contribuição de uma nova inspiração, segura de si, de acordo com uma espiritualidade unívoca, dogmática e abstrata.

Para quem quisesse confrontar Santa Costanza com S. Vitale, o espaço paleocristão e o bizantino, é fácil demonstrar que existe entre eles não só diversidade, mas oposição. Notamos como em Santa Costanza as diretrizes de perspectiva das pequenas arquitraves radiais indicam ao observador que se move na galeria anular o centro do edifício: existe um motivo centrípeto nitidamente antitético das forças centrífugas do espaço bizantino. Ao se caminhar pelo interior do ambiente central de Santa Costanza, as arquitraves radiais assinalam a passagem, por sugestões lineares, entre uma zona luminosa e uma atmosférica massa circunstante. O bizantinismo ignora uma dialética do gênero: aqui existe uma superfície mural que se curva, afasta-se do centro através de formas côncavas cada vez mais impelidas para o exterior, para o vão circular (olhemos a planta) que vem a perder toda a validade arquitetônica independente. Uma idade espacial que cria monumentos dessa altura não pode ser considerada apêndice de qualquer cultura precedente. É uma mensagem nova cuja voz será ouvida nos séculos seguintes, no XI e XII, quando surgem S. Marco em Veneza (Quadro 3a) e La Martorana em Palermo, e o seu eco será sentido em toda a arquitetura oriental e, sobretudo, na arquitetura russa, que, em pleno século XV, procurará resistir até mesmo ao humanismo italiano.

A barbárica interrupção dos ritmos

Numa resenha tão esquemática e incompleta seria legítimo passar do bizantinismo para o românico, ignorando esses três séculos, do VIII ao X, que serviram de preparação, e não apresentam uma formulação espacial definível pela simples ilustração de um ou dois exemplos. No entanto, o espírito contemporâneo, talvez porque nós também sofremos e, no fundo, saboreamos um longo período de gestação, está particularmente inclinado a amar as épocas de formação; nelas encontramos, sob a aparente decadência, temperamentos robustos e corajosos de artistas que voltam a propor o problema da arquitetura de uma forma global. Como durante aqueles séculos – que na crônica meramente factual passam por séculos bárbaros, cheios de invasões, de lutas e de ditaduras – se forma bem no substrato histórico a consciência da independência italiana que triunfará com a instituição dos Comuni, assim na história da arquitetura em monumentos aparentemente toscos, vulgares, em mil exemplos de arquitetura menor e popular, descobrimos a origem e o presságio da arquitetura românica, a intuição das concepções espaciais dos séculos XI e XII que constituem o primeiro renascimento da arquitetura européia.

Os elementos iconográficos e estruturais que formam a originalidade da produção desses séculos são principalmente os seguintes: 1) a elevação do presbitério, como no San Salvatore de Brescia e em San Vincenzo in Prato, de Milão; 2) o ambulacro ou deambulatório que continua o jogo das naves em torno do vão absidal– como na Catedral de Ivrea, no Santo Stefano, de Verona, em Santa Sofia, de Pádua; 3) o engrossamento das paredes, a acentuação visual das relações de peso e sustentação, muito evidentes em San Pietro in Toscanella e em todas as obras dos mestres *comacini*; 4) o gosto pelo material bruto, ladrilhos, calhaus, pedras ásperas, usados com uma prontidão primordial de grande eficácia expressiva.

O que significam essas inovações, em se tratando de espaço? A negação, primeiro gradual, depois peremptória, da concepção bizantina, a interrupção do horizontalismo, a ruptura desse ritmo unívoco ao longo do eixo longitudinal que, desde a basílica paleocristã de Sant'Apollinare, havia constituído o principal objeto de investigação por parte dos arquitetos. Elevar o presbitério significa interromper o comprimento do ambiente; introduzir o ambulacro, quer dizer, articular o edifício, torná-lo um organismo mais complexo em detrimento de uma visão espacial unitária; injetar no invólucro mural o sentido de peso, de uma gravidade dominante, e substituir o manto superficial do cromatismo bizantino por materiais brutos e naturais implica a inversão da intenção espacial e dos seus adjetivos decorativos. Da fluência dilatadora e da velocidade direcional do Oriente volta-se para o sentido sólido e construtivo da tradição latina.

A completa emancipação dos esquemas perspectivos bizantinos e a afirmação do gosto lombardo já são certos em San Pietro in Toscanella. Mas ao visitarmos Santa Maria in Cosmedin, em Roma, encontramos uma jóia única do gênio silencioso desses séculos, na qual, dentro de uma postura construtiva e figurativa tradicional, sem justificativas técnicas, sem outras razões a não ser uma concepção espacial emergente, sentida de maneira quase inconsciente e expressa com timidez, um arquiteto tem a coragem de romper os ritmos. Pela abside elegantemente arrojada, pela brilhante distensão dos planos que suavizam, com delimitações lineares precisas, a espessura das paredes, por suas dimensões gerais, essa igreja (Quadro 9) poderia ser catalogada na tradição paleocristã e bizantina se não fossem os pilares que interrompem a continuidade das colunatas e das pequenas arcadas, que criam uma cesura nos ritmos, que escandem, ainda que suavemente, o espaço em seções retangulares. Não estamos ainda diante da decidida negação do monótono tema longitudinal, continuamos vivendo num discurso interior, numa polêmica particular deste tema (Fig. 19). Mas

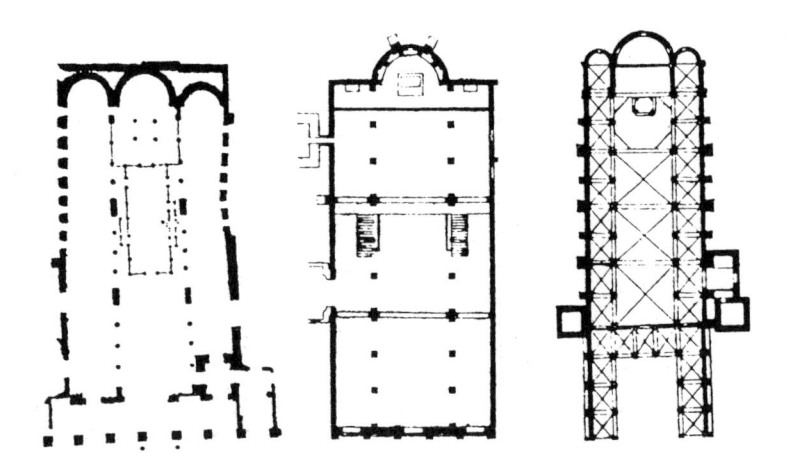

Fig. 19 – Plantas da igrejas de Santa Maria in Cosmedin, em Roma (final do séc. VIII), de San Miniato al Monte, em Florença (1018-1063), e da Basílica de Sant'Ambrogio, em Milão (segunda metade do séc. XI). Ver Quadro 9.

está claro que o autor de Santa Maria in Cosmedin já não quer arrebatar indiferentemente o observador num espaço acelerado ao máximo ao longo da nave; ao contrário, ele quer retardar o tempo perspectivo, dificulta as diretrizes, convida a pausas e descansos ao longo do percurso da igreja. Estamos numa fase não de consciência clara de composição espacial, mas – idêntica à que o Templo de Minerva Medica representa em relação ao espaço estático romano – de crise do tema tradicional e de evidente aspiração para uma nova especialidade. Quando esses pilares, até agora puramente desenhados, conjugando a ressuscitada técnica das abóbadas em cruz, adquirirem nova fé em si próprios e se destacarem da parede para formar o conjunto estrutural, então a idade românica terá surgido; e Santa Maria in Cosmedin permancerá como documento, incômodo para todos os historiadores positivistas e materialistas, de uma intuição e uma vontade que precedem toda lógica construtiva e toda necessidade funcional[16].

A métrica românica

Situados nos limites extremos da Europa, Sant'Ambrogio de Milão (Quadro 9) e a Catedral de Durham marcam, na segunda metade do século XI e ao surgir do século XII, a completa realização dos ideais românicos, amadurecidos e realizados ao longo de um século de elaborações e tentativas. Diferenciada nas tendências dos vários países e, dentro de cada país, nas cem escolas locais, a arquitetura românica constitui, depois do final do Império, o primeiro período em que a civilização de toda a Europa se agita sincronicamente em nome de uma mesma renovação do conjunto arquitetônico.

Os espaços medievais que analisamos até agora são fundamentalmente variações de um mesmo tema. O pacato ritmo paleocristão, a aceleração dos bizantinos, a interrupção bárbara dos ritmos são expressões de diferentes aspirações que se manifestam dentro de esquemas construtivos substancialmente semelhantes; mesmo nos edifícios de esquema central, a transformação de uma seção longitudinal paleocristã, como por exemplo em Santo Stefano Rotondo, de Roma (Quadro 7a), ou então a dilatada fluência do Oriente, conduzem, é verdade, a resultados espaciais profundamente distintos, mas a diferença não é acentuada por revoluções radicais do conjunto arquitetônico. Quando, todavia, se chega ao românico, não se trata já apenas de uma nova idade espacial determinada por uma sensibilidade original do vazio arquitetônico e do tempo da caminhada do homem dentro desse vazio: estamos diante de um autêntico terremoto orgânico que, depois de ter voltado a propor criticamente, nos três séculos anteriores, todos os problemas da arquitetura paleocristã e bizantina, destroça essa arquitetura criando algo de integralmente distinto.

Até agora, a igreja cristã, se a quisermos dominar reconstruindo-a plasticamente com uma maquete de papel-cartão, é uma estrutura extremamente simples: bastam poucos retângulos para formar paredes, vertentes do telhado, pavimento e o lugar normalmente reservado às mulheres. Pronto. O comprimento, a largura e o número das naves variam, e o castelo de papelão tornar-se-á mais longo ou mais curto dependendo dos casos e das

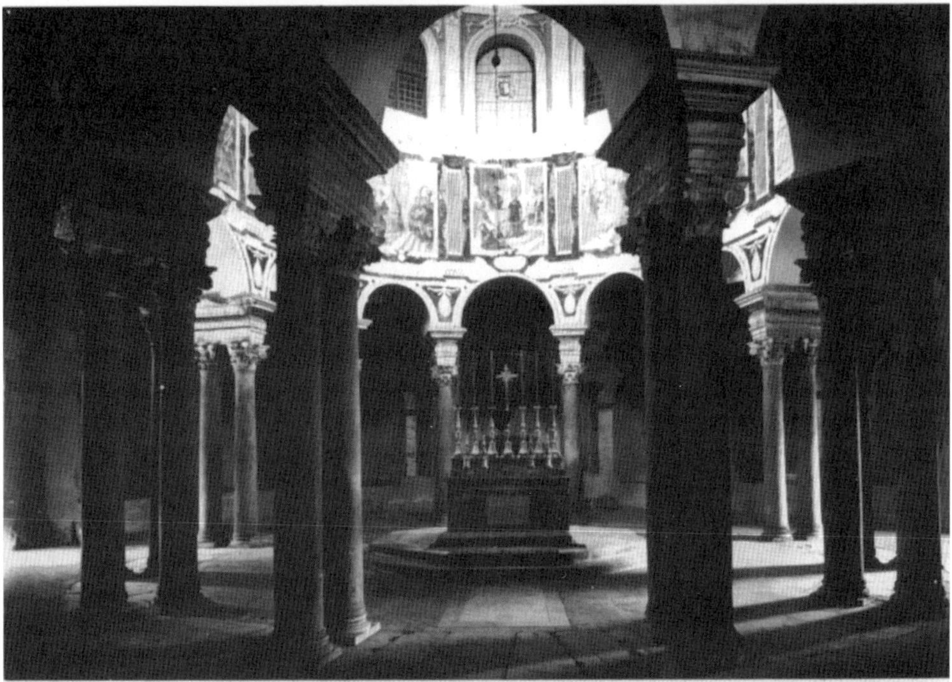
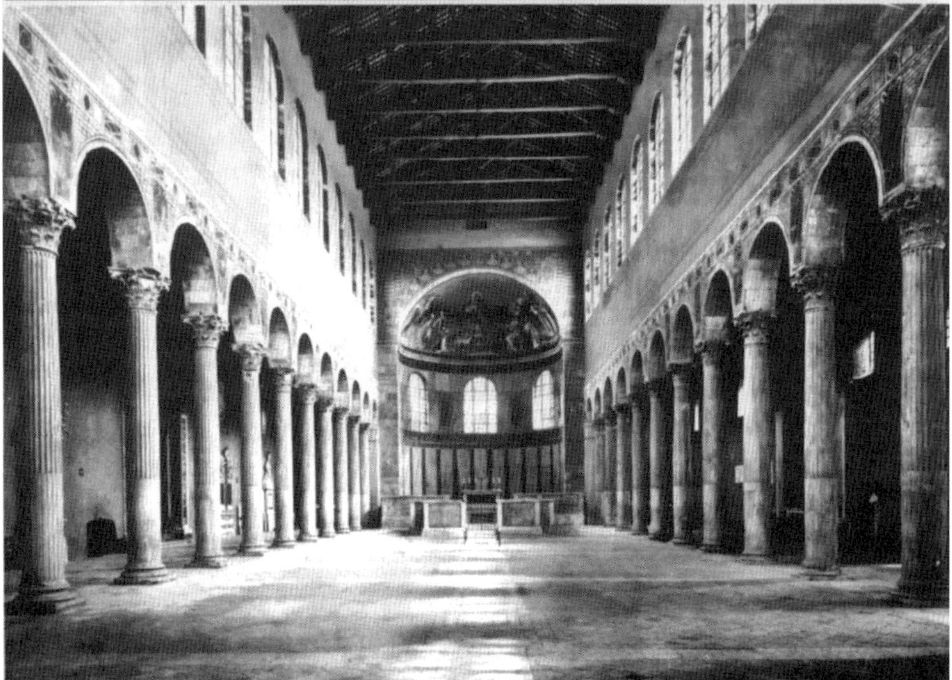

Quadro 7 *A diretriz humana do espaço cristão.*

Página anterior:
Mausoléu de Santa Costanza, em Roma (c. 350). Ver Fig. 17.
Igreja de Santa Sabina, em Roma (422-432). Ver Fig. 16.

Em cima:
Nave da Igreja de Santa Sabina, em Roma.

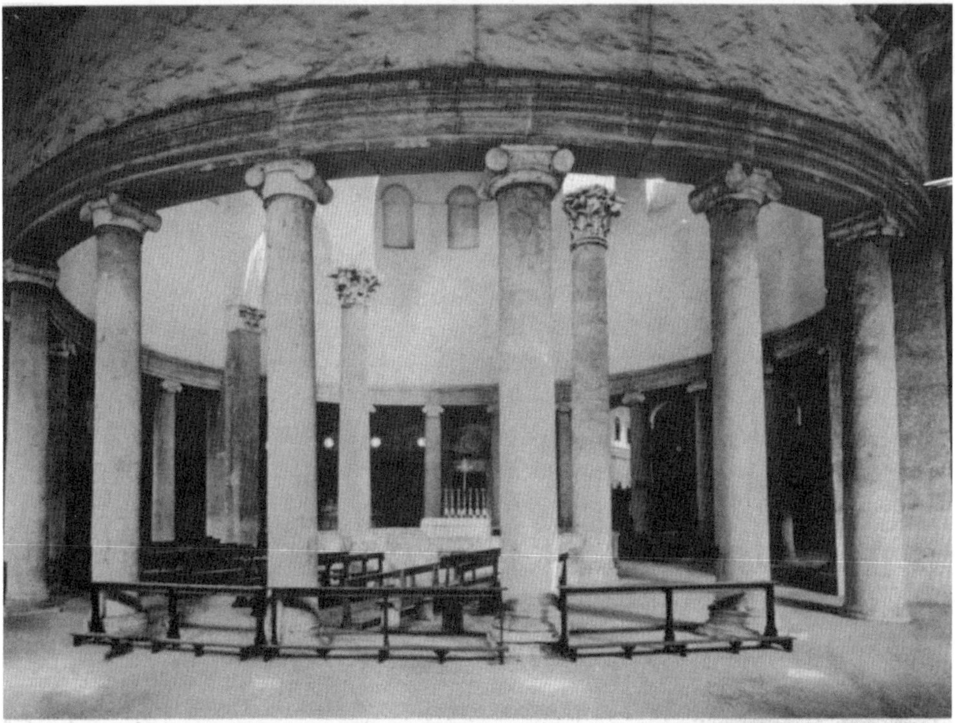

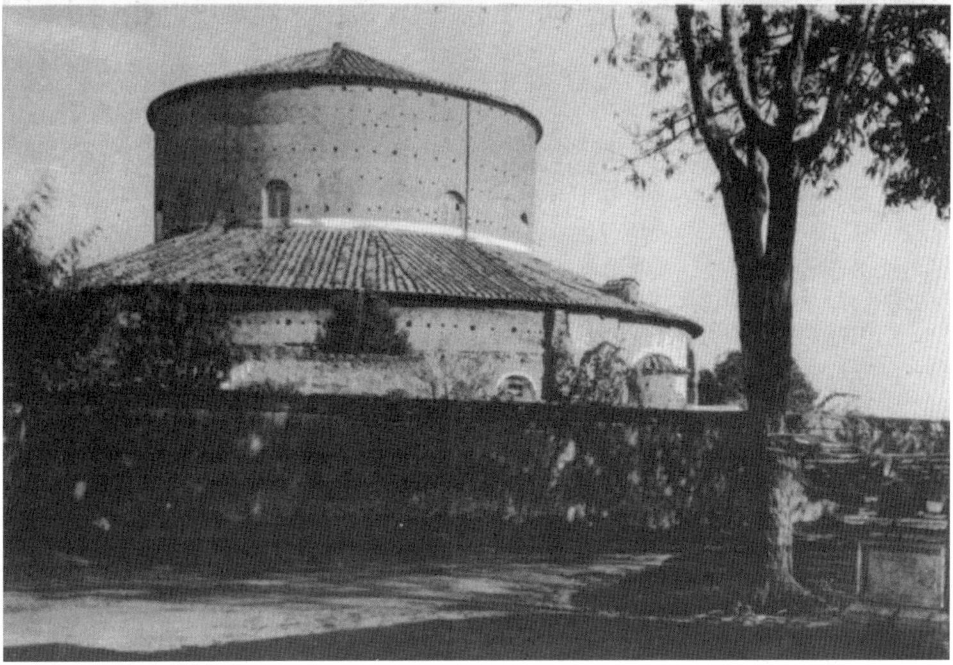

Quadro 7a *A diretriz humana do espaço cristão.*

Página anterior:
Igreja de Santo Stefano Rotondo, em Roma (468-482). Vista interna e externa.

Em cima:
O Ateneu de Siracusa (séc. V a.C.), transformado em catedral cristã (séc. VII d.C.).

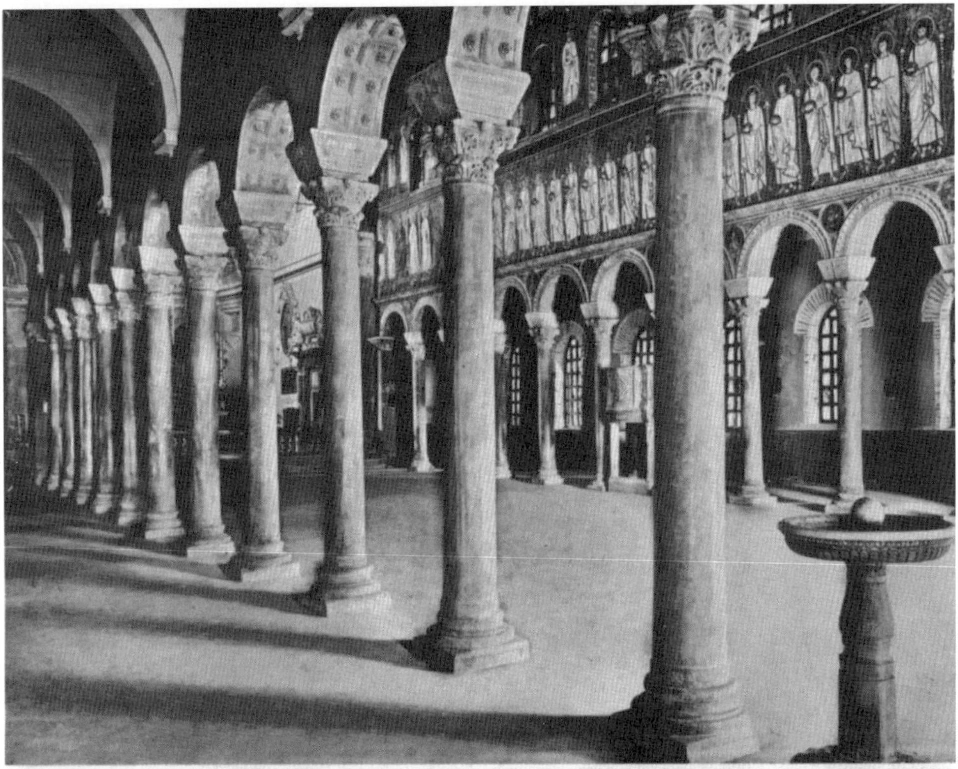
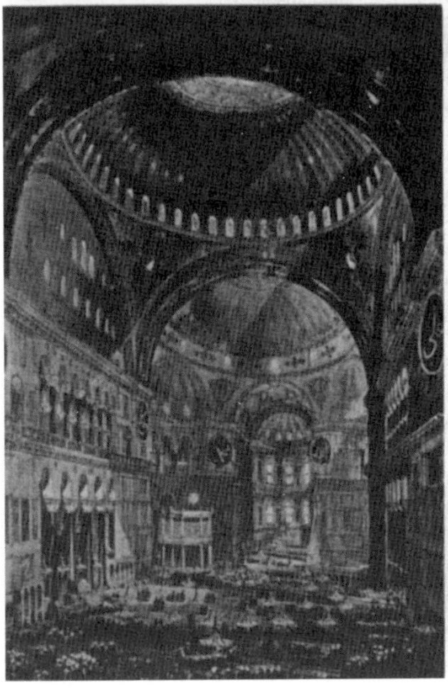
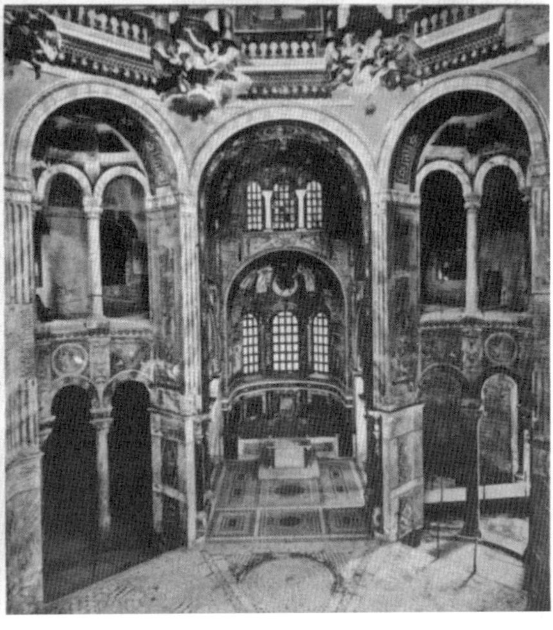

Quadro 8 *A aceleração direcional e a dilatação de Bizâncio.*

Página anterior:
Igreja de Sant'Apollinare Nuovo, em Ravenna (493-526).
Antêmio de Trales e Isidoro de Mileto: Santa Sofia, em Constantinopla (terminada em 537).
Ver Fig. 18 e Quadro 8a.
Basílica de S. Vitale, em Ravenna (530-547). Ver Fig. 18.

Em cima:
Basílica de S. Vitale, em Ravenna (530-547).

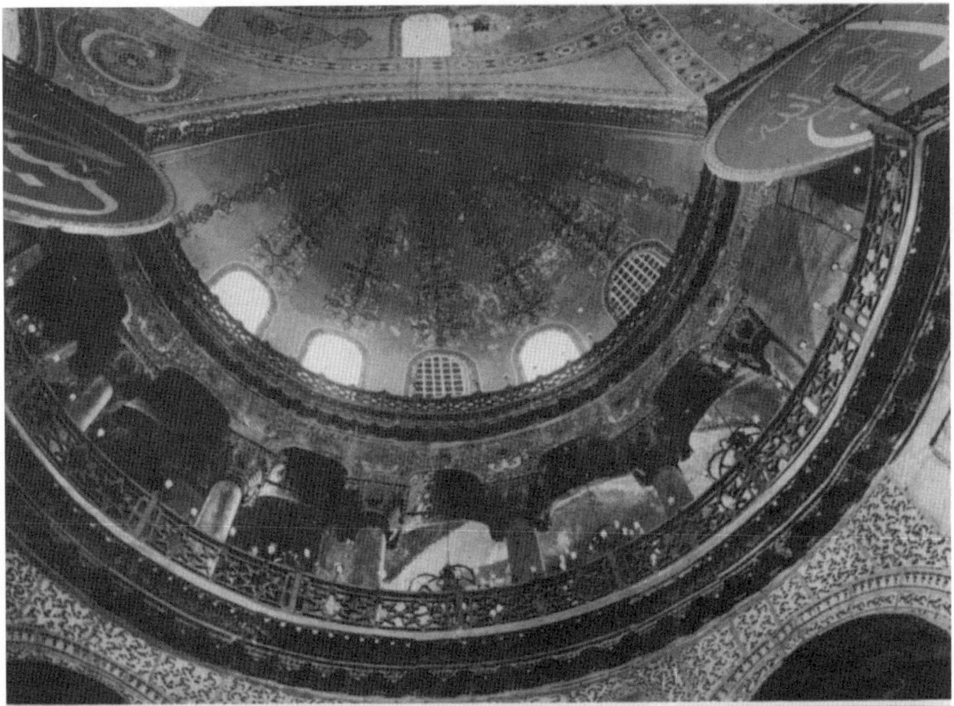

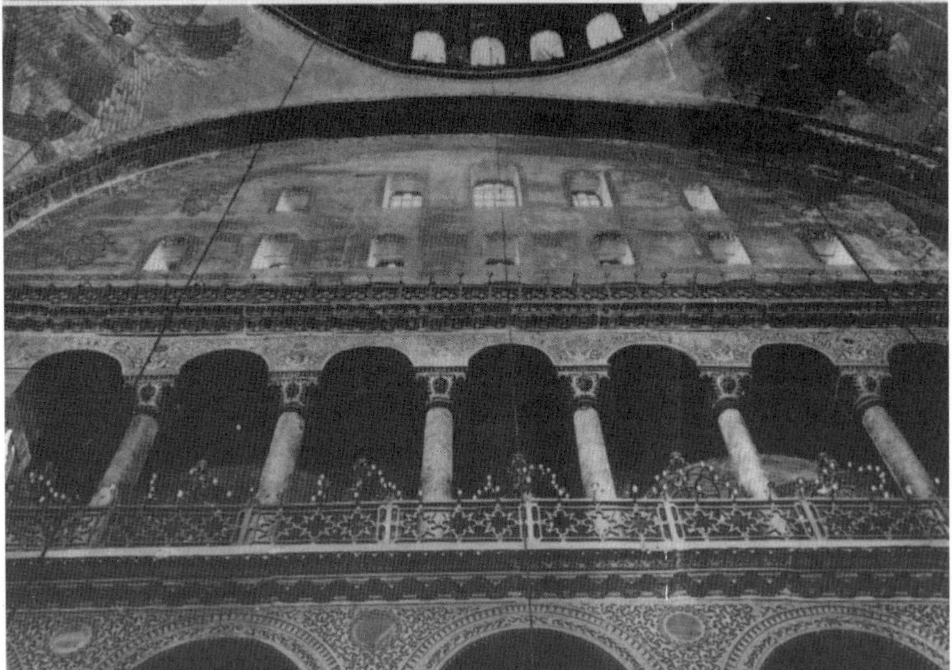

Quadro 8a *A aceleração direcional e a dilatação de Bizâncio.*

Página anterior:
Antêmio de Trales e Isidoro de Mileto:
Santa Sofia, em Constantinopla
(terminada em 537). Aspectos do interior.
Ver Fig. 18 e Quadro 8.

Em cima:
Antêmio de Trales e Isidoro de Mileto:
Santa Sofia em Constantinopla. Aspectos das exedras, vistas do interior das galerias superiores.

preferências. Na história da arte, quando se procura a individual e irrepetível fisionomia poética, não é naturalmente legítimo generalizar desta forma e será necessário distinguir basílica de basílica, como também templo de templo, na Grécia. Assim, neste rápido perfil das concepções espaciais podemos admitir que, no que diz respeito ao conjunto arquitetônico, basta uma maquete para o templo grego e outra para a basílica longitudinal cristã até o românico.

Tentemos então construir uma maquete de Sant'Ambrogio ou de Durham ou de Cluny. Já não basta o papel-cartão; já não basta alargar ou reduzir as dimensões dos vazios, acrescentar ou subtrair uma coluna ou um pilar, tratar as paredes ora com brancos brilhantes, ora com materiais coloridos, recortar janelas mais ou menos grandes. Não basta formar calotas para as absides, para as exedras e para as cúpulas. São necessários outros instrumentos capazes de reproduzir, ainda que esquematicamente, as cruzes românicas, os pilares poligonais, os espigões e os contrafortes. O papel-cartão servirá, certamente, e será pesado, porque retos são ainda os muros românicos; mas, antes das paredes, será preciso construir com fio de ferro os elementos essenciais da estrutura românica, onde as forças estáticas se localizam e se distribuem. Com um sopro de vento, cairá o nosso modelo de igreja paleocristã e bizantina, por ser composto de planos de papel-cartão justapostos entre si, sem encaixe; já na igreja românica, o conjunto estrutural, os fios de ferro que, cravados ao solo, se levantam até o teto, atravessam diagonalmente as arcadas e voltam ao solo, não caem com um sopro de vento porque os seus elementos estão estreitamente ligados. O comprimento da igreja (Fig. 19) não poderá ser arbitrário, mas será múltiplo das arcadas centrais; a largura das arcadas laterais não será arbitrária, mas deverá reduzir-se a um submúltiplo da nave central.

Estamos diante do conjunto românico caracterizado por dois fatos: a concatenação de todos os elementos do edifício e a métrica espacial. No que diz respeito à primeira característica, pode-se dizer que a arquitetura deixa de agir em termos de superfícies, de pele, e se exprime em termos de estruturas e ossaturas. A concentração lenta e gradual das pressões e das resistências, o adelgaçamento dos muros, alcançado através de repetidas provas, ao mesmo tempo que amadurecia a consciência, por assim dizer, quase muscular da estrutura; a abolição definitiva do arco triunfal, obstáculo à unidade da igreja; o desaparecimento do átrio e, por conseguinte, a maior atenção posta nas fachadas que acompanham lentamente a distribuição espacial interna: todos esses elementos, em sua interdependência, fazem com que o edifício românico pareça um conjunto que renasce e adquire segurança em si e na dialética das suas forças, em comparação com o corpo inerte, ainda que esplendidamente austero, dos primeiros templos cristãos, ou com o resplandecente, magnificamente vestido mas imóvel da igreja bizantina. A civilização barbárica e primitiva dos séculos VIII-X havia arrancado as vestes bizantinas, desnudando a máscula rudeza do corpo estrutural. Agora o corpo torna-se organismo, toma consciência da sua unidade e da sua circulação, numa palavra, move-se.

O organismo românico manifesta-se especialmente através de uma métrica que tem o seu paralelo exato no aparecimento simultâneo da métrica na poesia literária. O sistema de Santa Sabina é um *a-a-a-a-a-a-a* indefinido; em Sant'Apollinare, ele se torna mais acelerado, *aaaaaaa*; articula-se num *b-a-a-b* em Santa Maria in Cosmedin, mas é uma articulação que diz respeito apenas às paredes, que não se exprime transversalmente. Em Sant'Ambrogio, pelo contrário, o sistema não é um simples *a-b-a-b-a*, mas, dada a importância hierárquica dos pilares que se prolongam nos espigões dos cruzamentos, é um *A-b-A-b-A*, em que, através dos séculos, o *A* se torna cada vez mais maiúsculo e o *b* cada vez menos importante. O significado substancial da contribuição românica está no fato de não mais se falar em termos bidimensionais, mas de uma unidade de arcadas tridimensionais em si mesmas, englobando o espaço interior dentro de si. Por essa razão, o espaço e a volumetria do invólucro mural unem-se expressivamente de forma cada vez mais íntima.

Se na igreja paleocristã o passo do homem era uniformemente cadenciado, deslizante na bizantina, retardado com cesuras que respondem a exigências puramente emotivas em Santa Maria in Cosmedin, aqui em Sant'Ambrogio, na Catedral de

Modena, em San Zeno, de Verona (Quadro 9a), nas catedrais românicas da França, da Inglaterra, da Espanha e de toda a Europa, o caminho do homem responde a solicitações psicológicas muito mais complexas do que uma diretriz unívoca.

Os contrastes dimensionais e a continuidade espacial do gótico

Entre os equívocos mais difundidos existe aquele segundo o qual o gótico seria um simples derivado do românico, ou melhor, constituiria seu amadurecimento, o ponto de chegada que o arquiteto do século XII pretendia atingir. O equívoco baseia-se na confusão filosófica entre progresso técnico e suposto progresso artístico, e, o que é pior criticamente, na indiferença em relação ao espaço interior e à escala dos edifícios.

Do ponto de vista construtivo, é indubitável que o gótico continua, aprofunda e conclui a investigação românica. O autor de Sant'Ambrogio colocou os espigões nas abóbadas, mas as superfícies de preenchimento são tão pesadas que, mesmo sem espigões, se manteriam de pé; concentrou os pesos sobre os pilares, mas as paredes são tão grossas que provavelmente poderiam suportar sozinhas as pressões. O sistema em ossatura aperfeiçoa-se grandemente no período gótico, a técnica dos arcos ogivais reduz as pressões laterais, os arcobotantes e os contrafortes tornam-se braços musculosos capazes de suportar sozinhos as pressões. O conjunto românico torna-se mais leve e se estende, e, nos três séculos seguintes, mesmo em pleno século XVI, na França, na Inglaterra e na Alemanha, alcança o paroxismo da tensão, um feixe de ossos, fibras e músculos, um esqueleto construtivo coberto de cartilagem imaterial. Nesses países, onde o gótico encontra sua afirmação integral e depois seu paroxismo decadente, o sonho de descarnar, de negar as paredes e de estabelecer uma continuidade espacial entre exterior e interior parece realizado. Os grandes vitrais historiados e as abóbadas em guarda-chuva, as espiguilhas decorativas da narração escultórea, as enormes dimensões das catedrais anulam o sentido das superfícies e dos planos, reduzem todo o vocabulário figurativo a uma dialética de linhas dinâmicas e tensas até o ponto de ruptura.

Depois de as bombas terem destruído os vitrais e derrubado os enchimentos existentes entre os espigões das abóbadas, visitei novamente algumas catedrais inglesas: pois bem, essas estruturas, libertas até mesmo da cartilagem transparente que as unia, pareciam ter realizado plenamente o sonho dos arquitetos góticos: criar o espaço, escandi-lo, elevá-lo e dar-lhe forma sem interromper sua continuidade.

Mas se esta foi uma aspiração original da arquitetura gótica, existe um tema espacial bem mais relevante que a distingue da cultura românica. É o contraste das forças dimensionais. Pela primeira vez durante a história eclesiástica cristã, e, efetivamente, pela primeira vez na história da arquitetura, os artistas concebem espaços que estão em antítese polêmica com a escala humana e que produzem no observador não uma calma contemplação, mas um estado de espírito de desequilíbrio, de afetos e solicitações contraditórios, de luta.

Já mencionamos a escala humana em oposição à escala monumental; a consciência espacial moderna, que analisaremos no final deste capítulo, é extremamente sensível a este problema: sabemos distinguir um edifício concebido e construído para o homem de um edifício-símbolo construído para representar uma idéia, um mito que impressione, se sobreponha, domine o homem: a ciência contemporânea nos dá a possibilidade de aprofundar melhor a crítica desses espaços nos quais, segundo a expressão popular, "não nos sentimos em nossa casa". Porém, até aqui estabelecemos uma diferença de ordem quantitativa e psicológica, deixando claro que todo edifício é qualificado pela relação existente entre as suas dimensões e as do homem e que, alterando essa relação, se cai ou numa farsa ridícula ou numa retórica vã; reduzido à metade, um templo grego torna-se um brinquedo, e, duplicadas as suas proporções, um dos inúmeros produtos repugnantes do neo-helenismo.

Há, contudo, outro significado da *escala* que diz respeito não às relações de proporção entre o edifício e o homem, mas às proporções do edifício entre si, relativamente ao homem. Toda a arquitetura ocidental até o românico exprimiu essas proporções de duas maneiras: 1) com o equilíbrio das diretrizes visuais; ou

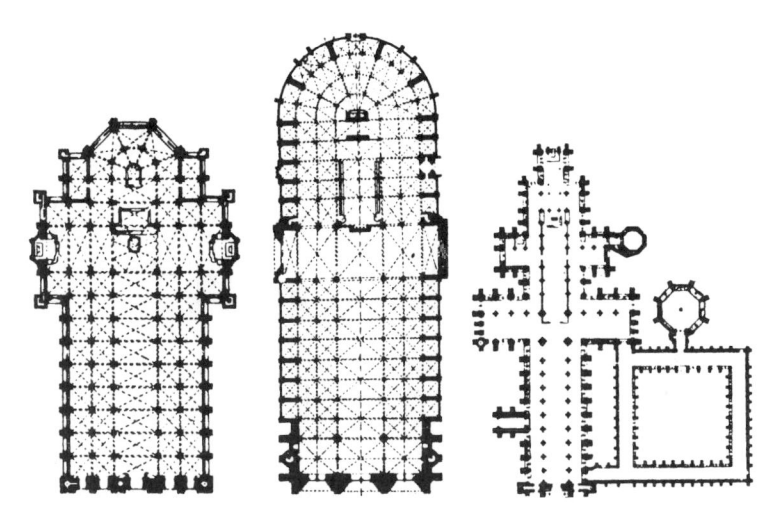

Fig. 20 – Catedral de Milão (iniciada em 1386), Notre-Dame de Paris (1163-1235) e Catedral de Salisbury (1220-1258): plantas. Ver Quadro 10a.

2) com a predominância de uma diretriz. O equilíbrio perfeito encontra-se nos templos gregos e nos edifícios de esquema central da cristandade. Encontramos a predominância de uma diretriz nos templos egípcios de Karnak (Quadro 19) ou de Luxor (diretriz vertical), ou então na basílica bizantina (diretriz horizontal). Em contrapartida, no gótico, coexistem e contrastam, numa antítese silenciosa mas aguda, duas diretrizes: a vertical e a longitudinal. A vista é atraída por duas indicações opostas, por duas rarefações espaciais, por dois temas. A história espacial das catedrais góticas em toda a Europa, as diferenciações entre as escolas nacionais e regionais, a fisionomia individual de cada monumento, baseiam-se substancialmente na diferente força e evidência deste contraste dimensional (Quadro 10). Trata-se da relação entre o retângulo de seção e o retângulo de planta e, apenas em segundo lugar, da relação entre esses dois retângulos e o homem.

Se confrontarmos o gótico italiano, francês e inglês (Figs. 20 e 21), verificamos que o contraste se acentua à medida que se sobe em direção ao norte. Na Catedral de Milão (Quadro 10a),

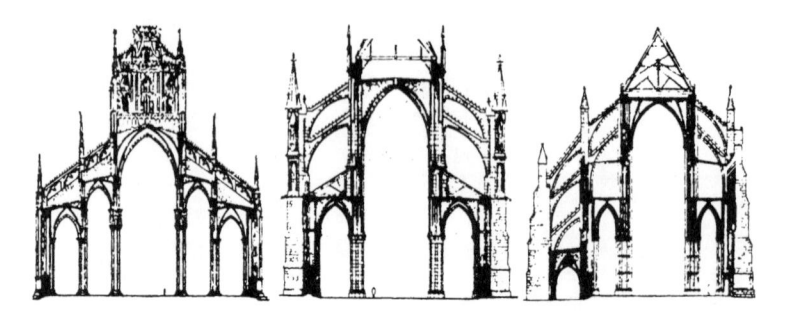

Fig. 21 – Catedral de Milão, Catedral de Reims (1212-1241) e Abadia de Westminster (1245-1269): seções. Ver Quadros 10 e 10a.

com suas cinco naves, a largura ainda é muito superior à altura: predomina a diretriz longitudinal, e a vertical é uma diretriz tão secundária que o ambiente – a despeito das ogivas, dos pilares compósitos, dos entalhes decorativos, do comentário triunfal dos coruchéus e dos pináculos, em resumo, todo o conteúdo iconográfico do "estilo" – vive mais um equilíbrio espacial clássico do que um drama gótico. Com a civilização francesa, as alturas elevam-se bruscamente, mas, na maior parte das vezes, permanecem as cinco naves como em Notre-Dame e em Bourges, ou então às três naves acrescentam-se séries de capelas, como em Amiens, ou ainda as naves – formando um círculo em torno da abside em amplos deambulatórios – criam uma circularidade que sublinha definitivamente a longitude, pondo em contato os dois lados da igreja. Mas nas grandes catedrais inglesas da Idade Média, em Ely, Salisbury, Worcester, Lichfield e Westminster, os dois motivos direcionais apresentam-se simultaneamente com igual valor: as diretrizes longitudinais quebram-se em ângulos retos nos presbitérios ou nas capelas terminais, as naves são três e apenas três, e por isso o fator largura desaparece na presença da competição das outras duas dimensões. A decoração linear dos pilares, nas abóbadas em guarda-chuva, e nos trifórios alcança uma negação das superfícies e dos planos, um tratamento nervoso ignorado mesmo pelas catedrais de Reims ou de Chartres, ou pela Sainte-Chapelle de Paris.

Já repetimos, muitas vezes, que levar ao máximo as possibilidades de um tema espacial, através de acrobacias técnicas e exaltações decorativas, não significa criar uma arquitetura mais bela. Podemos gostar mais de Notre-Dame do que de Salisbury, sentirmo-nos mais próximos de uma igreja românica do que de uma catedral gótica. Isso, porém, diz respeito às preferências, ao gosto e ao julgamento crítico individual. Nesta sede, interessa-nos mais procurar estabelecer o caráter espacial, a língua da época, a cultura sobre a qual surgem os monumentos com sua própria fisionomia artística.

A arquitetura gótica inglesa, além das características já mencionadas, apresenta uma qualidade absolutamente moderna, que designamos pelo nome de "orgânica": a da expansão, da possibilidade de crescimento, da articulação dos edifícios. Enquanto a Catedral de Milão ou Notre-Dame são construções isoladas, as catedrais inglesas conjugam-se com uma série de outras construções, prolongam-se nelas e as dominam. A mesma característica apresenta-se em outros temas, nos mosteiros, nos castelos e nas casas. E a característica narrativa da arquitetura e do urbanismo medieval em que o método de um discurso continuado no tempo, através de pessoas e gerações diferentes, unidas apenas por uma profunda coerência linguística – profunda mas variada, livre, episódica –, se opõe ao juízo unívoco das concepções clássicas, aos eixos menores e aos eixos maiores que esquadram as cidades, e a todos os edifícios, sejam eles de que época forem, em que vive um único valor, uma única beleza – a do conjunto; em que nada se pode eliminar nem acrescentar; em que, embora brilhe a idéia e a personalidade, falta a expressão do processo vital com a descrição de sua progressiva riqueza histórica.

As leis e as medidas do espaço do século XV

Com o gótico encerra-se o primeiro volume dos manuais de história da arte; com o Renascimento, abre-se o segundo. Essa classificação prática gerou na mente do grande público uma separação, uma solução de continuidade que em vão os críticos tentaram preencher, e que é particularmente inconsistente na história da arquitetura. No decorrer do século XV descobre-se a

América, descobre-se a perspectiva, inventa-se a imprensa; no entanto, fica por descobrir a arquitetura da Renascença, cujas origens remontam aos séculos XI e XII, e cuja presença se mantém em toda a Idade Média. Não apenas documentos como o Pórtico de Civita Castellana, a Igreja dos Santos Apóstolos e o San Miniato, em Florença (Quadro 9), testemunham o nascimento da cultura renascentista antes do século XV, mas o próprio sentido da arquitetura dos séculos XIII e XIV, na Itália (Quadro 10a), é uma premissa da atitude humanística. Isso é verdade especialmente se nos detivermos sobre a substância espacial da arquitetura, sobre os contrastes dimensionais góticos que, como já se viu, são muito atenuados entre nós. A Ordem de Cister cria um eixo diagonal de influência gótica na Itália, desde Vercelli até a Apúlia, e surgem alguns monumentos construídos sob a direção de arquitetos estrangeiros; simultaneamente, no entanto, desenvolvem-se as escolas italianas, e não apenas os centros meridionais, que afundam suas raízes no esplendor da arquitetura árabe-normanda, e a Escola Veneziana, que desenvolve temas independentes, mas toda a orientação toscana e mediterrânea tão rica em monumentos e tão fecunda em derivados a ponto de merecer um tratamento não mais marginal na história da arquitetura européia do período gótico.

Uma visão rápida mas objetiva das obras italianas do século XIV põe também fora de discussão o problema da continuidade entre arquitetura românica e gótica, e arquitetura da Renascença. O mito de Brunelleschi que, com a cúpula de Santa Maria del Fiore, encerra o século XIV e inicia, com o Portico degli Innocenti, o século XV, não tem, como tantos outros mitos, base alguma nos fatos concretos da história da arquitetura. Deixando por um momento o tema deste estudo, não será inútil recordar aos leitores leigos que mesmo os outros mitos do classicismo, ou pior, da romanidade, da Renascença, são alusões muito sumárias e equívocas de verdades bem mais complexas. A Renascença foi, durante longo tempo, objeto de dois preconceitos antitéticos: o primeiro queria apresentá-la como uma novidade absoluta em relação ao período precedente e era, por isso, incapaz de lhe conferir uma historicidade: o segundo queria reduzi-la a um neo-, a um retorno da arquitetura romana, retirando-lhe todos os predicados de vitalidade criadora. Para corrigir esses preconceitos populares, a crítica contemporânea precisou agir em dois sentidos, reivindicando a originalidade da Renascença e sua posição perfeitamente inserida na continuidade histórica da cultura.

Qual é o elemento novo que aparece imediatamente na arquitetura do século XV, desde Brunelleschi? É essencialmente uma reflexão matemática desenvolvida sobre a métrica românica e gótica. Busca-se uma ordem, uma lei, uma disciplina contra a incomensurabilidade, a infinitude e a dispersão do espaço gótico, e a casualidade do românico. San Lorenzo e Santo Spirito (Quadro 11) são duas igrejas que não se distinguiriam muito da espacialidade de algumas igrejas românicas a não ser pelo fato de, à parte todas as razões construtivas, todas as correlações entre arcadas e abóbadas, existir nelas uma métrica espacial baseada em relações matemáticas elementares. Tudo o que é designado pelo nome de intelectualismo e humanismo do século XV, em termos espaciais, significa isso: quando se entra nas igrejas de San Lorenzo e do Santo Spirito, *mede-se*, em poucos segundos de observação, todo o espaço, e possui-se facilmente sua lei.

Trata-se de uma inovação radical do ponto de vista psicológico e espiritual: até agora o espaço do edifício havia determinado o tempo da caminhada do homem, conduzido sua vista ao longo das diretrizes desejadas pelo arquiteto; com Brunelleschi, pela primeira vez, já não é o edifício que possui o homem, mas este que, aprendendo a lei simples do espaço, possui o segredo do edifício. Quando se diz Idade Média-transcendência e Renascença-imanência, alude-se literariamente ao fato de que já não somos atraídos pelo ritmo paleocristão, já não somos arrastados pelas fugas de perspectiva bizantinas, nem movidos pela lenta e sombria sucessão dos arcos românicos, nem excitados e atormentados pela mística altimétrica e pela violência longitudinal do gótico, mas que percorremos San Lorenzo com a consciência precisa de estar em nossa casa, numa casa construída por um arquiteto não exaltado em arrebatamentos religiosos, mas que raciocina segundo métodos e processos humanos que não ocultam mistérios, antes estão presentes com calma e precisão de evidência universal. O templo grego nos dá um equilíbrio e uma serenidade semelhantes, por sua escala humana, dependente da relação entre o elemento escultóreo e o homem; não por acaso quem não compreende a Grécia, como Ruskin ou Frank Lloyd Wright, se mostra hostil também em relação à Renascença italiana. Contudo, a grande conquista italiana do século XV é levar o mesmo sentido que vive no templo grego para o campo dos espaços interiores, e mais precisamente traduzir em termos de espaço a métrica que no período românico e gótico fora eminentemente planimétrica.

Os observadores superficiais acusam a Renascença de culturalismo; em vez disso, ela foi o berço da mais ousada experiência moderna. Nossa intolerância liberal em relação a tudo o que, atuando sobre o homem, o domina e o oprime, nossa recusa contemporânea da arquitetura monumental, a premissa social da cidade do homem, da casa pensada segundo as exigências materiais, psicológicas e religiosas do cidadão moderno: toda essa nossa atitude imanente, orgânica e espiritual, encontra um fundamento na arquitetura do século XV, exatamente porque então se lançam as bases do pensamento moderno na construção, segundo o qual é o homem que dita leis ao edifício, e não o contrário. Todo o esforço da Renascença consiste em acentuar o controle intelectual do homem sobre o espaço arquitetônico, e nós que, após atormentados ecletismos e longa autocrítica, nos encontramos prontos para criar numa época em que existe uma unidade tão profunda entre cultura e intuições individuais – em que, entre o momento poético e a hora da reflexão, existe uma ligação muito estreita – nos dirigimos à civilização do século XV precisamente porque nela o pensamento e a arte, a nova ciência, a arte poética e o gênio encontraram uma integração; e o substrato lógico, quase matemático, nunca se transformou em produção mecânica, antes preparou a sólida base de um vocabulário espacial comum que, em vez de matar, incitou e estimulou as expressões individuais.

À luz dessa exigência intelectual, era natural que os arquitetos do século XV revissem todos os esquemas distributivos tradicionais. Para Brunelleschi medir o espaço significou construir

AS VÁRIAS IDADES DO ESPAÇO **99**

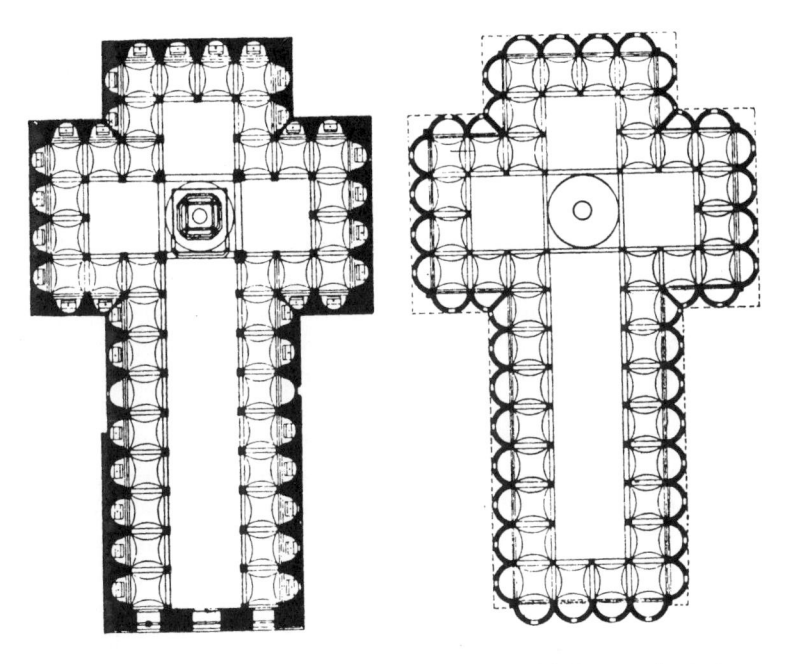

Fig. 22 – Brunelleschi: Santo Spirito, em Florença (iniciada em 1436). Planta atual e planta original. Ver Quadros 4a e 11.

San Lorenzo segundo relações matemáticas simples. Já em Santo Spirito, isso não é suficiente: o arquiteto percebe não só a necessidade de aprofundar a métrica em toda a igreja, igualando o transepto às naves e prolongando o esquema longitudinal para além dele, mas sente também a exigência de fechar circularmente essa métrica espacial, continuando as pequenas naves laterais no vão absidal e, segundo o esquema original e infelizmente não realizado (Fig. 22, Quadro 4a), mesmo na parede da entrada. Para controlar inteiramente o espaço, para tornar unitária a concepção arquitetônica, Brunelleschi sentiu a necessidade de negar ao máximo o eixo longitudinal e de criar uma circularidade ao redor da cúpula. Os outros elementos originais da arquitetura do século XV justificam-se sobretudo em nome das mesmas exigências espaciais.

É lógico que a uma concepção unitária do espaço corresponda melhor o esquema de planta central do que longitudinal. Já vimos que a tentativa paleocristã e bizantina havia sido levar uma dinâmica até mesmo aos edifícios cêntricos; agora encontramos exatamente o inverso, isto é, o programa de controlar racionalmente toda energia dinâmica inserida nos eixos. Nos séculos XV e XVI abundam e são preferidos os edifícios de planta central, desde o San Sebastiano, de Mântua, até os projetos de Bramante e Michelangelo para S. Pedro: nos esquemas em cruz latina, o braço longo encurta se; quando possível, passa-se para a cruz grega onde os braços se equilibram onde não se chega a um centro, mas se parte do centro sob a cúpula e dali se separam as naves. As pequenas naves laterais da basílica cristã criam penumbras, zonas indefinidas, antitéticas à nova exigência de dominar tudo intelectualmente; pois bem, Alberti, em Sant'Andrea de Mântua (Quadro 11a), elimina as naves menores, cria um único ambiente, alargando a nave central e acompanhando-a lateralmente com fileiras de capelas. Um único percurso, uma única idéia, uma única lei, uma única unidade de medida: esta é a vontade, humana e humanística, clássica e nunca classicista, da arquitetura renascentista.

No trabalho mural encontramos o mesmo programa. Todos os fatores decorativos de dispersão medieval, começando pelo cromatismo, são abolidos: a bicromia dos edifícios de Brunelleschi, comparada com a riquíssima paleta pictórica das superfícies do século XIV, foi polêmica e mordaz como a abolição da decoração por parte do funcionalismo em relação à ornamentação arquitetônica do século XIX.

Os palácios medievais apresentam superfícies não trabalhadas em que as janelas são fatos casuais, inseridas sem ordem compositiva, de preferência aberturas assimétricas, feitas na superfície da decoração escultórica dos trifórios, para que não se interrompam os planos cromáticos; sobre estes agem depois as linhas-forças das cornijas que quebram as referências verticais e prolongam a perspectiva para o infinito, para além do volume arquitetônico. Uma concepção do gênero era perfeitamente coerente com os temas espaciais góticos, mas é agora absolutamente contrária à cultura da Renascença, que opõe ao desejo de desfocar os panoramas a vontade peremptória de definir, medir e estabelecer uma lei mesmo para as superfícies. E eis ao lado do Palazzo Strozzi, que racionaliza, mas não revoluciona, a iconografia medieval, Alberti que, primeiro entre todos com o Palazzo Rucellai, divide e mede a superfície volumétrica com pilares, e a ritma segundo módulos simples. O que Brunelleschi fez nos espaços interiores, Alberti efetou-o nas superfícies.

É esta a detestada decoração aplicada? Certamente, é a decoração que será explorada durante todo o século XIX, em todas as "*ville* à italiana", desde os Estados Unidos até a Rússia; contra ela serão dirigidos os dardos da arquitetura moderna. Trata-se, porém, de uma decoração aplicada que, se nos plagiários se tornou inércia e academismo, no século XV respondeu ao tema espacial da época, e concluiu nas paredes uma inspiração realizada na construção dos vazios, foi um ato de profunda coerência e por isso de íntima validade cultural e artística.

Volumetria e plástica do século XVI

Os temas espaciais fundamentais inaugurados no século XV prolongam-se no século seguinte e, através das obras de muitos e grandes gênios, se enriquecem de motivos volumétricos e decorativos de tal diversidade e individualidade que seria vã pretensão querer sintetizá-los em poucas linhas.

Os motivos culturais e arqueológicos que, junto com a ilusão de poder encontrar uma regra do belo constantemente válida, já se haviam apresentado com a corrente albertiana no século XV, predominam em termos ideológicos nos tratadistas do século XVI; nestes encontram-se afirmações de um tão monótono conformismo classicista que, se devêssemos nos restringir às suas palavras, só poderíamos defini-los segundo o critério da erudição neoclássica do século XIX. Porém, a diferença entre o nosso século e a psicologia do século XVI consiste precisamente no fato de que nós, depois de fragmentarmos todas as regras, invocamos a originalidade absoluta e criticamente nos esforçamos por demonstrá-la mesmo na produção artística menor, enquanto os artistas do século XVI – ou melhor, os artistas entre si –, mesmo quando criavam em inteira liberdade, traindo com a mais desassombrada indiferença os cânones do classicismo, tinham o falso pudor, a hipocrisia ou a astúcia cultural de louvar incondicionalmente o antigo e declarar-se muito humildes seguidores dos seus ideais arquitetônicos. Existe, por isso, uma dicotomia entre cultura e vida produtiva, que será mais tarde precursora do escolasticismo neoclássico e constituirá a justificativa intelectual de inúmeros ecletismos, mas que então não ofendeu a pujança vital dessa plêiade de artistas sublimes que vai desde Bramante a Palladio.

Para o que diz respeito aos temas espaciais, o século XVI, como já dissemos, desenvolve a aspiração cêntrica do século XV, a visão do espaço absoluto, facilmente perceptível de todos os ângulos visuais, exprimindo-se em equilíbrios eurrítmicos de proporção. Com relação ao século XV, o século de ouro exprime esses ideais em formas reencarnadas, de uma plasticidade que está apenas latente em Brunelleschi, é mais concreta em Alberti, e triunfa agora nas múltiplas variações temáticas do espaço simétrico.

O Tempietto, de Bramante, o San Pietro in Montorio, em Roma, que inaugura o século XVI, constitui até certo ponto a declaração dos seus princípios: absoluta afirmação central, valorização máxima das relações dimensionais entre as partes do edifício, isto é, do elemento proporcional, e sólida plasticidade (Quadro 12). Esse pequeno templo é um pouco o Partenon da época e, como tal, possui todos os defeitos e qualidades da obraprima helênica. Mas a analogia entre a Grécia e o século XVI não vai além desse comum ideal formal, uma vez que o programa arquitetônico do século XVI impõe os espaços interiores.

Se o gótico havia marcado a vontade do espaço contínuo e infinito no comprimento dispersivo dos seus visuais, a primeira Renascença não chegou a fechar o espaço, mas o ordenou segundo uma métrica racional que o tornava definível e mensurável; agora, o século XVI qualifica a mesma busca espacial em termos eurrítmicos, voltando à antiga antítese entre espaço interior e exterior, com a solidez pesada e corpórea das suas paredes e com a maciça plástica dos seus componentes decorativos. O caráter da arquitetura do século XVI concretiza-se, por isso, não tanto numa renovação das concepções espaciais, como num novo sentido da volumetria, do equilíbrio estático e formal das massas dentro das quais adquire novo significado a dialética espacial do século XV, reforçada e solidificada por um gosto que prefere a uma linha e a um plano cromático, um todo sem quebras e uma solidez consistente e, muitas vezes, monumental.

Em nome desse gosto, todas as diretrizes visuais dinâmicas são excluídas. Se uma torre gótica impele a vista para o alto, para a agulha, se a basílica cristã dá o tempo da caminhada do homem, se o palácio e o pátio do século XV, com suas estruturas esbeltas e com complacências lineares indicam um itinerário visual circular, ainda que dentro do esquema simétrico, no século XVI todas as forças dinâmicas, que antes haviam sido travadas mas não extintas, acalmam-se definitivamente. Uma teoria de arcadas do século XV, ainda que encadeada por uma lei matemática compositiva, move-se por um contínuo e íntimo vibrar de linhas-forças; mas uma teoria de arcadas quinhentistas está em equilíbrio imóvel, com sua gravidade e seu peso. A articulação planimétrica, espacial, volumétrica e decorativa já não é mais discurso manifesto da concepção arquitetônica, mas sentença que tudo organiza e domina (Fig. 23). Os motivos do espaço es-

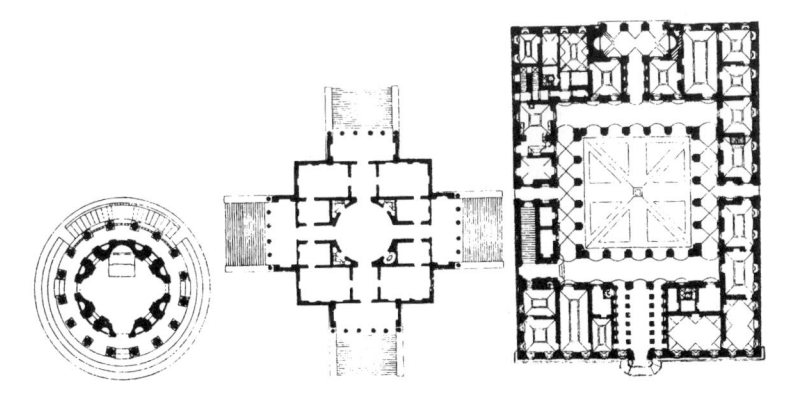

Fig. 23 – Bramante: Tempietto di San Pietro in Montorio, em Roma (1503); Andrea Palladio: Villa Capra, em Vicenza (1550); Antonio da Sangallo: Palazzo Farnese, em Roma. Plantas. Ver Quadros 2, 12 e 18.

tático dos romanos aderem, sem a destruir, à conquista da lei compositiva do século XV, e qualificam-na.

A esse respeito, é clássico o confronto entre a cúpula de Santa Maria del Fiore e a de S. Pedro. Em Florença, o ideal gótico do espaço infinito está expresso na contraposição dos espigões evidentes e lineares com as zonas neutras de enchimento dos gomos das abóbadas, enquanto as novas concepções renascentistas de medida espacial se manifestam nas oito nítidas divisões que ligam e escandem segundo uma lei simples e elementar. Em Roma, os espigões se multiplicam, o enchimento já não é zona neutra, não existe sequer a recordação da antítese dinâmica entre linha-força e parede que Brunelleschi havia conservado, ainda que ordenando-a racionalmente, mas espigões e enchimento se encontram para formar uma poderosa massa plástica. Portanto, é natural que a cúpula de Brunelleschi, suspensa pelo octógono dos planos do tambor, não tenha peso, se erga sobre a igreja sem se ligar a ela num equilíbrio de auto-suficiência, enquanto a de Michelangelo (sobretudo no seu perfil original, bem mais rebaixado do que o atual) penetre no corpo da basílica, se aprofunde nela com o pesado tambor reforçado por colunas geminadas, que, em vez de distinguir e separar, persistem estaticamente. Na opinião de Michelangelo, o grande efeito de S. Pedro devia derivar da relação entre a massa da cúpula e a da igreja, isto é, entre valores volumétricos maciços.

Do mesmo modo, no tema do palácio, pode-se dizer que, se o ideal gótico do espaço contínuo é expresso nos edifícios comunais da Idade Média ora por grandes galerias aéreas, ora pelo tratamento superficial e pictórico do invólucro mural em que, através da fachada com saliências, um intenso jogo de claro-escuro permeia as paredes, enquanto através dos trifórios e das decorações das janelas muita matéria entra nas aberturas, com a conseqüente identificação entre cheio e vazio; se esse ideal se mantém na primeira fase da Renascença, ordenando-se racionalmente no Palazzo Strozzi e articulando-se em unidades lineares no Palazzo Rucellai, no século XVI, o palácio mostra seu volume unitário, acentua sua gravidade maciça ou com a predominância dos cheios sobre os vazios, como no Palazzo Farnese (Quadro 2) ou

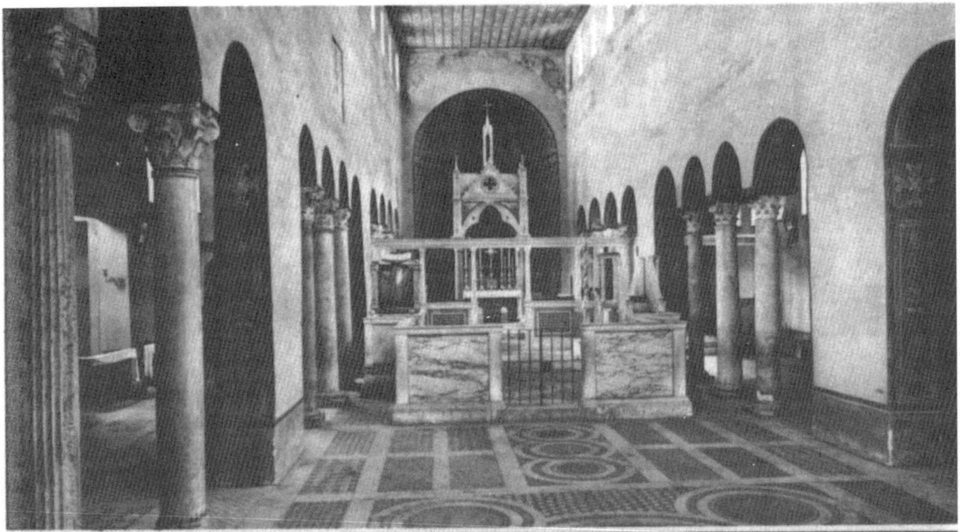
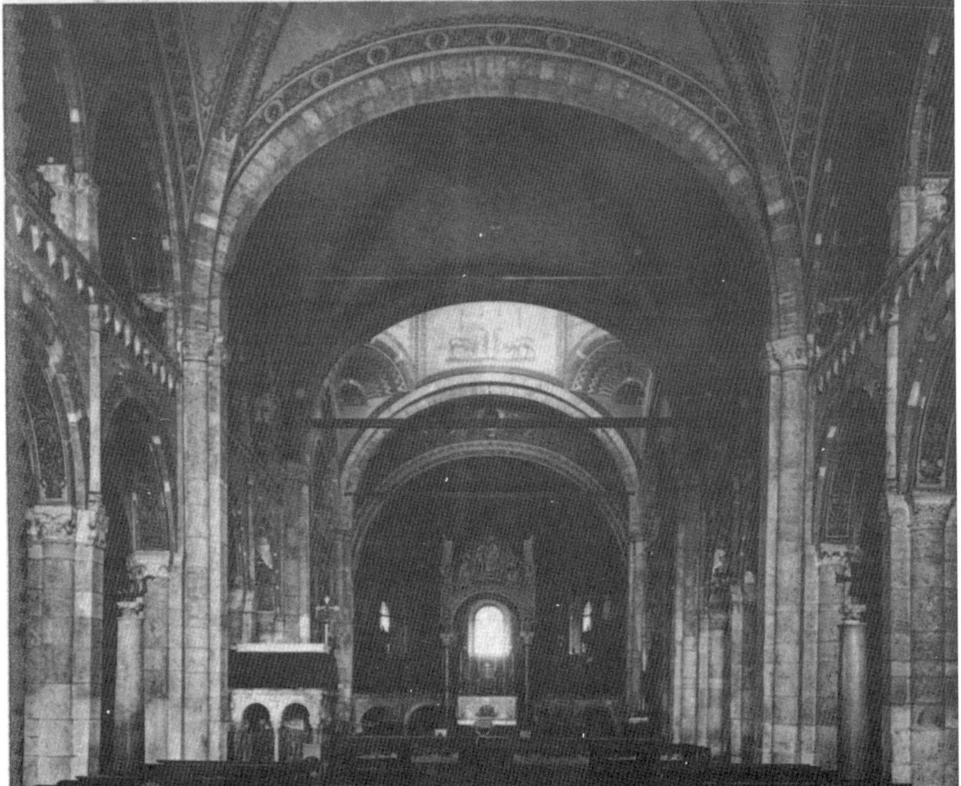

Quadro 9 *A barbárica interrupção dos ritmos e a métrica românica.*

Página anterior:
Igreja de Santa Maria in Cosmedin, em Roma (sécs. VII-VIII). Ver Fig. 19.
Basílica de San'Ambrogio, em Milão (segunda metade do séc. XI). Ver Fig. 19.

Em cima:
Igreja de San Miniato al Monte, em Florença (1018-1063). Ver Fig. 19.
Teto do coro da Catedral de Mächtige.

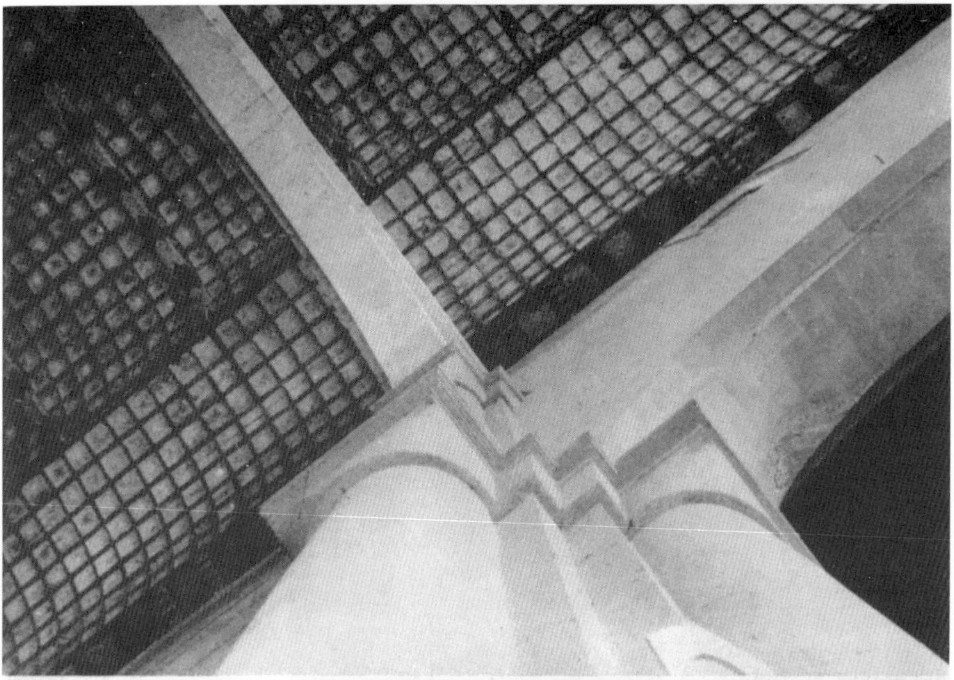

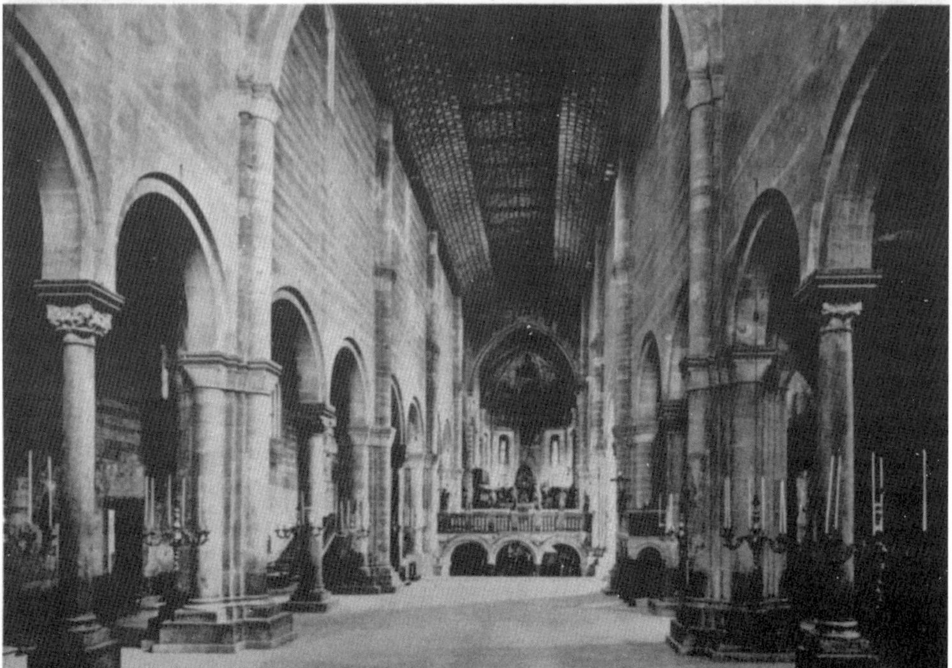

Quadro 9a *A métrica românica.*

Página anterior:
Igreja de San Zeno, em Verona (sécs. XII-XIII). Detalhe e vista do interior.

Em cima:
Igreja de San Zeno, em Verona. Vista do exterior.
Burscheto e Rainaldo: Catedral de Pisa (1063-séc. XII). Diotisalvi: o Batistério (1153-1399).
Bonanno: a Torre Inclinada (1173).

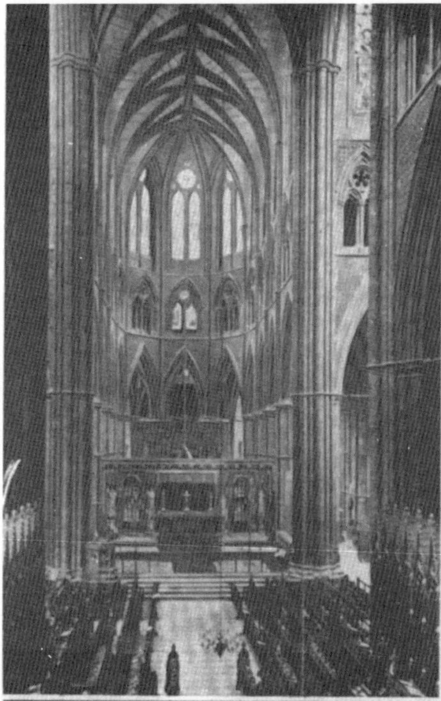
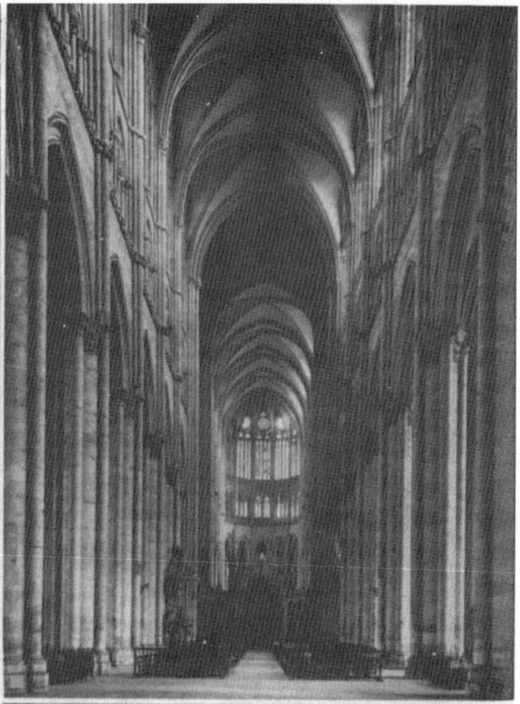

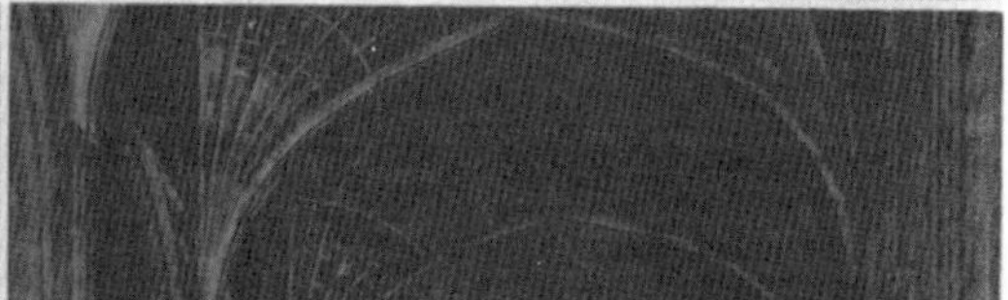

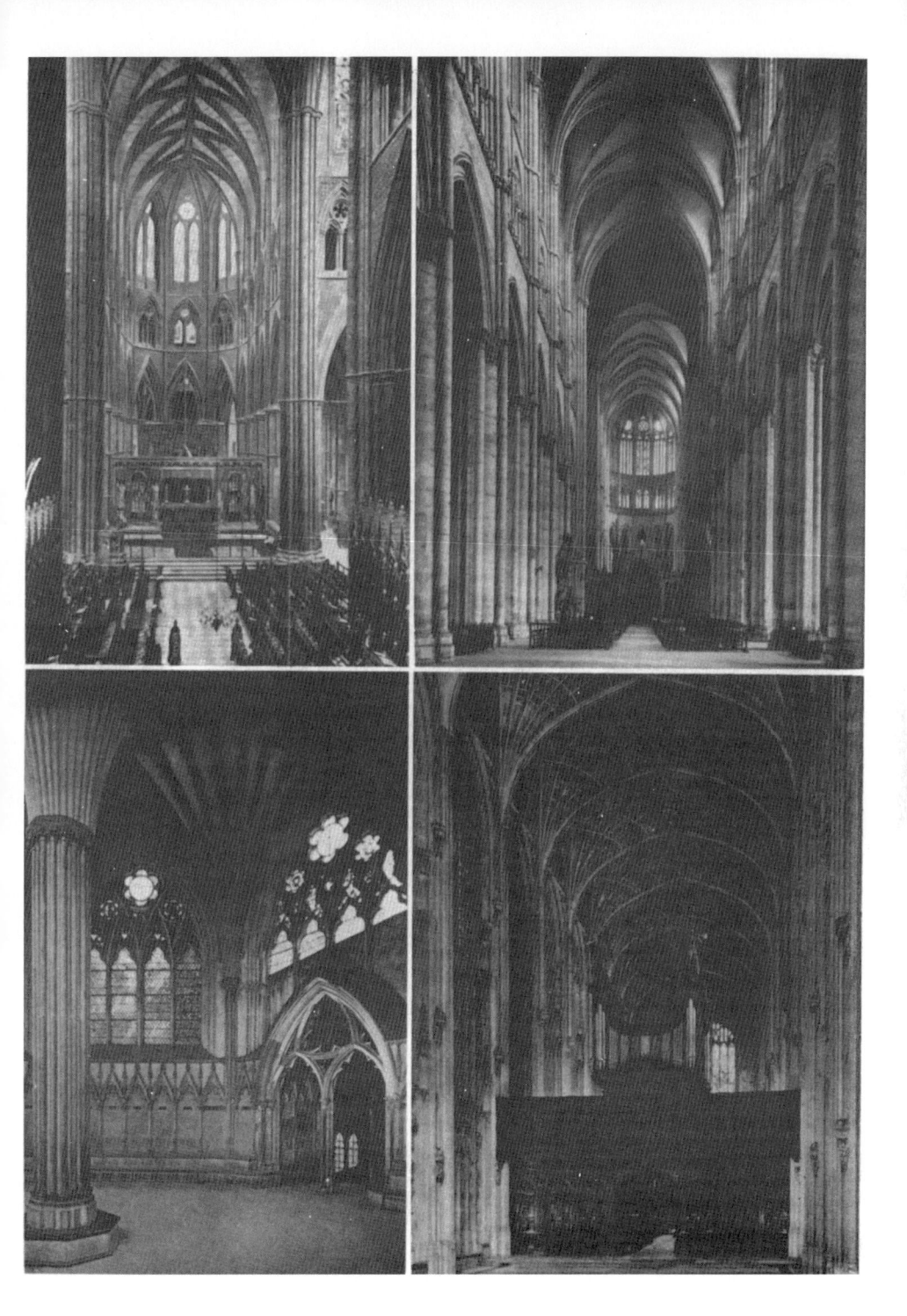

Quadro 10 *Os contrastes dimensionais e a continuidade espacial do gótico.*

Página anterior:
Abadia de Westminster, em Londres (sécs. XII-XIV). Ver Fig. 21.
Catedral de Amiens (1220-1288).
Capela da Catedral de Wells (1180-1425).
King's College, em Cambridge: capela (1441).

Em cima:
Interior da torre da Catedral de Estrasburgo (concluída em 1439).

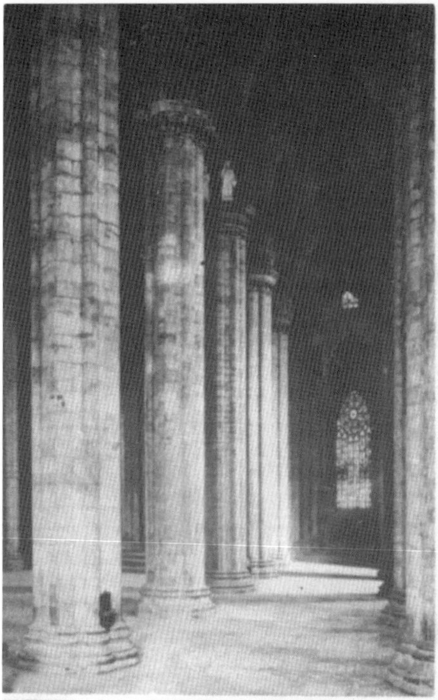
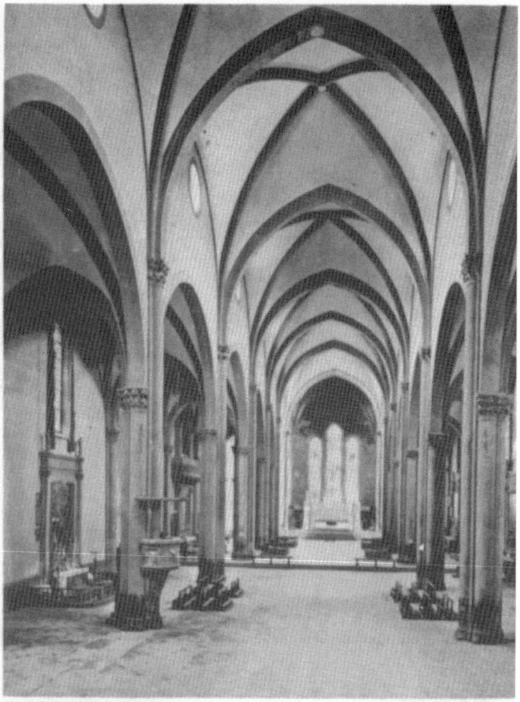
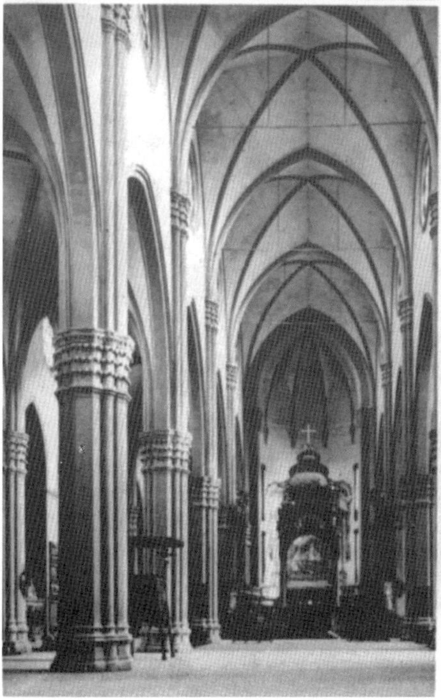
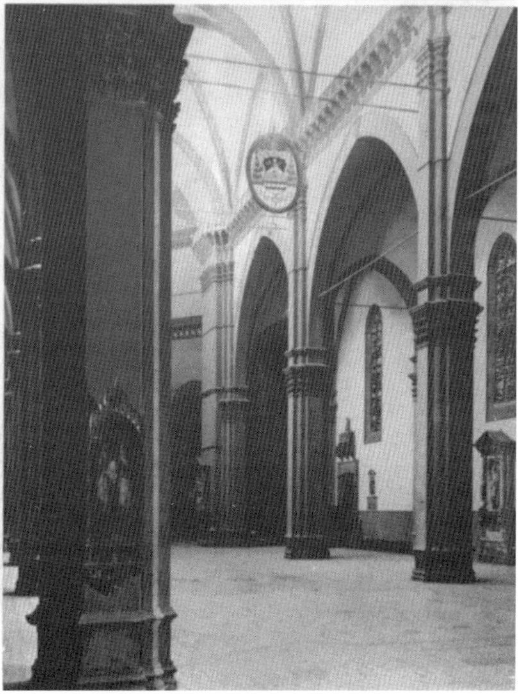

Quadro 10a *Os contrastes dimensionais e a continuidade espacial do gótico.*

Página anterior:
Catedral de Milão (1386-1401). Vista de uma das naves laterais. Ver Fig. 20.
Fra Ristoro e Fra Sisto: Igreja de
Santa Maria Novella, em Florença (1246-séc. XVI). Interior.
Antonio di Vincenzo: Basílica de San Petronio, em Bolonha (1390-séc. XV).
Arnolfo di Cambio e Francesco Talenti:
Catedral de Florença (1296-1366).

Em cima:
Abadia de San Galgano (1227-1288). Detalhe da pilastra.
Abadia de Casamari (concluída em 1217).
Pilastra da sala do capítulo.

com as ordens sobrepostas, tradução plástica desses pilares lineares que vemos exatamente no Palazzo Rucellai.

Com o desaparecimento das diretrizes lineares, triunfam o volume e a plástica. Como a linha terminal de um palácio medieval é guarnecida de ameias – isto é, não constitui, com efeito, uma linha terminal, mas uma zona de contato dialético entre cheios e vazios, entre edifício e céu –, assim no Palazzo Farnese a poderosa e grande cornija de Michelangelo indica um desígnio de peso, uma acentuação da separação entre espaço exterior e interior.

Na crítica da arquitetura do século XVI, é bastante fácil cair em erro; essa vontade estática, corpórea, de perfeição, nunca deve ser confundida com o espaço estático romano, que, sem dúvida, encontra imitadores no século XVI, mas imitadores que, como tal, estão fora da história da arte. Nos poetas autênticos, a aspiração à simetria, o ideal central da rotunda, o gosto por uma matéria carnosa nunca se separam dessa clareza espacial e dessa cultura de leis métricas que o princípio do século XV havia aprofundado; por essa razão, suas obras são consistentes e graves, mas nunca inertes. Por vezes, ainda que no quadro dessa volumetria e dessa plasticidade, são rejubilantes e leves; e basta lembrar as *ville* de Palladio (Quadros 12a e 18), que animam com sua beleza, esquecida de toda recordação arqueológica, as planícies de Vicenza.

O movimento e a interpenetração no espaço barroco

Michelangelo não inicia o período barroco, como ainda repetem tantos manuais de história da arte. Ele concretiza o drama da segunda metade do século XVI, que pretende mover a cerrada espacialidade estática, que combate sem a infringir. A relação existente entre Vignola, Michelangelo e Borromini não é diferente da relação que distingue o Panteão, a Minerva Medica e Santa Costanza. A Minerva Medica representava a laceração romântica do espaço fechado de Roma; Michelangelo, a agitação interior do invólucro mural do século XVI. A entrada na Laurenziana de Florença (Quadro 12), onde as colunatas gigantes já não se inserem repousadamente na parede e no volume, mas são o símbolo plástico de uma necessidade de os fragmentar – de alargar, de abrir e de romper – onde a própria escadaria irrompe e domina no pequeno ambiente como se quisesse transmitir em sua estereometria estática um grito de revolta, é o arquétipo da obra de Michelangelo. Mas, como o arquiteto da Minerva Medica não podia criar a nova espacialidade cristã e teve de limitar-se a corroer as paredes que encerravam o espaço antigo, assim Michelangelo escultor não pôde abandonar o espaço quinhentista em nome de um novo tema, mas o alterou, subverteu-lhe, no maior drama da história arquitetônica, os volumes e as paredes. Colocado em crise o invólucro mural, o artista deteve-se, mas havia aberto caminho ao espaço barroco.

O barroco é libertação espacial, é libertação mental das regras dos tratadistas, das convenções, da geometria elementar e da estaticidade, é libertação da simetria e da antítese entre espaços interior e exterior. Por essa sua vontade de libertação, o barroco assume um significado psicológico que transcende o da arquitetura dos séculos XVII e XVIII, para significar um estado de espírito de liberdade, uma atitude criativa liberta de preconceitos intelectuais e formais, que é comum a mais de um momento da história da arte; prova disso é o fato de se falar de barroco helenístico, de barroco romano na época em que os arquitetos do Baixo Império sentem a necessidade de colocar em crise a solidez estática do espaço fechado de Roma, e fala-se mesmo de barroco moderno quando a tendência da arquitetura orgânica pronuncia sua declaração de independência das fórmulas e dos esquemas funcionalistas.

Naturalmente nós não utilizamos a palavra neste sentido genérico de revolta moral (neste caso, o barroco correria o risco de se identificar com o romantismo), mas no propriamente arquitetônico, isto é, espacial. E é claro que as características que qualificam o espaço nos séculos XVII e XVIII não podem ser encontradas nos outros períodos, considerados barrocos por inferência ilegítima.

A secular oposição crítica ao barroco nunca foi baseada em Bernini e na sua escola. O fato de, ao invólucro fechado, ao edifício-fortaleza de Palazzo Farnese suceder o Palazzo Barberini aberto e convidativo com suas ilusões de perspectiva e seus grandes vitrais; o fato de, após os esquemas cêntricos do século XVI, austeros na auto-suficiência formal, a colunata de S. Pedro abrir os braços para receber multidões de fiéis; mesmo a preferência pelos elementos cenográficos, os dados naturalistas que entram no edifício, os motivos escultóreos e arquitetônicos que inundam os parques das grandes vivendas e, portanto, a união estreita e polifônica entre os espaços exteriores e os interiores: tudo isso não irritou ninguém, mesmo porque Palladio, que o classicismo escolástico deificava em toda a Europa, fora um gênio por demais livre para ater-se às regras de um jogo que, culturalmente, tinha contribuído para difundir.

A crítica e o público nunca levaram a fundo o seu protesto contra a dialetização e libertação do espaço quinhentista operada por essa escola berniniana que substancialmente respeitava o sentido do classicismo espacial, ainda que movendo e alongando seus fatores. Substituir uma elipse por um círculo, a despeito de aquela ser uma forma mais dinâmica, em Sant'Andrea no Quirinale, de Bernini, nunca causou muitos incômodos, uma vez que ao redor dessa figura herética todos os elementos se organizavam segundo os métodos quinhentistas. Ninguém jamais lançou, com profunda convicção, os seus anátemas contra um Pietro da Cortona (Quadro 13), ou um Vanvitelli, contra a fertilidade inventiva de tantos artistas menores que, com seus palácios, igrejas e fontes, levaram luz e esplendor às duras praças quinhentistas.

Onde por muito tempo a crítica, e ainda agora vastos setores da opinião pública, se detêm é exatamente quando o barroco não se limita a comentar com novo gosto esquemas antigos, mas cria uma nova concepção espacial, isto é, precisamente quando é maior. Borromini e Neumann: cruzaram-se as espadas sobre esses dois nomes máximos do barroco internacional. Ainda hoje, entender a arquitetura barroca não significa apenas libertar-se do conformismo classicista, aceitar a ousadia, a coragem, a fantasia, a mutabilidade, a intolerância dos cânones formalistas, a multiplicidade de efeitos cenográficos, a assimetria, o acordo orquestral de arquitetura, escultura, pintura, jardinagem, jogos de água, para criar uma expressão artística unitária – significa isso sem dúvida, ou seja, aceitar o gosto mas principalmente entender o espaço. Quer dizer, para nos limitarmos aos exemplos do Quadro 13, a amar o San Carlino alle Quattro Fontane, o interior de Sant'Ivo alla Sapienza e o Vierzehnheiligen. Nesses monumentos sublimes triunfa o caráter de movimento e de interpenetração próprio do barroco, não só em termos de plástica arquitetônica, como de realidade espacial.

O movimento do espaço barroco nada tem em comum com o dinamismo gótico. Este vivia do contraste entre duas diretrizes visuais e, bidimensionalmente, isto é, com relação ao invólucro arquitetônico, valia-se de indicações de perspectiva afirmadas através do jogo linear; mas o dinamismo barroco segue toda a experiência plástica e volumétrica do século XVI; recusa seus ideais, mas não os instrumentos. Uma linha gótica obriga a vista a deslizar sobre a superfície e por isso tira solidez ao muro; no barroco, entretanto, todo o muro se ondula e dobra para criar um novo espaço. O movimento barroco não é conquista espacial, é um conquistar espacial na medida em que representa espaço, volumetria e elementos decorativos em ação. A cúpula de Sant'Ivo, de Borromini, com sua espiral ascendente, é o seu símbolo plástico.

Em termos espaciais, o movimento implica a negação absoluta de todas as nítidas e rítmicas divisões dos vazios em elementos geométricos, e a interpenetração horizontal (Fig. 24) ou ver-

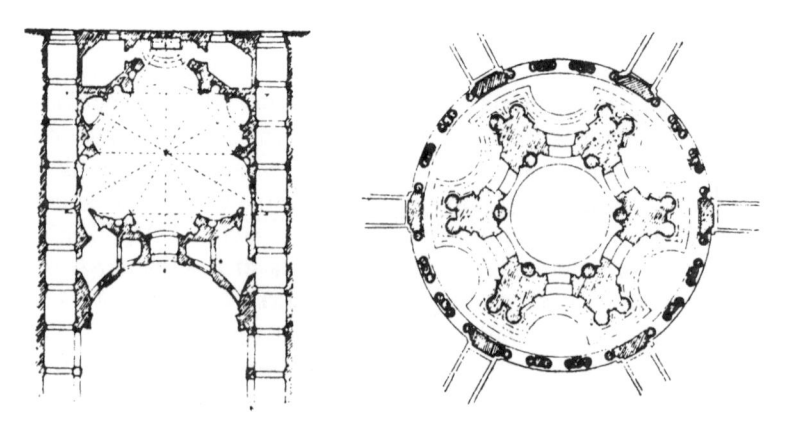

Fig. 24 – Francesco Borromini: Igreja de Sant'Ivo alla Sapienza, em Roma (concluída em 1662). Planta da igreja e da cúpula. Ver Quadro 13.

AS VÁRIAS IDADES DO ESPAÇO **117**

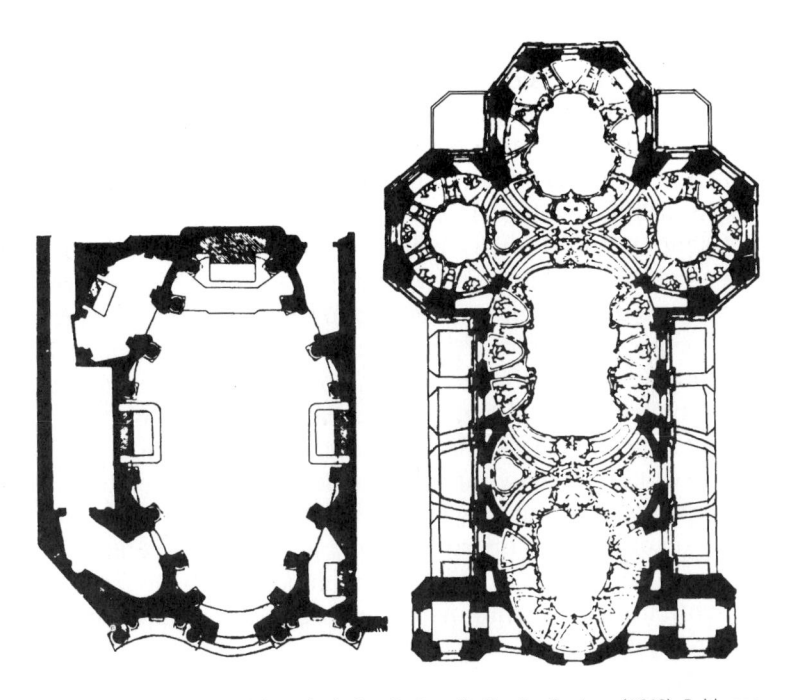

Fig. 25 – Francesco Borromini: Igreja de San Carlino alle Quattro Fontane (1640); Balthazar Neumann: Santuário dos Catorze Santos, no vale do Meno (1743-1772). Plantas. Ver Quadro 13.

tical (Fig. 25) de formas complexas, cuja essência prismática ou estereométrica se perde em contato com as formas vizinhas. Uma olhada na planta de San Carlino é suficiente para dizermos que forma tem: há um meio-oval ao lado da entrada, outro no vão absidal; depois, fragmentos de dois outros ovais nas capelas da direita e da esquerda. Esses quatro setores de figuras geométricas encontram-se, penetram uns nos outros numa composição planimétrica que já nada tem da nítida divisão ou da métrica eurrítmica da Renascença. E altimetricamente? Um quinhentista teria facilidade em distinguir o edifício da cúpula, contrapondo seus volumes; Borromini, no entanto, concebe unitariamente toda a visão espacial, compenetra a quinta elipse da cúpula na continuidade do ambiente inferior, e modela todo o invólucro mural de forma a acentuar e exasperar essa interpenetração de figuras espaciais com uma continuidade de tratamento plástico. Quanto à igreja de Neumann, começada em 1743, ela suprime a cúpula para não utilizar elementos estranhos que desfocariam, absorvendo seu dinamismo, o jogo das interpenetrações espaciais. Três ovais de dimensões diferentes sucedem-se sem solução de continuidade na nave, e a eles acrescentam-se dois círculos no que foi o transepto. Mas para tornar o espaço mais dramático, o ponto focal da igreja não está no cruzanento dos dois braços (como acontecia sob a cúpula), mas no meio do oval central, onde surge o altar dos Catorze Santos. E, como se isso não bastasse, existe também um fragmento de um segundo transepto em dois altares suplementares que unem espacialmente a primeira elipse à elipse principal. Todo o conjunto é coberto por uma decoração espetacular e animado por efeitos de luz, até essa época nunca tão freqüentemente utilizada como instrumento de insubstituível eficácia arquitetônica.

Para além dessas obras-primas está certamente o paradoxo, a permissão vazia, a teatralidade bombástica. No entanto, saber ver a arquitetura significa, nos períodos de cultura espacial rígida, como a Renascença, surpreender o momento em que uma alma individual se move e supera com linguagem poética o mecanismo das regras sintáticas e semânticas, e, nos períodos de libertação, como o barroco, saber distinguir a verdadeira desordem da obra do gênio que, mesmo através de uma infinita multiplicação de imagens, encontra o momento de seu classicismo (Quadro 14).

O espaço urbanístico do século XIX

Após o final da época barroca, encontramos o período neoclássico e o ecletismo do século XIX, com todos os seus numerosos *revivals*, em que o mais deteriorado romantismo literário se casa com a ciência arqueológica. Do ponto de vista dos espaços interiores, o século XIX apresenta variações de gosto, mas nunca novas concepções. É uma época de mediocridade inventiva e de esterilidade poética. A história da arquitetura registra edifícios nobres e índoles artísticas autênticas: Valadier, na Itália, John Nash, na Inglaterra, Gabriel, na França; mas nós que, em virtude do objetivo destas páginas, deixamos mesmo de mencionar muitos gênios do passado, não cometeremos a injustiça de falar dessas personalidades, ainda que sejam tão queridas e atraentes como as dos arquitetos verdadeiros em épocas de refluxo criativo. De resto, por não haverem realizado nada de substancialmente novo em termos espaciais, suas obras são compreensíveis para todos os que seguiram a evolução dos temas espaciais até aqui.

A pequena *villa* burguesa, um dos pontos principais do programa arquitetônico do final do século XIX e do começo do nosso século, representa em sua generalidade a falência total do espaço interior e por isso da arquitetura. Nada mais é do que a redução em escala do palácio clássico monumental. Os antigos e grandiosos ambientes estáticos tornam-se agora pequenos cubos estaticamente justapostos, mas sem grandiosidade; e se o edifício do final da Renascença podia, por vezes, pecar pela retórica, a pequena *villa* burguesa é sempre raquítica, mutilada, mesquinha, fechada e acanhada. Quer tenha janelas no estilo gótico ou românico, esteja adornada com um pequeno pórtico com cariátides gregas ou espiraladas colunas barrocas, pareça arruinada, arcaica ou mística com agulhas góticas, é quase sempre um fantasma: as diferenças estilísticas dizem respeito às decorações que mudam com o variar caótico dos movimentos românticos ou com as preferências fragmentadas do cliente, solicitamente satisfeito pelo arquiteto que tudo ou nada sabe fazer.

Volto a repetir, a apreciação geral diz respeito ao espaço e é forçosamente negativa; isto não impede que, em confronto com tanta corrente arquitetônica comercial, muitos edifícios do século XIX pareçam ter uma invejável coerência sintática além de uma certa dignidade. Nesse sentido, a arquitetura do século XIX espera uma apologia.

Mas a verdadeira redenção do século XIX realiza-se nos espaços exteriores, isto é, na urbanística. Diante dos grandes fenômenos que se seguem à Revolução Industrial, e, principalmente, do urbanismo e do advento dos novos meios de locomoção, o século XIX defronta-se com os problemas do espaço urbano, irrompe para além dos muros antigos, cria novos bairros periféricos, formula os temas sociais da urbanística no sentido moderno da palavra, e constrói a cidade-jardim. A grandeza dessa contribuição é tão decisiva que se tivéssemos tentado esboçar esse "saber ver a urbanística" de que o público tem extrema necessidade, este desprezado século XIX contra o qual se encarniçam historiadores e críticos, formaria talvez o maior capítulo na história das sucessivas épocas dos espaços exteriores.

É oportuno acrescentar aqui que, estando nós prestes a tratar da arquitetura moderna, a distinção que estabelecemos entre espaços interiores e exteriores para os objetivos puramente práticos deste estudo, e sobre cuja relatividade advertimos o leitor no terceiro capítulo, parece ainda mais artificial.

Se um monumento fora de lugar é como um quadro com uma moldura desproporcionada e ofensiva, se uma Santa Maria in Cosmedin, depois da demolição dos edifícios fronteiriços, perde todo o significado no que diz respeito ao espaço exterior, se um tremendo erro urbanístico como a demolição da Spina dei Borghi tira do Colonnato de Bernini três quartos de sua potência de escala, a interdependência entre arquitetura e urbanística – com efeito, suas identidades – é ainda mais clara na época espacial contemporânea. Os acanhados regulamentos que ordenam o avanço das construções, os planos reguladores do uso do solo urbano seu relevo e uniforme, a carência de fantasia volumétrica e espacial em urbanística refletem-se diretamente na arquitetura, até o ponto de uma urbanística errada destruir a possibilidade de muita arquitetura. Os limites que nos impusemos parecem por isso ainda mais restritos e a matéria que omitimos ainda maior.

Muitas vezes, os numerosos bairros de casarões modernos, mesmo os que contêm pequenas vilas e palacetes da alta burguesia, que se multiplicam nas zonas periféricas das nossas cidades – a despeito do fato de podermos destacar três ou quatro edifícios de arquitetos autênticos – nos parecem bastante mais desolados, sufocantes e anônimos do que um bairro londrino do século

XIX, de algumas cidades-jardins construídas no princípio do século, em que a uma ausência de arquitetura corresponde pelo menos uma ordem urbanística, uma vontade organizadora movida por estímulos mais nobres do que a megalomania e a especulação. O século XIX, pelo menos, tentou refrear o desastre urbanístico, esclareceu os problemas e propôs as primeiras soluções para a cidade moderna.

A "planta livre" e o espaço orgânico da idade moderna

Os ideais, a história e as conquistas da arquitetura moderna foram expostos por Pevsner, Behrendt e Giedion de maneira exaustiva e satisfatória, e reelaborados, na Itália, na excelente obra *Verso un'architettura organica* (História da arquitetura moderna). Poderemos, assim, nos limitar a indicar as características do espaço moderno.

Ele se fundamenta na "planta livre". A exigência social que já não coloca à arquitetura temas áulicos e monumentais, mas o problema da casa para a família média, da habitação operária e camponesa até agora fracionada em pequenos e sufocantes cubos justapostos, e a nova técnica construtiva do aço e do concreto, que permite concentrar os elementos de resistência estática num finíssimo esqueleto estrutural, materializam as condições de execução para a teoria da "planta livre". Você já deve ter visto uma casa de concreto em construção; pilares e soalhos elevam-se desde as fundações ao átrio antes de qualquer elemento parietal exterior ou interior ser colocado. A arquitetura eclética havia coberto essa estrutura cristalina com o invólucro mural antigo para imitar a solidez e a consistência plástica tão apreciadas pela cultura do século XVI. A arquitetura moderna reproduz o sonho gótico no espaço, e, explorando acertadamente a nova técnica para realizar com extremo apego e audácia as suas intuições artísticas, estabelece com os amplos vitrais, que se tornaram agora paredes de vidro, o contato absoluto entre os espaços interior e exterior.

As divisões parietais internas, que já não respondem a funções estáticas, podem tornar-se mais finas, curvar-se, mover-se livremente, e isso cria a possibilidade de conjugar os ambientes,

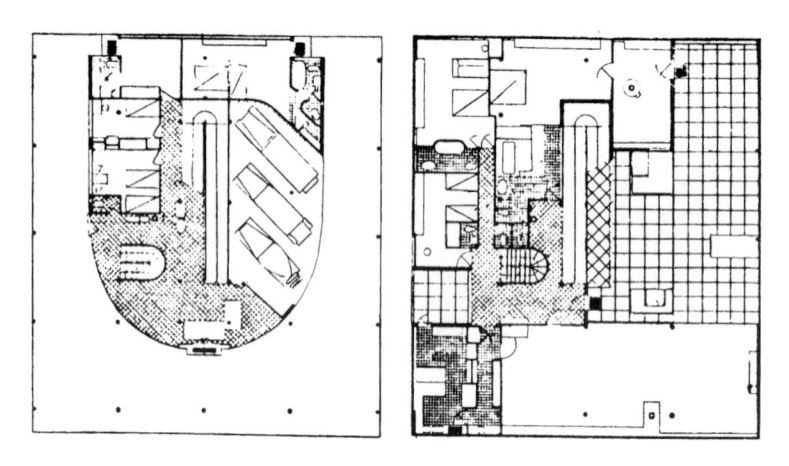

Fig. 26 – Le Corbusier: Villa Savoie, em Poissy (1928-1930). Plantas do térreo e do primeiro andar. Quadros 4a e 15.

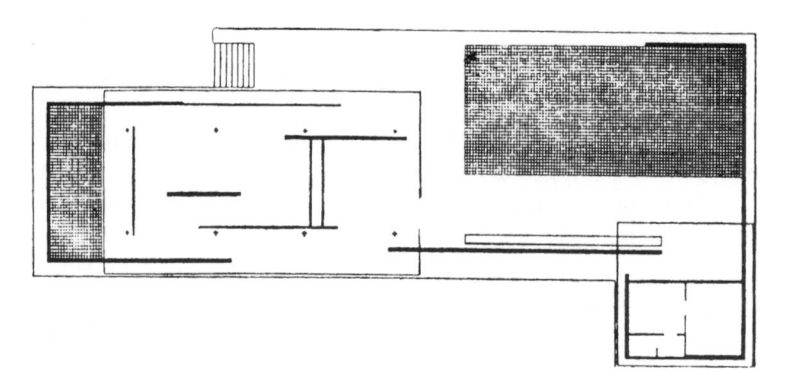

Fig. 27 – Miës van der Rohe: Pavilhão em Barcelona (1929). Planta. Ver Quadro 15.

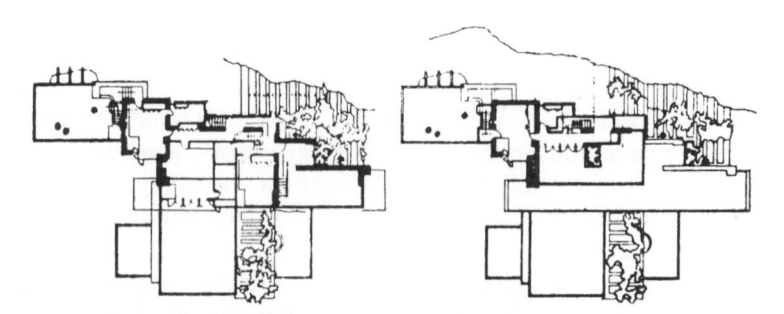

Fig. 28 – Frank Lloyd Wright: Falling Water, em Bear Run, Pensilvânia (1936). Planta do primeiro e do segundo andar. Ver Quadros 2 e 16.

de unir entre si os múltiplos cubos do século XIX, de passar do plano estático da casa antiga para o livre e elástico do edifício moderno: na casa média, a sala de visitas funde-se com a sala de jantar e o escritório, o vestíbulo reduz-se, em benefício da grande sala de estar, o quarto de dormir torna-se menor, os serviços especializam-se, sempre visando conceder maior amplitude a esse grande ambiente articulado onde a família vive, o *living room*. Se isso acontece na construção urbana, ligada e limitada pelos vínculos da padronização especuladora e da escravidão urbanística, no tema do edifício isolado a planta livre oferece possibilidades ilimitadas de divisões elásticas e subdivisões internas, dentro de uma malha estrutural (Figs. 26 e 27) ou em linha reta (Fig. 28).

O espaço moderno reassume, portanto, o desejo gótico da continuidade espacial e do estudo minucioso da arquitetônica, não como sonho final dentro do qual se pode inserir o elemento dinâmico, mas como conseqüência de uma reflexão social; retoma toda a experiência barroca das paredes onduladas e do movimento volumétrico, de novo, não por ideais estéticos auto-suficientes, mas por considerações funcionais que se superam em magníficas imagens poéticas, nas quais a massa das paredes barrocas é substituída por divisórias muito leves, e suspensas, ora de vidro, ora de delgado material isolante; retoma a métrica espacial da Renascença em muitos edifícios industriais e coletivos, como escolas e hospitais, e da Renascença retoma também o gosto pelas divisões modulares, traduzindo-o nos termos do atual programa arquitetônico. No quadro das exigências sociais coletivas, da técnica moderna, de um gosto que, em parte por antítese polêmica à ornamentação aplicada do século XIX, prefere a simplicidade, a essencialidade dos elementos figurativos, muitas conquistas espaciais precedentes encontram assim uma nova fisionomia artística. O movimento contemporâneo recebe, pois, da Renascença e do barroco a lição da riqueza expressiva individual, tanto que essa arquitetura moderna que o grande público considera "toda igual" – porque muitas vezes não viu um único exemplo dela e tem em vista apenas a arquitetura pseudomoderna que infesta as nossas cidades e que de moderno possui somente uma irrelevante e estúpida "carência de decoração" – diferencia-se, contudo, nos vários países, e, dentro destes, em inúmeras escolas, como nos períodos históricos mais brilhantes e fecundos, e numa riquíssina pluralidade de mestres.

As duas grandes correntes espaciais da arquitetura moderna são o funcionalismo e o movimento orgânico. Ambas de caráter internacional, a primeira surge na América (1880-1890), na Escola de Chicago, mas encontra sua formulação na Europa e seu maior representante no arquiteto suíço-francês Le Corbusier; a segunda tem, pelo contrário, como seu maior expoente um gênio americano, Frank Lloyd Wright, e apenas nos últimos decênios se difunde na Europa. Tendo em comum o tema da planta livre, essas correntes o entendem de forma diferente; apenas racionalmente a primeira, organicamente e com plena humanidade a segunda.

Entre as obras-primas da construção doméstica da nossa época, a Villa Savoie, de Le Corbusier (Quadro 15), e Falling Water, de Wright (Quadro 16), mostram de forma clara essa diferente atitude de composição, e, portanto, essa poética distinta. Le Corbusier começa com uma malha estrutural, um quadrado regularmente ritmado por pilares. Dentro de uma fórmula geométrico-racional encerra o espaço em quatro paredes de janelas contínuas. Só neste ponto começa o problema da planta livre. As divisões não são estáticas, mas formadas por finas paredes móveis; no segundo andar, estende-se um grande terraço e, através de uma parede de vidro que se abre totalmente, o espaço exterior e o interior coincidem; mesmo em termos altimétricos, uma ampla rampa que sobe até o terraço do ático rompe o edifício, estabelecendo uma continuidade entre os andares. Tudo isso se realiza em liberdade absoluta mas dentro de um preciso esquema estereométrico.

No delicioso pavilhão de Barcelona, de Miës van der Rohe, a ordem dos elementos estruturais mantém-se rigidamente geométrica, mas o volume arquitetônico se decompõe (Fig. 27). O espaço contínuo é cortado por planos verticais que nunca formam figuras fechadas, geometricamente estáticas, mas criam uma ininterrupta fluência na sucessão dos ângulos visuais. Estamos diante de um desenvolvimento ainda mais liberal do tema moderno[17].

Para Wright, a aspiração à continuidade espacial tem uma vitalidade muito mais expansiva: sua arquitetura centraliza-se na palpitante realidade do espaço interior, e nega, portanto, formas volumétricas elementares (Quadro 2) e o sentido de altiva indiferença pela natureza que se afirma em Le Corbusier. A planta livre não é para ele uma dialética interior do volume arquitetônico, mas o resultado final de uma conquista que se exprime em termos espaciais, partindo de um núcleo central e projetando os vazios em todas as direções. É natural que o drama volumétrico daí resultante seja de uma audácia e de uma riqueza insuspeitadas para os funcionalistas; e sua insistência nos elementos decorativos indica, independentemente do seu gosto por vezes discutível, uma vontade de libertação do rigor nudista e autocastigador do primeiro racionalismo europeu.

A arquitetura funcional respondeu, na América e na Europa, às exigências mecânicas da civilização industrial (Quadro 15a); por isso proclamou os tabus do utilitarismo, isto é, da adesão ao objetivo prático do edifício e à técnica, e da "casa de todos", padronizada e anônima. A arquitetura orgânica com Wright, na América (Quadro 16a), com Aalto, os suecos e os jovens italianos, responde a exigências funcionais mais complexas, isto é, funcional não só com relação à técnica e à utilidade, mas à psicologia do homem. Sua mensagem pós-funcionalista é a humanização da arquitetura.

Devido a esse intento, foi erroneamente entendida como movimento "romântico", e há até quem tenha falado da fatalidade de um período barroco atual após o racionalismo funcionalista: numa simplificação histórica muito superficial foi dito que, como depois dos templos gregos de Péricles (racionais) vem o helenismo (barroco), depois dos monumentos do império (racionais) o barroco da decadência romana, depois do românico (racional) o gótico (romântico), depois do intelectualismo renascentista o barroco dos séculos XVII e XVIII, e depois ainda o neoclássico e os movimentos românticos do século XIX – assim, por uma lei histórica, ao racionalismo funcionalista deve seguir-se o romantismo orgânico. Na verdade, tal raciocínio é absolutamente disparatado e ignora um fato que nada tem de romântico, mas que é, ao contrário, de natureza científica: o nascimento da psicologia moderna. A reiterada fórmula funcionalista da "máquina para habitar" ressente-se dessa ingênua interpretação mecânica da ciência como verdade fixa, logicamente demonstrável, matematicamente indiscutível e invariável. É o velho significado da ciência, a que sucedeu, em nosso século, outro mais relativo, elástico e articulado. O espírito científico ilumina atualmente todo o campo irracional do homem, descobre e liberta os problemas coletivos e individuais do inconsciente, e a arquitetura que, em vinte anos de funcionalismo, se atualizou em relação à cultura científica e técnica de um século e meio, abre-se hoje e humaniza-se, não por arbitrariedade romântica, mas pelo progresso natural do pensamento científico. Se o problema do urbanismo e das massas proletárias que entram na vida política empenhou os funcionalistas na heróica luta pela casa mínima, pela padronização, pela industrialização da construção, ou seja, para resolver problemas quantitativos, a arquitetura orgânica sabe que se o homem tem uma dignidade, uma personalidade e uma mensagem espiritual, isto é, se se distingue de um autômato, o problema da arquitetura é também um problema qualitativo.

O espaço orgânico é rico em movimento, indicações direcionais, ilusões de perspectivas, em vivas e geniais invenções (Quadro 3), mas o seu movimento tem de original o não querer impressionar os olhos do homen, mas exprimir a própria ação da vida. Não se trata simplesmente de um gosto, de uma visão espacial antiestereométrica e antiprismática, mas também do propósito de criar espaços belos em si e representativos da vida orgânica dos seres que nesse espaço vivem. Se o padrão do valor estético se mantém naturalmente inalterado em relação às obras contemporâneas e às do passado, a cultura poética da arquitetura moderna identifica-se com sua postura social. Uma parede ondulada já não é mais ondulada apenas para responder a uma visão artística, mas para acompanhar melhor um movimento, um percurso do homem. O gosto de uma ornamentação que prefere jogar com a intersecção de materiais diferentes (por exemplo, paredes de reboco junto a paredes de madeira, concreto justaposto a pedra natural e vidro), o novo sentido da cor, uma nova aspiração à alegria que se sucede à severa frieza da teoria funcionalista, são determinados por um conhecimento psicológico mais profundo. O homem, na diversidade das suas atividades e da sua vida, em suas exigências materiais e psicológicas, em sua presença espiritual, o homem integrado em cuja realidade corpo e alma encontram a conjunção vital, está no centro da cultura sobre a qual nasce a arte contemporânea.

Essa instância social, coletiva e individual, que guia e inspira a urbanística e a arquitetura moderna, em sua origem funcionalista e em sua evolução orgânica, não pode ser erroneamente interpretada como motivo materialista ou meramente prático. É, de fato, um grande movimento religioso, que possui uma força e uma sugestão não inferiores aos movimentos religiosos ou espirituais que inspiraram a criação dos espaços nas épocas do passado, um movimento que tem um próprio fim imanente por ser humano, mas que enfrenta problemas não de comodidades contingentes, mas de vida ou de morte de uma sociedade em que o indivíduo invoca a liberdade, busca desesperadamente uma integração da sua cultura – é um movimento que, na era atômica e em nome de um mais alegre e fértil destino do homem, lança o apelo para uma cena física integrada, para uma urbanística e uma arquitetura que sejam sinal e promessa ou pelo menos conforto para a nossa civilização.

É por isso também que, no espaço orgânico, encontramos de novo essa qualidade que foi do gótico inglês, e que é anticlassicista no sentido de não querer constranger o homem num edifício definido em cânones fixos e imutáveis onde a única beleza é a do conjunto, mas que glorifica o caráter orgânico do crescimento, da variedade e por vezes do descritivo[18]. É também por isso que é lei da cultura arquitetônica orgânica a escala humana, o repúdio de toda a arquitetura que se sobrepõe ao homem ou que é independente dele.

Com essa mensagem, que tão bem se relaciona com o nosso tema, posto que sua realidade se concretizou em obras de arte que merecem ter o seu lugar junto das obras-primas do passado, encerra-se esta breve resenha indicativa das idades espaciais.

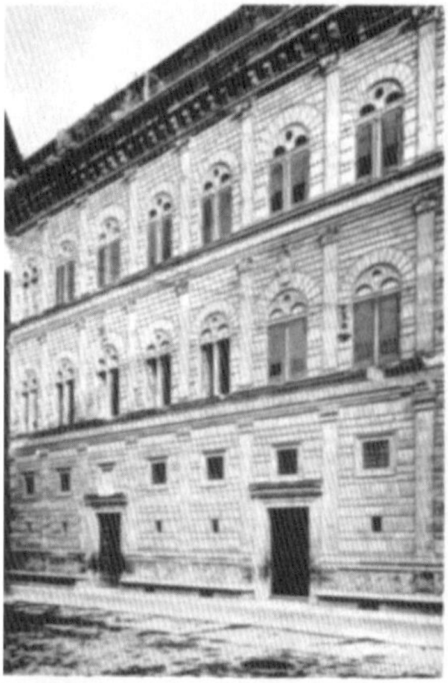
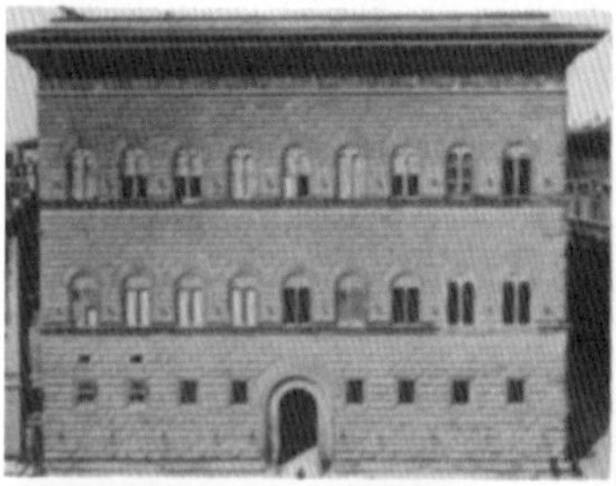
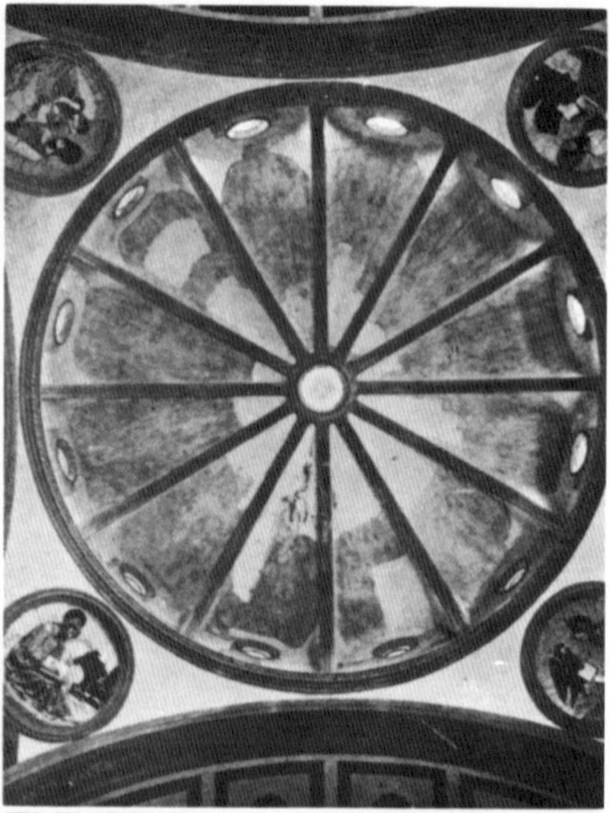
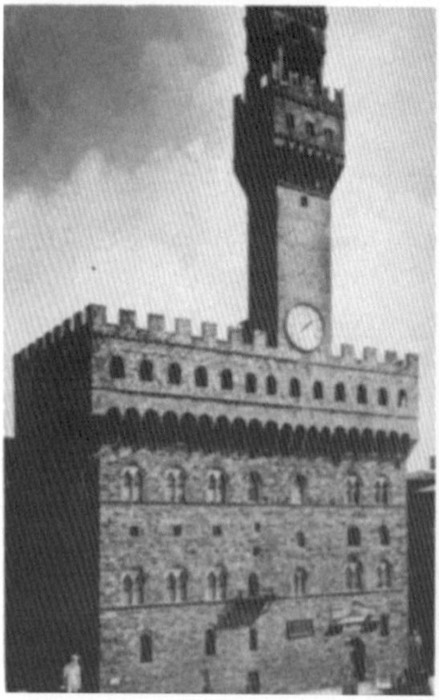
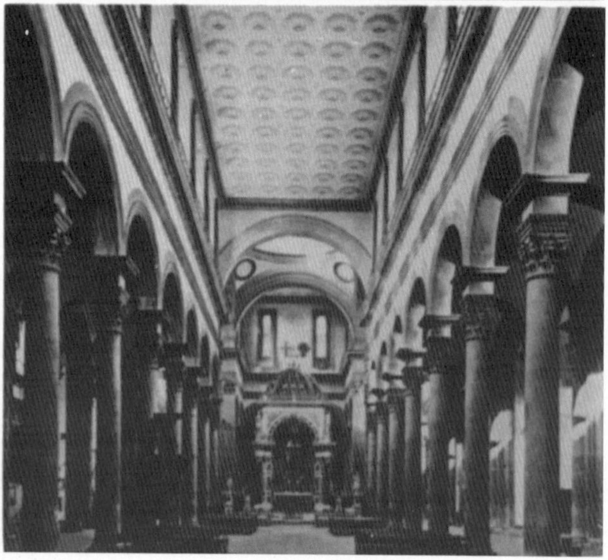

Quadro 11 *As leis e as medidas do espaço do século XV.*

Página anterior:

À esquerda, de baixo para cima:
Palazzo Vecchio, em Florença (iniciado em 1299). Ver também Quadro 17a.
Benedetto da Maiano: Palazzo Strozzi, em Florença (iniciado em 1489).
Leon Battista Alberti: Palazzo Rucellai, em Florença (1447-1451). Ver também Quadro 11a.

À direita:
Filippo Brunelleschi: cúpula da Cappella Pazzi, em Florença (1429-1443).
Filippo Brunelleschi: Igreja de Santo Spirito, em Florença (iniciada em 1444).
Ver Quadro 4a e Fig. 22.

Em cima:
Filippo Brunelleschi: interior da Cappella Pazzi, em Florença (1429-1443).

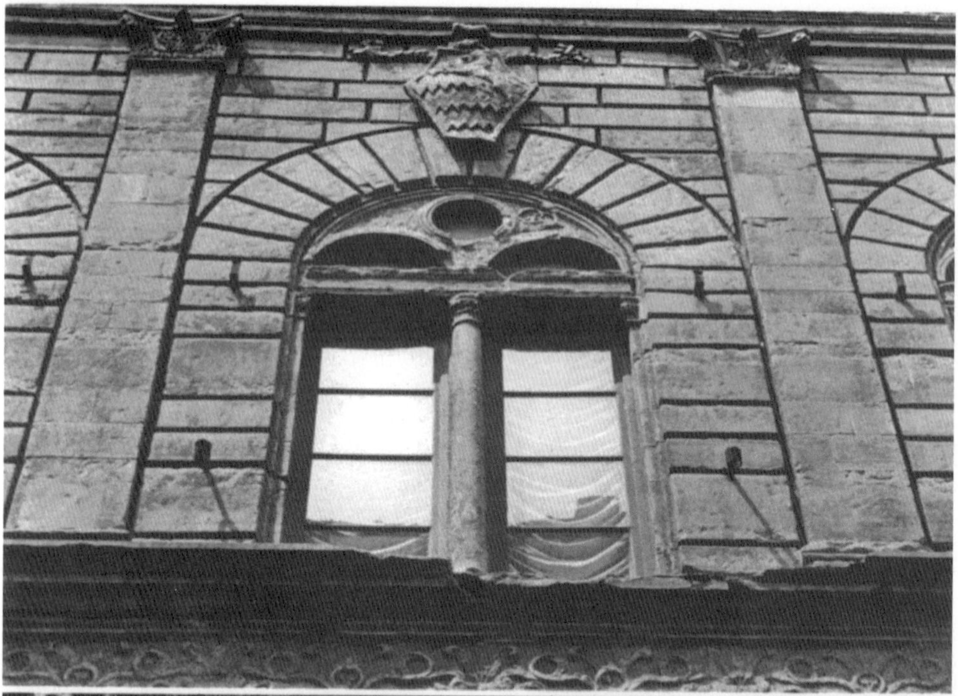
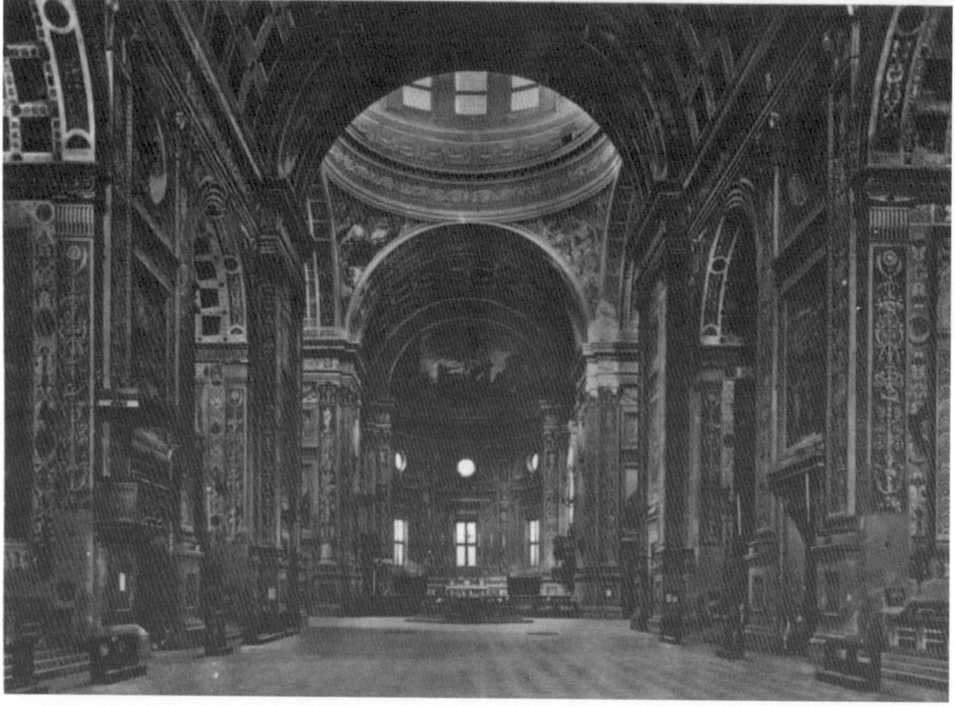

Quadro 11a *As leis e as medidas do espaço do século XV.*

Página anterior:
Leon Battista Alberti: Palazzo Rucellai, era Florença (1447-1451). Detalhe de uma janela.
Ver também Quadro 11.
Leon Battista Alberti: Igreja de Sant'Andrea, em Mântua (iniciada em 1470).

Em cima:
Leon Battista Alberti: Tempio Malatestiano, em Rimini (1447). Detalhe da fachada.

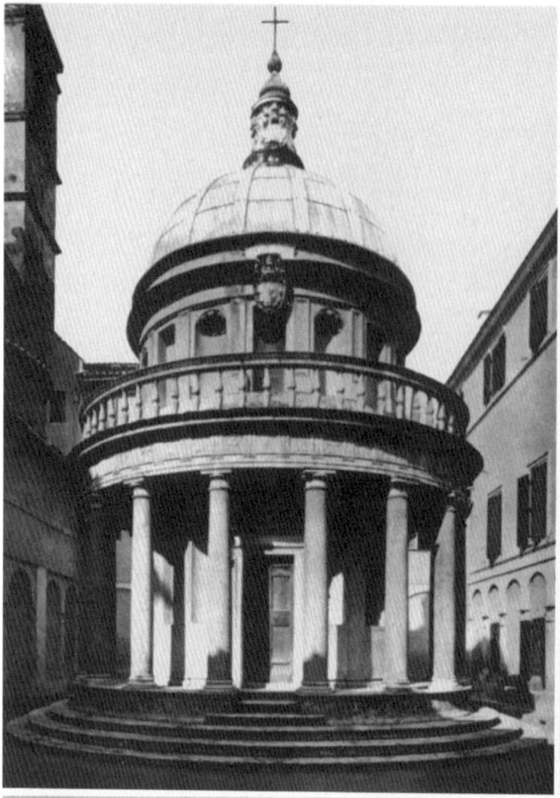
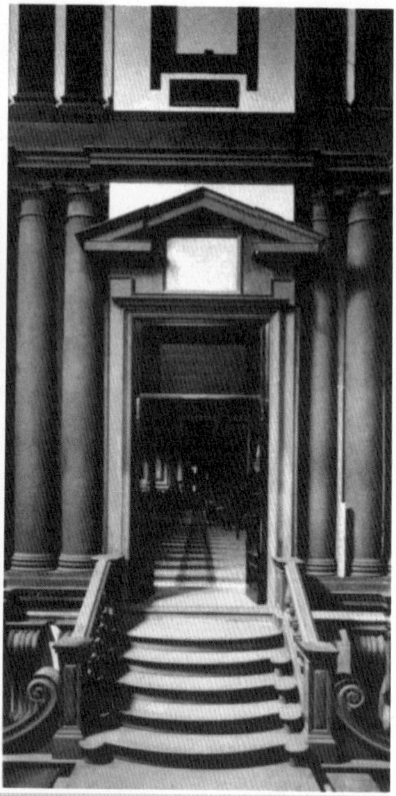
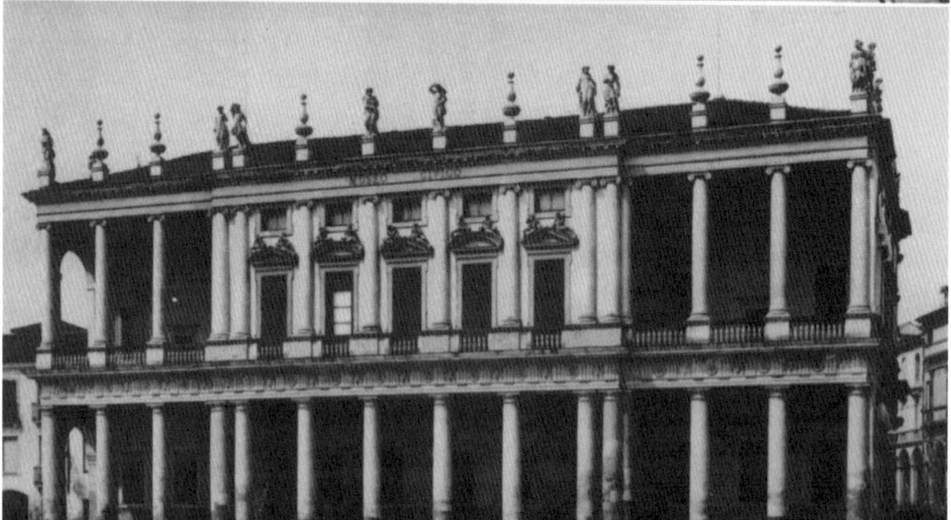

Quadro 12 *Volumetria e plástica quinhentista.*

Página anterior:
Bramante: Tempietto di San Pietro in Montorio, em Roma (1503). Ver Fig. 23.
Michelangelo: Biblioteca Laurenziana, em Florença (1524-1526).
Andrea Palladio: Palazzo Chiericati, em Vicenza (1551).

Em cima:
Michelangelo: Biblioteca Laurenziana, em Florença (1524-1526).

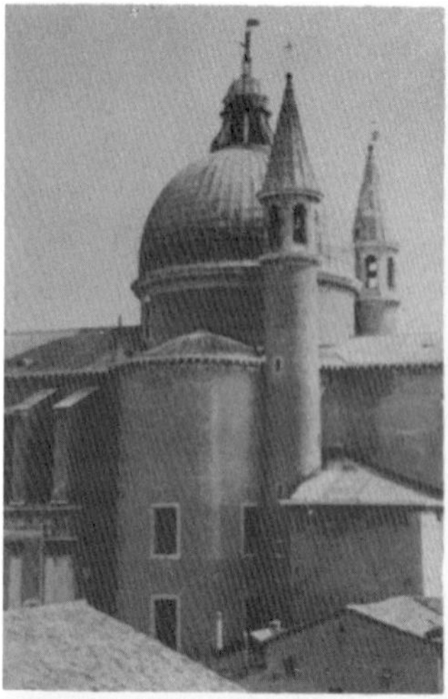
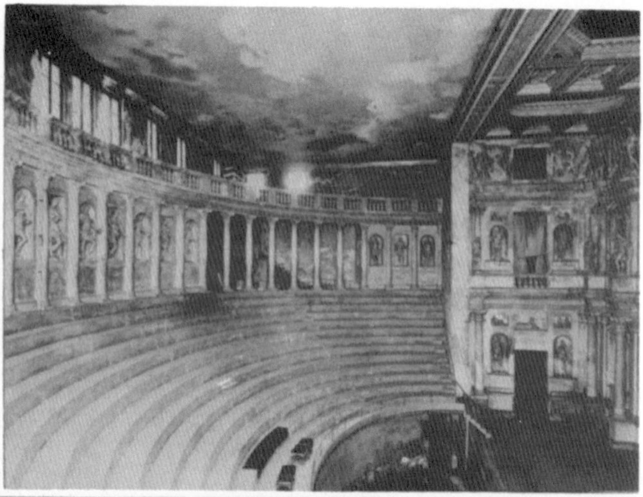
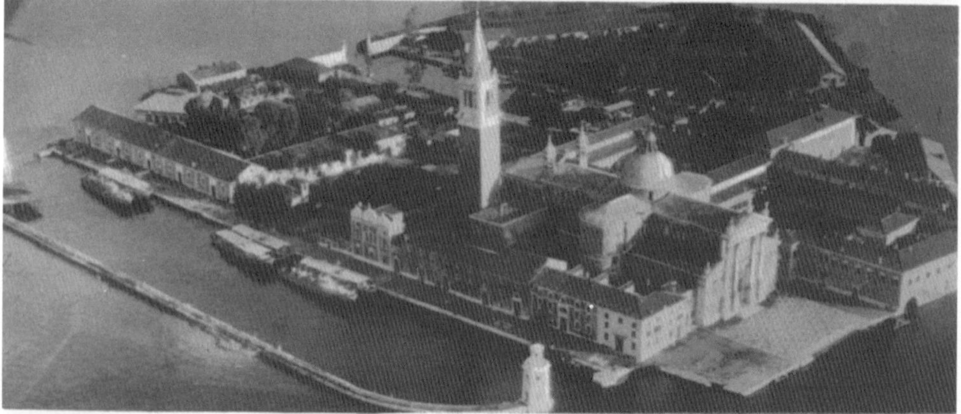
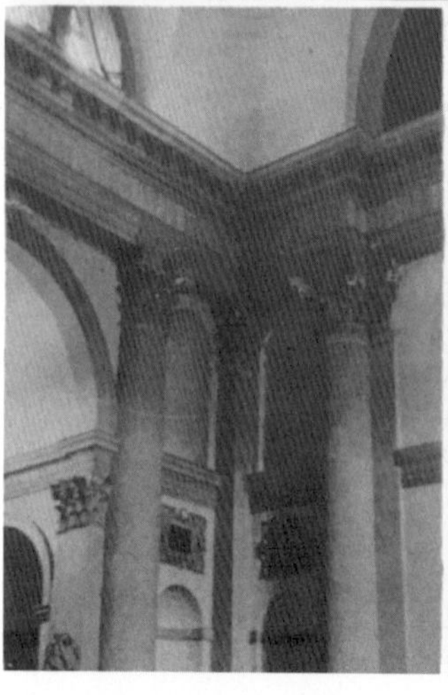
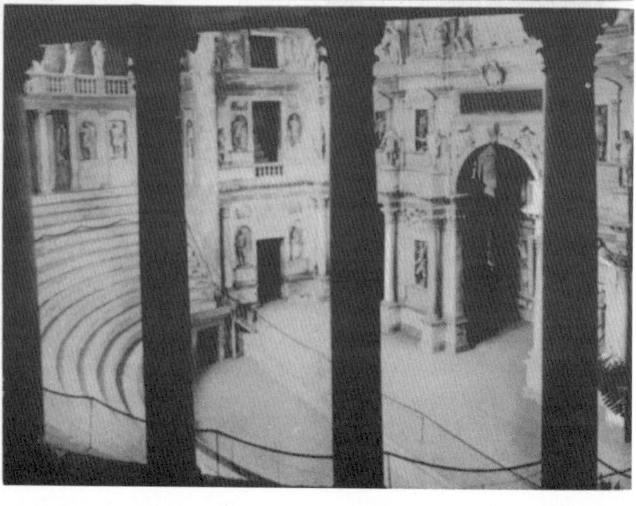

Quadro 12a *Volumetria e plástica quinhentista.*

Página anterior:
Andrea Palladio: Igreja del Redentore, em Veneza (1577). Detalhe da abside.
Andrea Palladio: Teatro Olímpico de Vicenza (1580). Aspecto da bancada.
Andrea Palladio: Igreja de San Giorgio Maggiore, em Veneza (1565). Vista aérea.
Andrea Palladio: Igreja del Redentore, em Veneza. Detalhe de um canto.
Andrea Palladio: Teatro Olímpico de Vicenza. Aspecto do palco.

Em cima:
Andrea Palladio: Igreja del Redentore. Em Veneza (1577). Interior.

CAPÍTULO 5 AS INTERPRETAÇÕES DA ARQUITETURA

Uma história, conduzida segundo critérios modernos, das interpretações que foram dadas da arquitetura desde as primeiras concepções gregas e do tratado de Vitrúvio até Wölfflin, Mumford e Giedion, deverá ser objeto de outro estudo. A maior dificuldade que se encontra ao compilar uma história da crítica arquitetônica, consiste no fato de uma grande parte das mais geniais intuições sobre a arquitetura se encontrar espalhada em livros de filosofia, estética geral, poemas, romances, contos e páginas de arquitetos. São poucos os autênticos críticos da arquitetura e, como demonstra a bibliografia do final deste livro, baseiam-se geralmente nos problemas de composição, na secular batalha entre o grego e o gótico, entre o gosto clássico, "expressão de uma idéia impessoal e universal", e o gosto romântico, "expressão do individual", entre o formal e o pitoresco, entre o estático e o móvel. Nem uma única palavra sobre o espaço interior, e muitas vezes nem mesmo a intuição dele, a consciência de sua realidade. Se, ao contrário, consultarmos os historiadores, os filósofos, os estetas, encontraremos continuamente observações agudas e precisas. Para dar um exemplo, tomemos uma passagem de Focillon:

> A profunda originalidade da arquitetura como tal reside na massa interior. Dando uma forma definida a este espaço oco, ela cria o seu próprio universo. Sem dúvida, os volumes exteriores e

seus perfis introduzem um elemento novo e exclusivamente humano no horizonte das formas naturais, a que sua conformidade ou seu acordo melhor calculado acrescentam sempre algo de inesperado; por outro lado, considerando bem, a maravilha mais estranha é ter concebido e criado uma espécie de reverso do espaço. O homem caminha e age no exterior de todas as coisas; está sempre de fora e, para passar para além das superfícies, é necessário que as rompa. O único privilégio da arquitetura, entre todas as artes, quer crie habitações, igrejas ou interiores, não é hospedar uma cavidade cômoda e rodeá-la de defesas, mas construir um mundo interior que mede o espaço e a luz segundo as leis de uma geometria, de uma mecânica e de uma óptica necessariamente implícitas na ordem natural, mas de que a natureza não se serve.

Focillon acertou no alvo, ainda que, posteriormente, como acontece com freqüência, não tenha aprofundado, abandonando-se a conceitos estranhos e concluindo que: "...o construtor não encerra o vazio, mas uma determinada morada das formas, e, trabalhando sobre o espaço, modela-o do exterior e do interior, como um escultor", isto é, corre o risco de confundir a massa escultórica escavada no seu interior, invólucro do espaço, com o espaço interior.

O método de uma história viva da crítica arquitetônica não poderá ser o adotado por alguns autores, como Borissavlievitch, que, antes de mais nada, expõem sua teoria e depois julgam as outras em função de sua conformidade com as teses preestabelecidas; deverá ser um método empírico, experimental, desenvolvido sobre exemplos concretos, que, à prova dos fatos, aprove ou condene. Com as 32 fotografias até aqui apresentadas, recolhemos alguns dos principais monumentos da cidade grega até os nossos dias. Acrescentamos outros quarenta trabalhos (Quadros 17-20a), escolhidos ao acaso e dispersos ao longo de séculos de história, que junto com as construções precedentes oferecem uma variedade suficiente para provar, ou não aprovar, a validade de uma interpretação da arquitetura. Para que uma interpretação tenha sentido, ela deve iluminar um aspecto permanente da arquitetura, isto é, deve demonstrar sua eficácia na explicação de todas as obras, independentemente do fato de ser mais ou menos compreensiva do que a totalidade dos aspectos desta. Só assim poderemos distinguir as *interpretações* dos *equívocos* da arquitetura, deixando claro que esses equívocos não são mais do que generalizações de poéticas particulares, ilações ilegítimas de elementos que caracterizam um único mundo figurativo.

Afirmar, por exemplo, que a Catedral de Wells (Quadro 10) é arquitetonicamente determinada pela técnica construtiva dos arcos ogivais e arcobotantes e das abóbadas em guarda-chuva é errôneo por dar à palavra "determinar" um significado exclusivístico, como se o progresso da engenharia bastasse por si só para explicar o mundo artístico gótico. Mas se se dissesse que a Catedral de Wells tornou-se possível também graças à nova técnica construtiva afirmar-se-ia algo exato. A interpretação técnica é, por isso, uma interpretação autêntica, aplicável a todos os monumentos da arquitetura; naturalmente, será mais significativa em alguns períodos, como a civilização grega (Quadro 5), o gótico (Quadro 10) e o funcionalismo (Quadro 15), enquanto abrangerá aspectos secundários do mundo cristão (Quadro 4), da Renascença (Quadro 12) ou da moderna tendência orgânica (Quadro 16). Mas não é um equívoco, pois atinge um elemento permanente da arquitetura.

Se, ao contrário, se considerar uma das teses de Belcher, a da verdade estática, segundo a qual, para obter uma sensação de solidez, é necessário que a parte inferior de um edifício mostre uma consistência maior do que a parte alta, pode-se dizer que se trata de uma interpretação? Não, evidentemente que é um equívoco, pois enuncia uma lei a qual não obedecem todos os edifícios aqui ilustrados. Na poética da Renascença florentina, essa lei é muitas vezes válida, e os exemplos de Palazzo Riccardi ou de Palazzo Quaratesi com seu tratamento parietal em bossagem, que se aligeira à medida que se sobe, adaptam-se perfeitamente a essa lei; na verdade, o equívoco consiste na generalização, em fazer surgir uma norma poética particular com valor de princípio, à qual não estão sujeitos nem a superfície cromática uniforme dos palácios medievais, nem Palazzo Strozzi, tampouco Palazzo Rucellai (Quadro 11a), e menos ainda a arquitetura moderna com seus volumes suspensos (Quadro 16).

No início do capítulo precedente, esquematizamos os argumentos da cultura artística que nutre as obras e as personalidades criativas. Geoffrey Scott, em sua obra-prima *L'architettura dell'Umanesimo*, enumera e discute muitos aspectos da cultura arquitetônica e, não os julgando suficientemente compreensíveis, designa-os por equívocos. Não se trata, porém, de equívocos: são aspectos do mundo da obra de arte, e a caracterizam. Fazer uma história técnica, política, psicológica e científica da arquitetura é ainda legítimo e útil, e apenas se peca quando se presume que essas histórias parciais, isto é, de aspectos da arquitetura, sejam histórias sem adjetivo especificativo e por isso limitativo da arquitetura.

Ora, em que relação a interpretação espacial se encontra relativamente às outras interpretações da arquitetura? Incluiu-as todas, resume em si algumas das outras, ou é uma simples interpretação entre muitas, ainda que a mais importante?

Para responder a tais requisitos será oportuno expor brevemente as principais interpretações correntes que, como veremos, se enquadram substancialmente em três grandes categorias: as que se relacionam com o conteúdo [1-6], as fisiopsicológicas [7] e as formalistas [8], dando de cada uma delas alguns exemplos aplicativos.

A interpretação política

Quase todos os manuais de história da arquitetura recapitulam, no início ou durante a descrição dos monumentos, os fatos salientes da vida política das diferentes épocas. Alguns, no entanto, gostam de estabelecer uma estreita dependência entre a arquitetura e os eventos políticos:

– Qual é a época áurea da arquitetura grega? O século V a.C. (Quadro 5). E por quê? Porque, em 490, Atenas vencera a batalha de Maratona; em 480, o encontro naval de Salamina; e, no ano seguinte, o combate de Platéia. Depois disso é que a época de Péricles tem seu fulgor: *primeiro* a afirmação política, *depois*, ou *conseqüentemente*, a atuação arquitetônica.

– Como se explica o ímpeto construtivo gótico na França e na Inglaterra? Com o advento do nacionalismo e o fervor das Cruzadas. No reinado de Henrique III fundam-se na Grã-Bretanha as catedrais de Lincoln, Salisbury e Westminster (Quadro 10). Na França, Amiens, Chartres, Reims, Beauvais e a Sainte-Chapelle são edificadas por Luís IX.

– O gótico perpendicular (Quadro 10) constitui um estilo inglês que não tem paralelo no continente. Por quê? Porque, no século XV, depois de Eduardo I e III, e com Henrique V, a Inglaterra enfrenta os problemas da sua política interna, vendo-se obrigada a firmar pactos com Escócia e País de Gales. Ao isolacionismo da política externa inglesa corresponde o amadurecimento de um período artístico genuinamente britânico. Assim que, com Henrique VIII, a Inglaterra inaugura uma política externa própria, entrando em contato com a Europa, a Renascença transpõe o Canal da Mancha e tem a ousadia de colocar um túmulo em estilo italiano no sagrado centro do gótico, na Capela de Henrique VIII, em Westminster.

– Em 1453, os turcos tomam Constantinopla e uma vasta plêiade de artistas bizantinos emigra para a Europa e a Inglaterra. Trazem consigo a experiência secular das cúpulas orientais. E eis que, após trezentos anos de agulhas góticas e campanários, voltam a surgir no solo britânico as primeiras cúpulas que depois encimarão a Catedral de S. Paulo, em Londres.

– A reação contra a arquitetura rococó que se verifica na França cerca da metade do século XVIII tem também uma raiz política: o rococó fora o estilo do salão aristocrático e, como tal, depois da revolução acabou sendo destruído em nome do ideal clássico.

– Em 1933, os nazistas tomam o poder na Alemanha e isso determina o fim da Bauhaus (Quadro 20). Esse fato político provoca a emigração dos arquitetos modernos alemães para a Inglaterra, e esta é a razão pela qual, sob o impulso de Gropius e Mendelsohn, o movimento funcionalista se desenvolve no país.

– Por que motivo, a despeito da presença de tantos gênios, a arquitetura moderna na Itália não pode comparar-se com as escolas francesas e alemãs antes de Hitler? Porque na Itália o regime político favorecia a corrente retórico-monumental mais do que a direção racionalista. E como se explica que, a certa altura, mesmo na escola de Piacentini, a máscara pseudomoderna da megalomania classicista tivesse de adotar o mais impudente academismo de falsos arcos e colunas, como na Exposição de 1942? Ainda por um fato político: a aliança da Itália com a Alemanha e daí a influência obscurantista da cultura nazista.

Como se vê, a interpretação política diz respeito às causas das correntes arquitetônicas, ou ao simbolismo dos estilos: dir-se-á então que a Palazzina de Stupinigi (Quadro 14) é o símbolo da reação aristocrática e que os Armazéns Schocken de Mendelsohn (Quadro 19) são o símbolo da democracia capitalista. Mas da questão dos símbolos trataremos detalhadamente mais adiante.

A interpretação filosófico-religiosa

"A arquitetura é o aspecto visual da história", isto é, o modo pelo qual surge a história. Semelhante interpretação pode dar-se quer no plano político, quer no das concepções filosóficas:

– A Reforma protestante marca a morte da arquitetura gótica na Inglaterra, o advento da Renascença. É graças à Reforma que Somerset destrói os edifícios domésticos de Westminster fazendo uma casa para seu próprio uso, ou que inúmeras igrejas são transformadas em escolas e castelos. Os protestantes ingleses ligam-se aos luteranos alemães e holandeses, e eis por que – muito tempo antes de Inigo Jones, no começo do século XVII, empreender sua viagem "palladiana" à Itália – a Renascença chega à Inglaterra, nas versões alemã e holandesa. Sem a Reforma, não teríamos as 52 igrejas de Wren, nem o esplendor de Santo Estêvão e de Hampton Court, em Londres; tampouco teríamos a civilização georgiana com seu nudismo "protestante".

– O neoplatonismo, formulando o conceito do infinito, rompe a visão isolada do ser. Essa direção filosófica reflete-se na arquitetura da época helenística, e explica sua revolta contra a determinação volumétrica e plástica do templo grego (Quadro 5) e o novo acento cenográfico.

– É demasiado fácil dizer que a arquitetura gótica reflete o espírito monástico. Isso pode ser verdade com relação a Chartres, mas em Amiens uma atmosfera profana denuncia o acordo obtido entre boa vida e bom viver (Quadro 10).

– Se Renascença quer dizer laicismo ou protestantismo, é natural que a Igreja de Roma se revolte e estimule a arquitetura barroca (Quadro 13) com seu fausto antitético ao rigor humanista (Quadros 11 e 12).

– Quando à religião pagã – fragmentária e particularista-se sobrepõe a concepção universalista da filosofia estóica, a arquitetura passa da solidez estática do Panteão ao espaço do barroco antigo de Roma (Quadro 6).

A interpretação filosófico-religiosa pode também dividir-se em duas: fenômenos históricos que envolvem a cultura arquitetônica, e simbolismo.

A interpretação científica

Um setor particular do positivismo sublinha o paralelismo entre as concepções matemáticas e geométricas, e o pensamento arquitetônico:

– A geometria euclidiana, configurando o ser sensível segundo precisas dimensões mensuráveis, acompanha a sensibilidade espacial grega (Quadro 5).

– Na poética de Brunelleschi (Quadros 4a e 11, Fig. 22) encontramos a vontade de estabelecer planos de simetria e acentuações plásticas sobre o eixo central dos edifícios, onde existem geralmente vazios de rarefação atmosférica no eixo mediano. Ele conhecia somente a perspectiva central, e isso explica sua insistência sobre o eixo mediano.

– A lei espacial da Renascença é conseqüência da perspectiva, isto é, da possibilidade de fixar objetivamente um corpo tridimensional no plano. O individualismo e o imanentismo do século XV derivam dessa nova ciência do espaço que permite projetar um edifício no papel, "como o homem o vê".

– Não basta um arquiteto para construir a cúpula de San Lorenzo, em Turim (Quadro 14). É necessário um conhecimento matemático; se Leibniz não tivesse descoberto o cálculo integral e os cientistas não se tivessem dedicado a investigar os métodos da geometria descritiva, Guarini não teria conseguido criá-la.

– Sem a quarta dimensão do cubismo, Le Corbusier nunca teria pensado em suspender Villa Savoie sobre estacas (Quadro 15), nem em igualar as quatro fachadas, rompendo assim a distinção entre prospecto principal, elevados laterais e prospecto posterior que estava implícita na representação perspectiva, em que se estabelecia um ponto de vista, em relação ao qual todos os elementos eram hierarquicamente coordenados. A mesma descoberta cubista é acompanhada pela decadência da geometria euclidiana, e pela revolução da física moderna que, contra a concepção estática de Newton, concebe o espaço como relativo a um ponto de referência móvel. Sem a convergência das duas entidades espaço e tempo, declarada pelos matemáticos modernos, e sem a contribuição de Einstein ao conceito de simultaneidade, não teriam surgido o cubismo, o neoplasticismo, o construtivismo, o futurismo e seus derivados (Quadros 15a e 18a).

A interpretação econômico-social

"A arquitetura é a autobiografia do sistema econômico e das instituições sociais" – esta é a tese de outro setor do positivismo:

– O que é arquitetura medieval? Ela encontra seus fundamentos na economia agrícola da aldeia, no sistema da co-participação e das corporações e nas necessidades práticas da defesa. Eis por que quando na história se apresentam condições econômicas semelhantes encontramos um paralelismo entre as formas arquitetônicas. A edificação do colonizador americano da Nova Inglaterra não é muito diferente daquela da civilização medieval européia: a mesma variedade de motivos, as mesmas características de crescimento orgânico, a mesma organização artesanal, as mesmas considerações defensivas informam, à distância de séculos, duas épocas de igual economia (Quadros 17a e 19a).

– O que é a arquitetura da Renascença? O produto da dissolução da aldeia medieval, do deslocamento da economia da herdade para o mar, da predominância da pesca, da indústria e do comércio sobre a agricultura; da conseqüente ruptura da consciência comunal que se verifica pela formação de classes econômicas. Mesmo no mundo operário, a corporação se desfaz e surge o indivíduo-arquiteto. Para fazer uma equação: Peter Harrison : Brunelleschi = fim da economia agrícola americana : fim da economia agrícola européia. Como explicar o fenômeno de a Renascença nascer na Itália no século XV, chegar à Inglaterra duzentos anos depois e à América três séculos mais tarde? E por que motivo dura três ou quatro séculos na Europa, enquanto resiste menos de cem anos na América? Tudo isso se justifica considerando que em épocas diferentes, e com durações distintas, se apresentaram nos vários países as forças desagregadoras da aldeia e as formadoras da civilização mercantil. As formas arquitetônicas seguem-se: é leve e alegre a arquitetura italiana do século XV, e o mesmo se pode dizer da Renascença colonial nos Estados Unidos. Brunelleschi é anticromático; branco, o georgiano americano. Essas duas arquiteturas dizem respeito às regras e evitam a monotonia.

– A que corresponde o classicismo quinhentista? A um processo de estabilização econômica em que encontramos uma oligarquia da terra que mantém todos os privilégios feudais sem as responsabilidades sociais implícitas na economia medieval; junto dessa, uma classe de mercadores que agora já perdeu o espírito de empreendimento inicial se sente "heróica" e quer criar uma nobreza através de residências que tenham a grandeza e a seriedade dos edifícios públicos. Os palácios italianos do século XVI encontram sua contrapartida nas *Manor Houses* da Virgínia e de Maryland, nas vilas "romanas" das *plantations*. Como os príncipes europeus dos séculos XV e XVI eram simultaneamente políticos, estudiosos e artistas, assim é, na América, Thomas Jefferson. O mito de César que dá o nome à cidade reapresenta-se com Washington, o urbanismo formal da Renascença reencarna-se em Major L'Enfant.

– O que é o ecletismo? A arquitetura da expansão industrial. Quando surge o contraste entre a utilidade e a vida, entre o mito e a arte, apresentam-se os dois aspectos da civilização industrial: o romantismo dirigido ao passado, e o mecanicismo dirigido ao futuro. A curiosidade exótica, a habilidade mimética, a exigência do *comfort* são características de todas as épocas ecléticas. Por isso, não existe diferença fundamental entre o ecletismo dos séculos I e II d.C., o inglês do final do século XVIII e o americano da segunda metade do século XIX.

– Em suas formas mais pesadas, estáticas e severas, o classicismo é a arquitetura do período econômico chamado imperialismo: é "arquitetura da compensação: oferece pedras grandiloqüentes a um povo a quem subtraiu pão, sol e tudo o que é digno do homem" (Mumford). É a arquitetura de Henrique VII e de Elisabeth no começo do Império Britânico, de Luís XVI e de Napoleão III, é a arquitetura de Hitler e de Mussolini. Que importa se os antigos romanos exprimiam seu imperialismo construindo estradas, enquanto os americanos, entre 1893 e 1910, construíam vias férreas? Que diferença existe entre Le Nôtre e Haussmann, os arquitetos da Exposição Colombiana de Chicago e os autores da Exposição de 1942, em Roma? Todos traem a vida e o progresso em nome de espectros, simulacros e cosméticos decorativos: os primeiros traem o barroco, os segundos a Escola de Richardson e de Sullivan, os terceiros o movimento racionalista.

A interpretação econômico-social tem também as suas aplicações simbolistas. A cúpula do Capitólio de Washington, uma semi-esfera apoiada num tambor de colunas eqüidistantes, não é símbolo de uma lei soberana sobre a igualdade dos cidadãos? E os arranha-céus de Nova York (Quadro 17) não são o símbolo de um individualismo satânico, do poder dos trustes, que lançam na sombra toda a arquitetura circunstante?

Interpretações materialistas

São numerosíssimas as interpretações positivistas secundárias. Uma delas afirma que a morfologia arquitetônica se explica através das condições geográficas e geológicas dos lugares onde surgem os monumentos:

– Não existe espaço interior no templo grego (Fig. 15), porque o clima permitia que as cerimônias religiosas decorressem ao ar livre.

– No Egito, os telhados são planos, na Grécia e em Roma têm leves inclinações, mas tornam-se cada vez mais inclinados à medida que se sobe em direção ao norte, rumo à Inglaterra e à Noruega.

– No Egito, o granito permite uma estatuária e uma decoração em grande escala, mas não o requintado modelar helênico, realizável apenas com mármore. Do mesmo modo, o cromatismo da arquitetura babilônica, assíria e persa justifica-se pelo uso dos tijolos e da terracota, e assim voltamos a encontrá-lo como característica distintiva, em tempos nem tão longínquos, na Bélgica e Holanda. A madeira qualifica a arquitetura escandinava desde épocas remotas até Aalto.

É de notar que, no que diz respeito aos materiais, arquitetos e críticos preferem o fácil caminho do determinismo. Quando F. Ll. Wright publicou suas obras, de 1887 até 1941, tendo de escolher um título que abrangesse sua investigação, não propôs *In the Nature of Materials*, a natureza dos materiais? E quando muitos críticos querem defender a arquitetura moderna, não começam a falar do concreto e do aço? O próprio Mumford, verificando que o neo-helenismo surge na América antes de se manifestar em Edimburgo ou em Paris, não comenta o fato considerando que as formas gregas, tendo tido uma origem morfológica na estrutura de madeira, se adaptavam melhor a um país que tinha abundância desse material?

Semelhante interpretação é levada por alguns autores a um terreno mais vasto e arbitrário:

– Por que razão o gótico resistiu tanto tempo nos países nórdicos, enquanto teve tão breve duração nas regiões meridionais? Porque no sul os raios de sol caem quase perpendicularmente e, por isso, o efeito maior do contraste de sombras deriva das cornijas, das saliências horizontais; já nos países setentrionais, o sol é mais baixo e seus raios mais tangenciais; por isso, as linhas verticais são as mais eficazes no uso da luz como instrumento arquitetônico.

– Por que motivo no norte encontramos uma abundância de arquitetura romântica, pitoresca, aformal (Quadro 18a), enquanto no sul nos deparamos com uma insistência classicista? Por uma razão semelhante: no norte, os efeitos de luz não são finos a ponto de sublinhar também os elementos diminutos do desenho, como acontece nas refrações luminosas que fazem viver de expressão autônoma todos os exemplos da monótona esquemática grega.

Com base na natureza do terreno, Ruskin estabelecia as regras da arquitetura: em terreno cultivado e plano, arquitetura de formas simples, meramente funcionalista; em terreno cultivado mas aprazível, arquitetura pitoresca; onde tiver sido conservada a vegetação natural, pitoresca. Se o céu é sereno, arquitetura horizontal; se é cinzento e nublado, como no norte, linearismo vertical.

A interpretacão utilitarista é conhecida: todos os edifícios devem responder ao seu objetivo. Mas a discussão surge quando se quer precisar a natureza do objetivo. Deixemos o Monumento de Lisícrates, ou a Coluna de Trajano, ou todos os exemplos de arquitetura escultórica ilustrados no Quadro 1, isto é, os edifícios sem espaço interior. Mas qual é a finalidade do Taj Mahal (Quadro 17) senão a de um puro e eterno tributo de amor de um homem à sua esposa? A interpretação utilitarista possui um sentido apenas se alargar seus horizontes para o campo psicológico e espiritual.

Outro setor do positivismo baseia-se nas investigações arqueológicas para explicar a evolução da arquitetura do século XV em diante:

– Quando nasce a Renascença italiana? Depois de 1416, data em que Poggio Bracciolini descobre os textos de Vitrúvio no mosteiro de San Gallo.

– Quando surge o neo-helenismo na Inglaterra? Após a publicação do *The Antiquities of Athens*, os irmãos Adam começam a copiar as decorações gregas, e quando, em 1800, Lorde Elgin transporta para Londres essa esplêndida coleção de fragmentos arquitetônicos conservada no British Museum, o *revival* grego enlouquece.

– Por que nasce o neoclássico? Porque, na segunda metade do século XVIII, operam-se as escavações de Pompéia e de Herculano, e estas determinam a reação contra o rococó. Na In-

glaterra, o livro de Burlington, *Palladio's Antiquities of Rome,* e a obra de Chambers contribuem para um fenômeno semelhante.
– E o neogótico? Na França, está ligado à obra de Viollet-Le-Duc; na Inglaterra, à influência de Ruskin, que, na segunda metade do século XIX, corrobora a decisão de Sir Charles Barry e Pugin de reconstruir em estilo perpendicular o Parlamento inglês.

Os aspectos da interpretação materialista são infinitos e ainda hoje têm ampla difusão. É bem provável que mais de uma pessoa, ao ler a nossa página sobre Santa Maria in Cosmedin (Quadro 4), tenha pensado: "Quantas estranhas contorsões mentais para explicar esses pilares! A razão é outra, e muito simples: na antiga igreja existia um compartimento destinado às mulheres e, como era muito pesado, substituíram nele alguns pilares por algumas colunas. É só isso!"

A interpretação racial é ilustrada na Fig. 29. São conhecidas as interpretações naturalistas ou miméticas, segundo as quais,

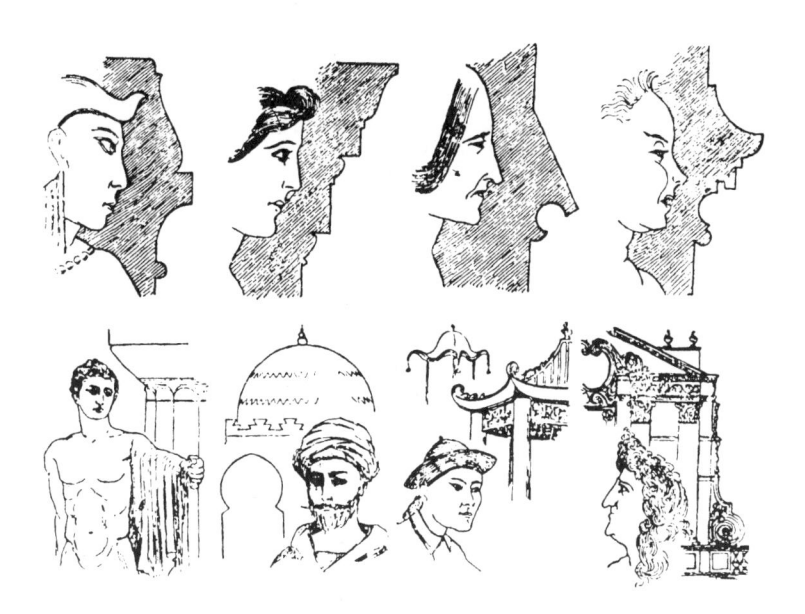

Fig. 29 – Interpretação racial e sociológica segundo Irving K. Pond (ver bibliografia).

por exemplo, a coluna e o capitel grego repetiriam as formas dos feixes de ramos do antigo templo, a que eram sobrepostos tijolinhos de terracota que serviam de apoio à arquitrave. Quando nos perguntamos por que motivo a arquitetura escandinava contemporânea não possui a dureza formal do funcionalismo europeu, por que motivo os suecos e os finlandeses são mais humanos e orgânicos do que Le Corbusier, alguns materialistas respondem: as árvores na Escandinávia crescem segundo linhas curvas e por isso sugerem mimeticamente uma arquitetura menos angulosa do que a do concreto e do aço.

A interpretação técnica

Entre todas as interpretações positivistas prevalece, em alto grau, a técnica. Não há dúvida de que a história da construção é parte tão importante da história de um monumento que, sem ela, uma crítica parece incompleta ou abstrata; mas tanto se abusou da interpretação técnica que valerá a pena falar resumidamente a respeito.

Antes de mais nada, parece absurda a tese segundo a qual as formas arquitetônicas seriam determinadas pela técnica construtiva. Com freqüência, assistimos até na história ao processo inverso: as formas repetem uma técnica já superada nos fatos. Por exemplo, as formas egípcias continuam a modelar-se segundo a aparência dos ramos primitivos, quando há séculos o material adotado é a pedra; as ordens gregas obtêm seus perfis dos elementos de madeira do templo arcaico e os traduzem no mármore; as paredes em bossagem da alta Renascença são trabalhadas de modo completamente independente dos reais silhares de pedra; o século XIX coloca falsos silhares sobre o reboque e adoça as paredes com mármores e madeiras pintadas; mesmo as atuais construções de concreto, em vez de explorar as imensas possibilidades de resistência contínua de um material que pode ser modelado antigeometricamente, como na Torre de Einstein, de Mendelsohn, limitam-no em colunas e em traves, repetindo formas próprias da construção metálica.

"A beleza da máquina" e as tendências tecnocráticas acompanharam todos os movimentos de vanguarda do primeiro quarto do nosso século. Mas os funcionalistas que se extasiavam diante de um automóvel e exaltavam sua racionalidade nunca perguntaram a si próprios por que motivo o motor era colocado na frente, a despeito de todos os problemas de transmissão às rodas posteriores, e não suspeitaram que muito provavelmente isso derivava do hábito de ver a força motriz dos cavalos à frente do condutor.

O mais incrível é, assim, o fato de encontrar arqueólogos que dedicam toda sua vida às características construtivas dos monumentos, que depreciam todas as contribuições críticas e se exaltam com a descoberta de um mínimo detalhe técnico, e que ao mesmo tempo são reacionários com relação à arquitetura moderna. Mas se a interpretação técnica considera a arquitetura um instrumento apto a elevar o horizonte construtivo da vida humana, como é possível comparar o equilíbrio estático de pedra da antiga arquitetura com esta magnífica máquina da casa moderna que possui luz e aquecimento, elevadores, serviços higiênicos, lavanderias automáticas, instalações contra incêndios, incineradores, tubos pneumáticos, telefones e rádio? Se tudo se baseasse na técnica, teriam razão os teóricos do funcionalismo maquinista que se entusiasmam diante da energia e do dinamismo da arquitetura moderna.

Os manuais de composição arquitetônica, que perceberam tais dificuldades, estabeleceram uma distinção entre construção *real* e construção *aparente*, entre engenharia prática e engenharia estética. Pregaram que não basta um edifício apresentar uma efetiva solidez estrutural: ele deve demonstrar também uma solidez aparente. E o que é essa solidez aparente? Um revestimento de pedra grosseira, muitas vezes com dois centímetros de espessura, que dê a impressão de a casa ser construída de pedra? Deixar "cheios" ou reforçar com silhares (Quadro 2) os ângulos de um edifício, quando hoje eles podem ficar complemente livres (Quadros 16 e 17)? A "solidez aparente" não é lei *a priori*: é simplesmente a antiga solidez, isto é, o hábito às relações de peso tradicionais. Têm por isso razão os modernistas que julgam que a uma nova técnica deve seguir-se uma nova sensibilidade estrutural.

O Palazzo Chiericati de Vicenza está suspenso sobre colunas (Quadro 12), tal como a Villa de Le Corbusier em Poissy (Quadro 15). Se as primeiras colunas "parecem" mais sólidas do que as segundas, se as colunas duplas aos lados do "cheio" confortariam Schopenhauer muito mais do que os nossos *pilotis*, isso não depende de regras absolutas de gravitação fisiológica, mas de uma inveterada aquiescência para com os equilíbrios estáticos do passado. E o que dizer de Falling Water? Conta-se que quando chegou o momento de retirar a última trave de madeira da armação sobre a qual havia sido lançado o grande terraço que pairava no vácuo (Quadro 16), os operários se recusaram a executar o trabalho; os chefes do sindicato dos empregados em construção, chamados ao local, comunicaram cortesmente a Wright que não estavam dispostos a pagar o seguro às famílias dos dois homens que ficariam sepultados sob as ruínas daquela "loucura" arquitetônica. Quando Wright, furioso, agarrou a picareta e começou sozinho a retirar a trave, alguns operários fizeram o sinal-da-cruz. Como vemos, no entanto, o terraço ainda está intacto passados vários decênios.

Concluindo, a interpretação funcionalista, em seu duplo significado utilitário e tecnicista, é fruto de uma inibição mental que, nascida da polêmica contra "a arte pela arte", insígnia da não-arte tradicionalista, na apologia do mundo industrial moderno e dos fins imanentes e sociais da arquitetura, não fez mais do que escolher o outro termo desse binômio – arte e técnica – em que se quis desintegrar, desde os mais antigos tratadistas, a produção arquitetônica.

As interpretações fisiopsicológicas

Não valerá a pena nos demorarmos sobre as interpretações psicológicas que são genéricas evocações literárias de "estados de espírito" produzidas pelos "estilos" arquitetônicos. São conhecidas as equações: Egito = idade do medo, em que o homem se dedica à conservação de um corpo sem o qual não poderá encontrar a reencarnação; Grécia = idade da graça, símbolo de trégua contemplativa no redemoinho das paixões; Roma = idade da força e da pomposidade; o protocristão = idade da piedade e

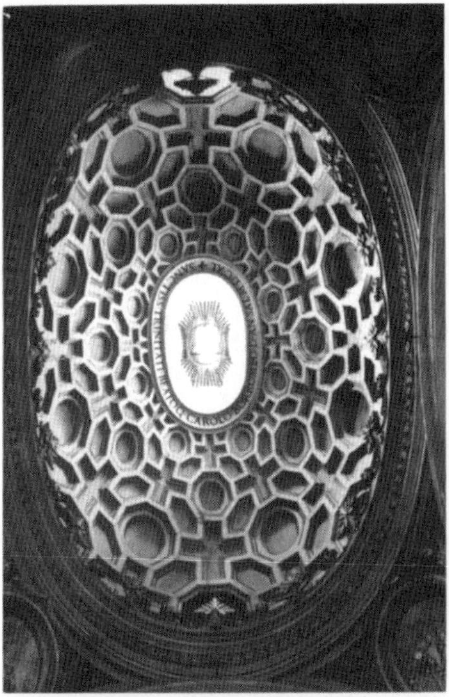
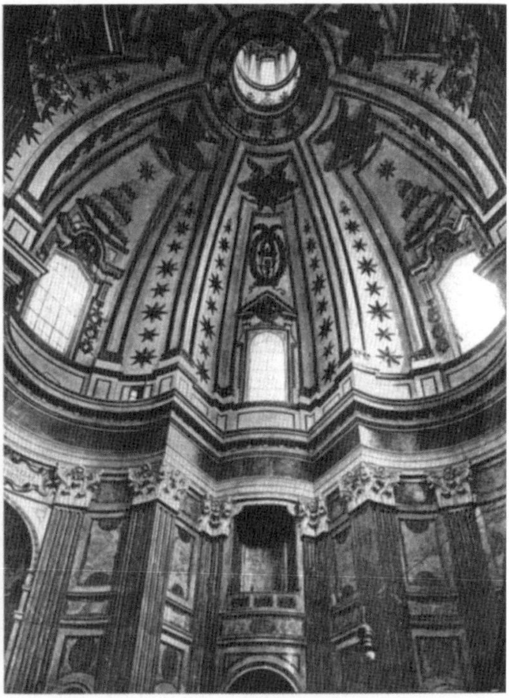
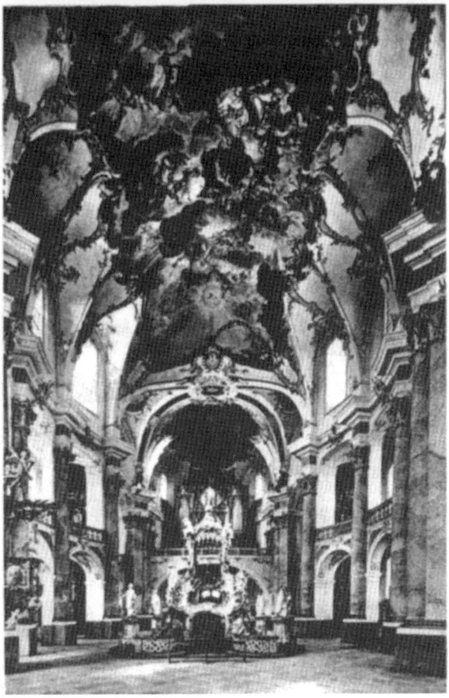
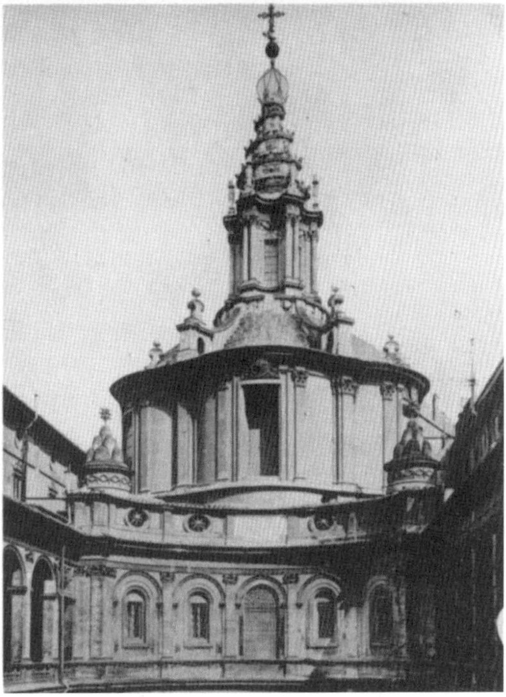

Quadro 13 *O movimento e a interpenetração no espaço barroco.*

Página anterior:
Francesco Borromini: cúpula da Igreja de San Carlino alle Quattro Fontane, em Roma (1638-1641). Ver Fig. 25.
Francesco Borromini: interior da Igreja de Sant'Ivo alla Sapienza, em Roma (1642-1662). Ver Fig. 24.
Balthazar Neumann: Santuário dos Catorze Santos (Vierzehnheiligen), no vale do Meno (1743-1772). Ver Fig. 25.
Francesco Borromini: cúpula da Igreja de Sant'Ivo alla Sapienza, em Roma (1642-1662).

Em cima:
Francesco Borromini: interior da Igreja de San Carlino alle Quattro Fontane, em Roma (1638-1641).

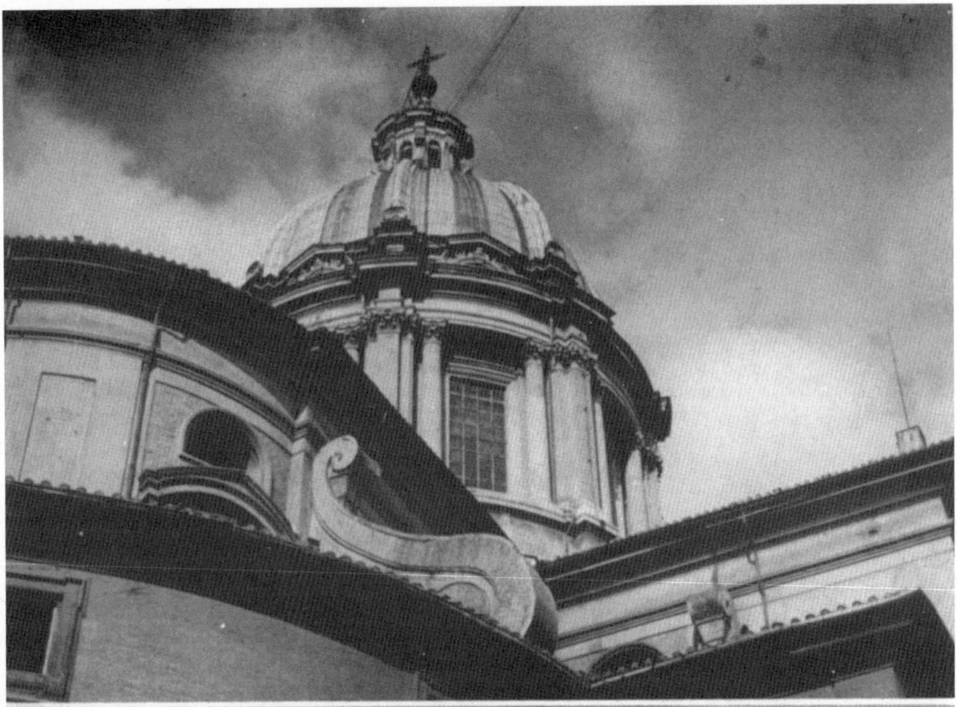

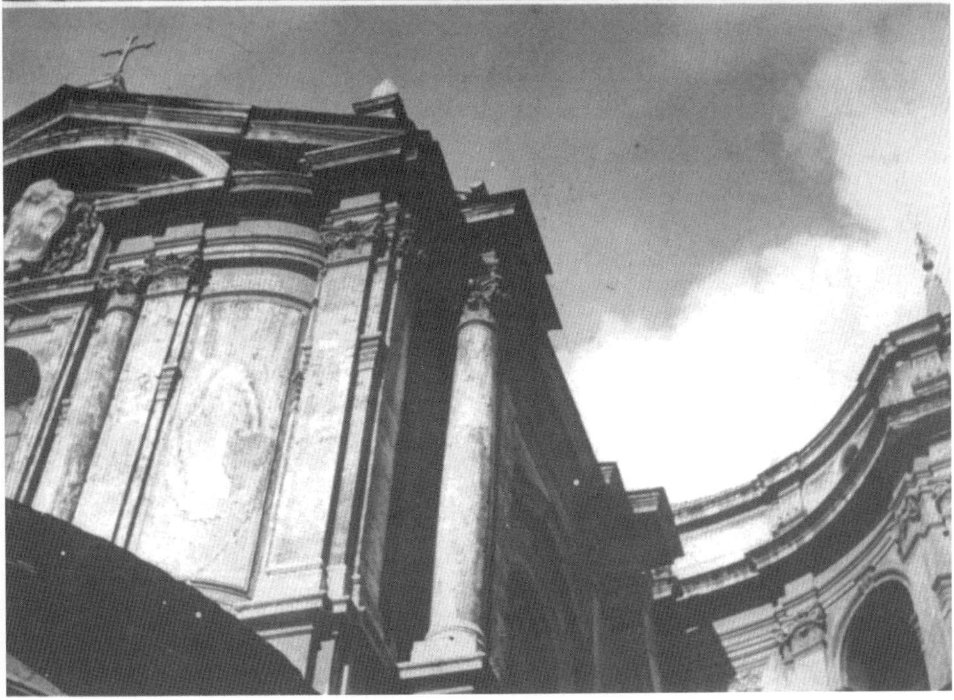

Quadro 13a *O movimento e a interpenetração no espaço barroco.*

Página anterior:
Pietro da Cortona: cúpula da Igreja de San Carlo al Corso, em Roma (1665).
Pietro da Cortona: Igreja de Santa Maria della Pace, em Roma (1656).

Em cima:
Baldassarre Longhena: Igreja de Santa Maria della Salute, em Veneza (1631-1687).

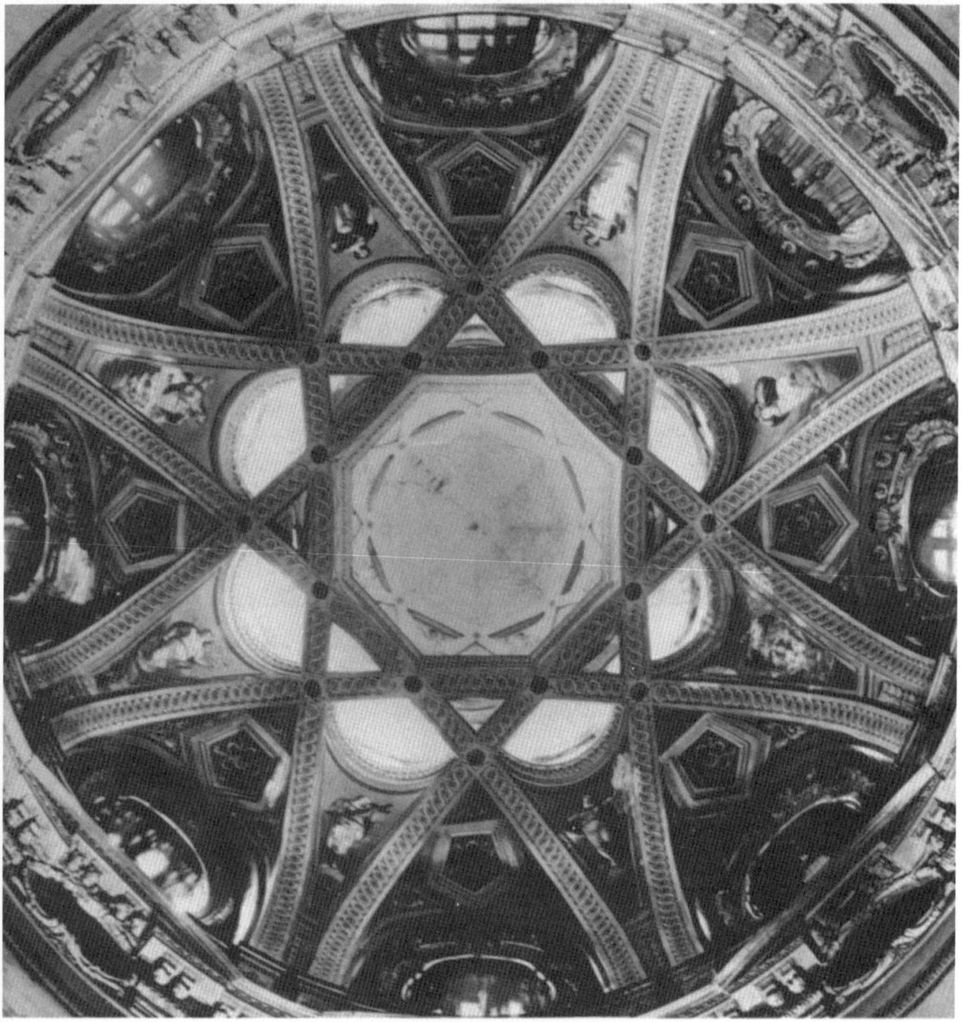

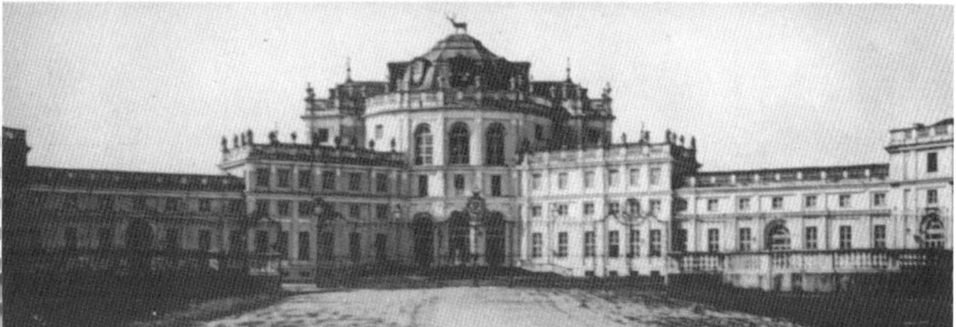

Quadro 14 *O movimento e a interpenetração no espaço barroco.*

Página anterior:
Guarino Guarini: cúpula da Igreja de San Lorenzo, em Turim (1668-1687).
Filippo Juvara: Palazzina reale di Stupinigi (iniciada em 1729).

Em cima:
Filippo Juvara: vista aérea da Palazzina di Stupinigi.

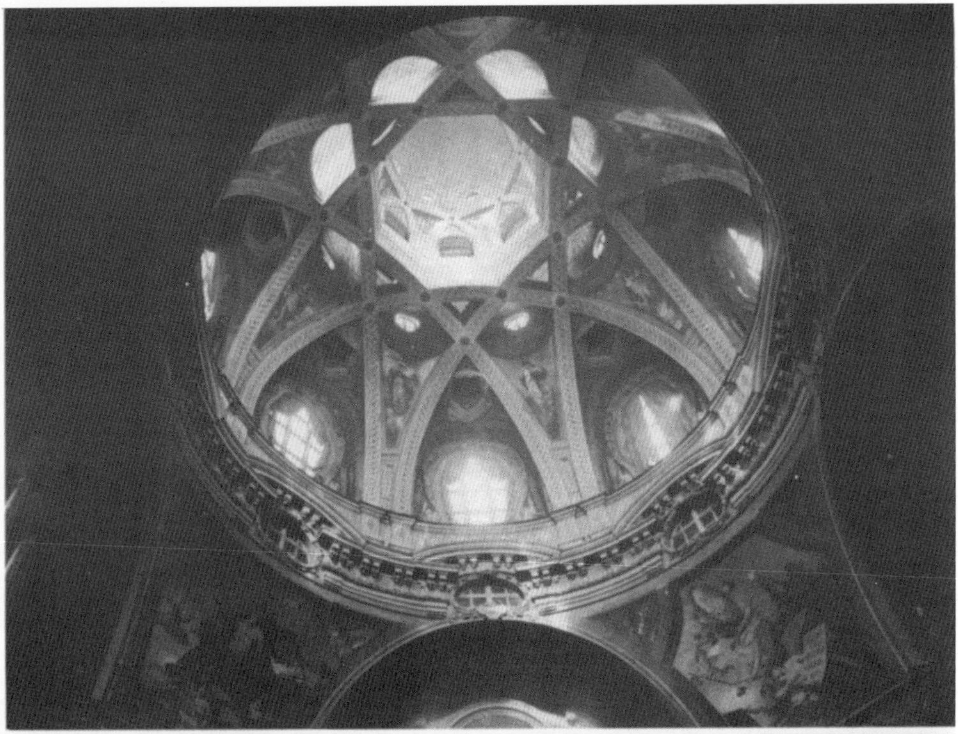

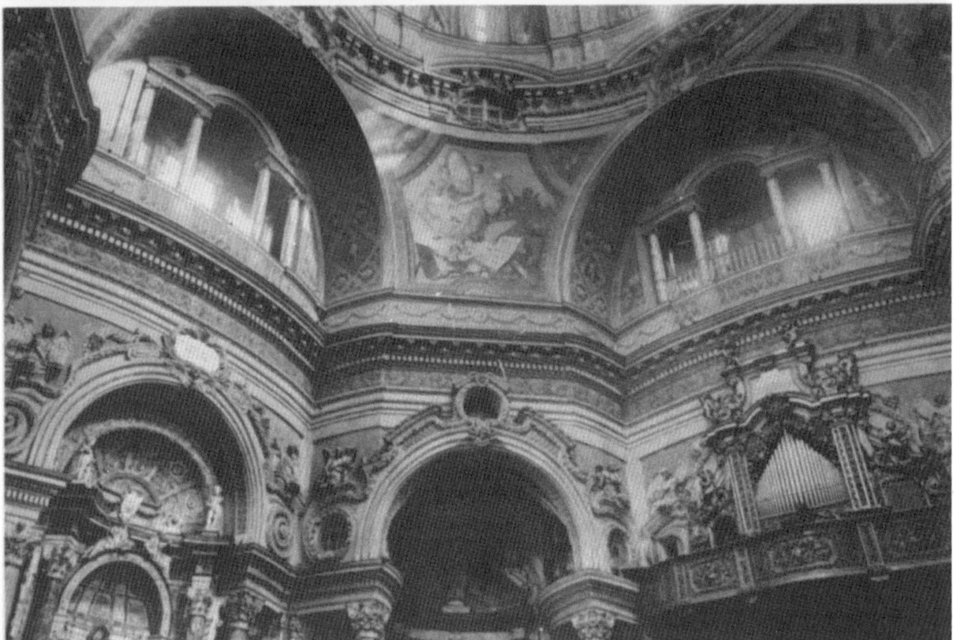

Quadro 14a *O movimento e a interpenetração no espaço barroco.*

Página anterior:
Guarino Guarini: Igreja de San Lorenzo, em Turim (1668-1687). Aspectos do interior.

Em cima:
Guarino Guarini: Igreja de San Lorenzo, em Turim. Detalhe do interior.

do amor; o gótico = idade da aspiração; a Renascença = idade da elegância; os *revivals* = idade da memória.

De diferente valor, aliás fundamental na história das interpretações arquitetônicas, é a teoria do Einfühlung, segundo a qual a emoção artística consiste na identificação do espectador com as formas, e por isso no fato de a arquitetura transcrever os estados de espírito nas formas da construção, humanizando-as e animando-as. Olhando as formas arquitetônicas, nós vibramos em simpatia simbólica com elas, porque suscitam reações em nosso corpo e em nosso espírito. Partindo dessas considerações, a simpatia simbolista tentou reduzir a arte a uma ciência: um edifício não seria mais do que uma máquina apta a produzir certas reações humanas predeterminadas. Começamos pela casuística dos elementos geométricos:

– *A linha horizontal* (Quadros 5, 11, 15 e 20). Quando nós, por instinto mimético, "seguimos" a linha horizontal, nos damos conta de que ela dá o sentido do imanente, do racional, do intelectual. É paralela à terra sobre a qual o homem caminha, acompanha por isso o seu andar; decorre à mesma distância da vista e por isso não dá lugar a ilusões acerca do seu comprimento; seguindo sua trajetória, encontra-se sempre um obstáculo qualquer que sublinha o seu limite.

– *A linha vertical* (Quadros 10 e 17). É o símbolo do infinito, do êxtase e da emoção. Para segui-la, o homem detém-se, ergue os olhos até o céu, afastando-se da sua diretriz normal. A linha vertical rompe-se no céu, perde-se nele, e nunca encontra obstáculos e limites, ilude acerca do seu comprimento, é por isso símbolo do sublime. Alguns autores distinguem entre a linha ascendente de uma voluta que representa a alegria e a descendente que provoca tristeza.

– *Linhas retas e curvas* (Quadros 2a, 3, 19a e 20). As linhas retas significam decisão, rigidez e força. As linhas curvas representam hesitação, flexibilidade ou valores decorativos.

– *A helicoidal* (Quadro 13) é o símbolo do ascender, do desprendimento, da libertação da matéria terrena.

– *O cubo* (Quadro 18) representa a integridade porque as dimensões todas iguais, imediatamente compreensíveis, dão ao espectador a sensação da certeza definitiva e segura.

– *O círculo* (Quadros 1a, 2, 6, 7a, 11, 16a e 20a) dá a sensação do equilíbrio, do controle sobre todos os elementos da vida.

– *A esfera*, e por isso as cúpulas semi-esféricas (Quadros 3, 3a, 8, 12, 17, 18 e 19), representa a perfeição, a lei final, conclusiva.

– *A elipse* (Quadro 13), desenvolvendo-se em torno de dois centros, nunca permite que a vista repouse, tornando-a móvel e irrequieta.

– *A interpenetração das formas geométricas* é símbolo de dinamismo e movimento contínuo (Quadros 8a, 13a e 16a).

Esses são exemplos da semântica do Einfühlung, que analisa "cientificamente" a extensão do próprio *ego*, tanto da parte do arquiteto como do observador, nos elementos arquitetônicos. A gramática é dada pelas proporções, pelo ritmo, pela simetria, pela euritmia, pelo contraste e por todas as outras qualidades da arquitetura que analisaremos na interpretação formalista mas à qual o Einfühlung dá um substrato fisiopsicológico.

De uma ciência do belo é sempre fácil passar para uma regra do belo. A filosofia da Simpatia deu novo prestígio a três interpretações precedentes da arquitetura: a) *a interpretação das proporções*, segundo a qual como existe uma escala musical adequada à fisiologia humana, assim também existem proporções arquitetônicas belas por si sós. Alguns autores quiseram mesmo traduzir as proporções arquitetônicas em música (Fig. 30); b) *a*

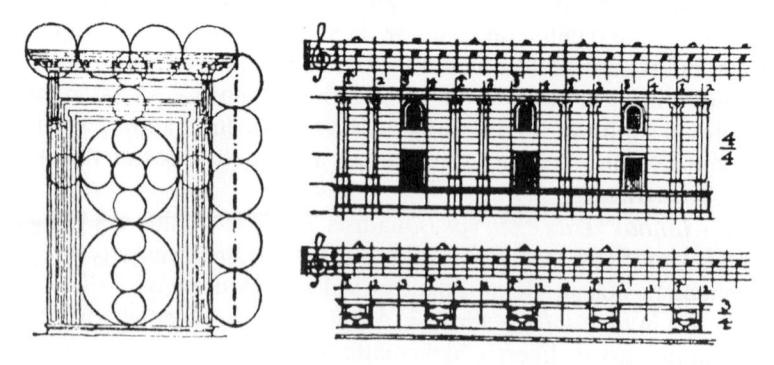

Fig. 30 – Interpretações musicais segundo Claude Bradon. *À esquerda:* o portal da Igreja de San Lorenzo in Damasco, em Roma, traduzido em oitavas, quintas e terceiras. *À direita:* o último andar do Palazzo Giraud, em Roma, traduzido em 4/4, e a cornija da Farnesina, traduzida em 3/4.

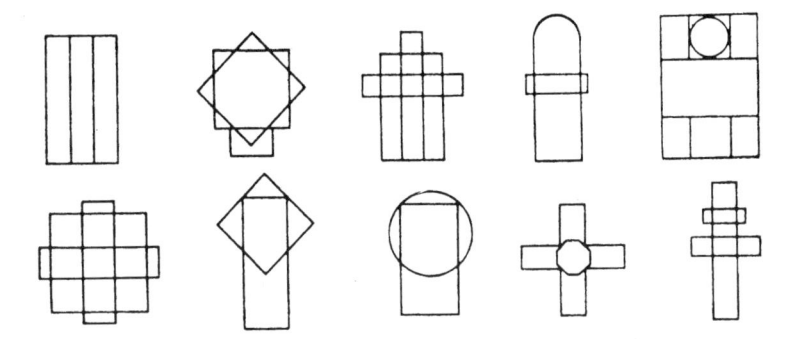

Fig. 31 – As interpretações, segundo Claude Bragdon, da "Geometria Latente" no templo de Zeus, em Agrigento, nas plantas da Basílica de São Pedro, de Michelangelo (ver Fig. 1 e Quadro 19), na Cartuxa de Pavia, em Notre-Dame, em Paris (ver Fig. 20), na planta do palácio de Whitehall, de Jones, no Tempietto, de Bramante, na Catedral de Florença (ver Quadros 10a e 19), no Panteão (ver Quadros 6 e 6a e Fig. 17), na Igreja de San Simeone e na Catedral de Salisbury (ver Fig. 20).

interpretação geométrico-matemática, que deu lugar a todas as elucubrações de Viollet-Le-Duc, de Thiersch, de Zeising e Ghyka. Os autores mais sensatos limitam-se a constatar a geometria latente em muitas composições arquitetônicas (Fig. 31), mas outros, em nome de "harmonias espaciais cósmicas e nucleares", empenham-se em longos tratados sobre triângulos egípcios, sobre a seção áurea, sobre as combinações euclidianas de acordos, sobre módulos analógicos, sobre as interpolações mais abstrusas, sobre a simetria dinâmica; c) *a interpretação antropomórfica*, inaugurada por Vitrúvio, que, em homenagem à teoria aristotélica da mimese, justificava as ordens pela sua consonância com o corpo humano. Vários críticos ainda hoje continuam por esse caminho (Fig. 32).

Procedendo da gramática para o discurso, a teoria do Einfühlung investe todo o edifício. Para ela, toda a crítica da arquitetura consiste na capacidade de transferir o próprio espírito para o edifício, em humanizá-lo, fazê-lo falar, vibrar com ele, numa inconsciente simbiose em que o nosso corpo tende a repetir o movimento da arquitetura. Não há dúvida de que o grande mérito dessa teoria é ter rompido a glacialidade abstrata do dicionário crítico

Fig. 32 – Interpretações antropomórficas. *À esquerda:* origem dos capitéis dórico e jônico, segundo Pond. *À direita:* origem do Campanário de Giotto, em Florença, e da coluna dórica, segundo Bragdon (ver bibliografia).

arquitetônico e haver criado uma familiaridade, uma sensação de intercâmbio, uma relação humana entre a arquitetura e o homem.

Uma linha será ousada ou insignificante, tensa ou relaxada, poderosa, fluida. Uma superfície será vulgar, cheia de elementos ecléticos ou ampla e serena como a do Palazzo Farnese (Quadro 2), congestionada como a da Biblioteca florentina de Michelangelo (Quadro 12), insípida e muda como a do Monumento de Sacconi (Quadro 1), forte e dramática como na abside de Monreale (Quadro 18). Para os volumes, estão em causa o sentido do peso, da pressão e da resistência, e serão maciços como nas Termas de Caracalla (Quadro 17), articulados e sólidos como na Bauhaus (Quadro 20), flexíveis e cortesmente convidativos como no Edifício Johnson (Quadro 3), freneticamente tensos como nos arranha-céus de Nova York (Quadro 17), doces, requintadamente femininos, como no Taj Mahal (Quadro 17), poderosos e austeros como em S. Pedro (Quadro 19), alegres e variados como na casa de campo norte-americana (Quadro 20), elegantes e festivos como no Pavilhão de Barcelona de Miës (Quadro 15), alegres ou terríveis, sorrindo escarninhamente do sentido de instabilidade humana, como na Villa de Wright (Quadro 16).

As estéticas antigas afirmavam que a arquitetura era a arte que sabia oferecer a mais restrita gama de emoções. Representava a calma (Grécia) ou a força (Roma) ou o êxtase (o gótico). A teoria da Simpatia desestruturou esse preconceito, atribuindo à arquitetura todas as expressões do homem: incluindo o sentido da farsa e do cômico nos edifícios faceiros e afetados, e o sentido do nauseabundo nos edifícios vulgares, retóricos, pseudomonumentais. Dizia-se também que a expressão da arquitetura não é descritiva, é estática. O Einfühlung, através do seu método de identificação do homem com as formas, demonstrou o contrário; e, de resto – que estática, que nada! –, a arquitetura move-se continuamente sob o constante girar do Sol (Quadro 20a).

"Apesar de existirem poemas de amor, contos de amor, pinturas de amor e músicas de amor, é inconcebível uma arquitetura de amor", afirma Hamlin. Mas compare o Taj Mahal com o arranha-céu de Filadélfia (Quadro 17) e diga se o primeiro não representa o amor, pelo menos nos limites em que uma música, relativamente à outra, pode definir-se música de amor.

A crítica da Simpatia estendeu-se também às plantas dos edifícios. Como se diz que uma torre "eleva-se", uma voluta "sobe", uma escada circular "se enrosca", assim se diz que do átrio do Panteão "nos expandimos" para o grande vão circular (Fig. 17), ou que a sala de estar de Falling Water "amplia-se" ou "se prolonga" no terraço suspenso (Fig. 28).

Da crítica fisiopsicológica e das suas inferências, é espontâneo passar para a interpretação psicanalítica. Apontada por Bragdon em sua teoria da dualidade e da trindade (Fig. 33), ela ainda não foi explorada a fundo no campo da arquitetura, como aconteceu na pintura e na literatura. Observações dispersas encontram-se correntemente, e bastaria lembrar *Sir* Cristopher Wren, que explicava a predileção dos homens pelas colunas com a disposição atávica adquirida pelos nossos antepassados que oravam nas florestas e adoravam as colunas como deuses. Fenômenos difusos de antipatia por túneis ou por galerias subterrâneas dos metrôs podem ser, de resto, explicados à luz das neuroses modernas. O próprio filósofo romeno Lucian Blaga, ao discutir o conceito de "sentimento do espaço" em Riegl, em Frobenius e em Spengler, individualiza nele um fenômeno do subconsciente e procura as relações entre o conceito de espaço sensível e a psicologia abissal. Mas estamos no campo da estética, e não ainda no da crítica arquitetônica.

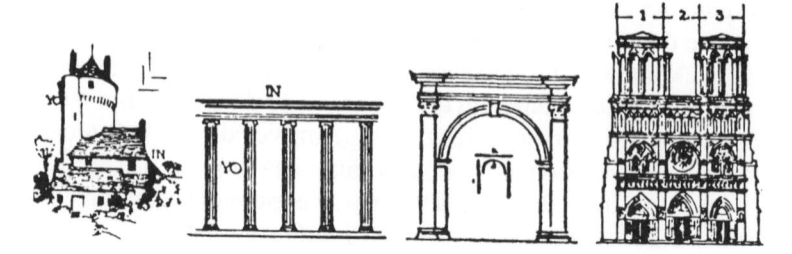

Fig. 33 – Interpretação psicanalítica, baseada na diferenciação sexual, da dualidade e da trindade segundo Claude Bragdon: *Yo* é o termo masculino, *In*, o feminino (ver bibliografia).

A interpretação formalista

As estéticas tradicionais enumeram uma monótona série de "leis", "qualidades", "regras", "princípios" a que a composição arquitetônica deve responder: a unidade, o contraste, a simetria, o equilíbrio, a proporção, o caráter, a escala, o estilo, a verdade, a expressão, a afabilidade, a ênfase ou a acentuação, a variedade, a sinceridade e a propriedade. Como se vê, trata-se de qualidades formais e de qualidades morais e psicológicas. Analisemos a sua consistência:

– *A unidade.* O propósito de todos os artistas é exprimir em seu trabalho uma única idéia. Todas as composições, quer na planta, quer na perspectiva, devem ter um caráter de ligação entre todos os seus componentes. Compor é o contrário de justapor, onde não existe a força de um discurso, mas apenas uma série de palavras isoladas, sem significado. Duas estátuas iguais próximas, duas casas idênticas, dois andares da mesma altura sobrepostos não formam unidade, mas dualidade; por isso todas as formas geométricas que a vista pode facilmente decompor em duas partes (por exemplo, um retângulo formado por dois quadrados) devem ser excluídas. No caso prático: é evidente a unidade do Tempietto de Bramante (Quadro 12), mas bastante menos a de Palazzo Rucellai, cujas ordens poderiam prolongar-se sem fim à direita e à esquerda (Quadro 11). As massas da Palazzina reale de Stupinigi são justapostas ou unitárias (Quadro 14)? E a unidade do arranha-céu de Filadélfia (Quadro 17), esta qualidade pela qual todos os elementos da obra de arte são necessários e nada pode ser acrescentado nem subtraído, seria destruída se levantássemos mais dois andares?

– *A simetria*. É o equilíbrio nos edifícios formais, de caráter axial. São simétricos o Arco de Tito e o Monumento a Vítor Emanuel (Quadro 1), o Palazzo Farnese (Quadro 2), o Partenon (Quadro 5), Santa Sabina (Quadro 7), Sant'Ambrogio (Quadro 9), Palazzo Strozzi e a Igreja de Santo Spirito (Quadro 11), Palazzo Chiericati (Quadro 12), o Taj Mahal e a Galeria das Máquinas em Paris (Quadro 17), Monreale e a Rotonda (Quadro 18), os Armazéns Schocken (Quadro 19) e o Pátio de Borromini (Quadro 20). Em contrapartida, não são simétricos Falling Water (Quadros 2 e 16), o Edifício Johnson (Quadro 3), Palazzo Vecchio em Florença (Quadro 11), o Pavilhão de Miës van der Rohe (Quadro 15), a Residência de Taliesin (Quadro 19), a casa de campo norte-americana, os Escritórios da Schuckl e a Bauhaus (Quadro 20). No entanto, esses edifícios assimétricos, para responder ao padrão da unidade, devem obedecer à lei do equilíbrio.

– *O equilíbrio ou "balance"*. É a simetria na arquitetura aformal, sem eixos. A palavra anglo-saxônica indica bem o seu significado; com relação a um plano, mesmo invisível, colocado na parte central de um edifício, é necessário que de um lado e do outro existam massas de mesmo "peso". Imagine uma pequena e delicada balança e alguns pesos iguais de ferro; coloque um número igual de pesos sobre um prato e sobre o outro, e terá o equilíbrio. No caso de os pesos serem dispostos igualmente sobre os dois pratos, haverá simetria; se de um lado estivessem sobrepostos em forma de torre, e do outro simplesmente alinhados, e a balança estivesse em equilíbrio, haveria o *balance*. A Torre del Mangia, em Siena, tem o mesmo "peso" do palácio que se estende horizontalmente à sua direita; o corpo que se projeta à esquerda no Pavilhão de Barcelona (Quadro 15) possui a mesma força de gravitação do muro liso que se estende à direita; o terraço do segundo andar de Falling Water (Quadro 16 e Fig. 18) não é central relativamente ao do primeiro andar, mas um alpendre aberto e o elemento vertical da lareira equilibram as massas. Se assim não fosse, sentiríamos fisicamente um tédio, dizem os fisiopsicólogos, como se nos faltasse algo, como se estivéssemos nós mesmos inclinados para um lado, como se tivéssemos um braço amputado; em outras palavras, a amputação do equilíbrio de um edifício provocaria, por simpatia simbólica, uma sensação de amputação no nosso corpo.

– *A ênfase ou a acentuação.* Toda composição tem necessidade de um centro de interesse visual, um ponto focal que prenda a vista. Será o vértice na Pirâmide de Caio Céstio (Quadro 1), o portal no Palazzo Farnese (Quadro 2), o centro do frontão do Partenon (Quadro 5), a abside nas igrejas protocristãs e bizantinas (Quadros 7 e 8), a cúpula em Santa Sofia, na Cappella Pazzi, em S. Pedro e San Lorenzo (Quadros 8, 11, 14 e 19), o corpo central convexo em Stupinigi (Quadro 14), a cumeeira da casa de campo norte-americana (Quadro 20) ou o entrelaçado das rosas lineares na Sala Wladislavski, em Praga (Quadro 20). Há exceções? Por exemplo, o Coliseu, que é uma massa curva uniforme, sem acentuações. E o arranha-céu de Filadélfia (Quadro 17), do qual não é possível identificar o centro de interesse. Mas todas as outras obras ilustradas respondem, mais ou menos bem, à regra da ênfase.

– *O contraste.* A unidade deve ser entendida como síntese de elementos contrários, não como igualdade cadavérica. Para que um edifício seja "vivo", é necessário que sua vitalidade seja expressa pelo contraste entre linhas verticais e linhas horizontais, entre vazios e cheios, entre formas cortantes e formas vagas, entre volumes, entre massas. E para uma expressão plena, é necessária a predominância de um elemento ou de outro, ou de um terceiro. No Arco de Tito (Quadro 1) não vencem nem as horizontais nem as verticais, mas o arco. No Monumento de Sacconi (Quadro 1) não vencem as verticais nem as horizontais, nem qualquer outra coisa, e, por essa razão, trata-se de uma massa inerte, sem vida. Palazzo Farnese (Quadro 2): se Michelangelo não tivesse acudido com sua poderosa cornija, talvez todo o conjunto corresse o risco de ter o mesmo fim, porque as horizontais pouco prevalecem sobre as verticais e os cheios se equilibram com os vazios. É claro que as verticais predominam nas igrejas góticas (Quadro 10), que os cheios vencem os vazios no Palazzo Vecchio (Quadro 11), e que o contrário acontece no Palazzo Chiericati (Quadro 12). A horizontal vence em Falling Water (Quadro 16), mas se não existissem os elementos verticais e por isso faltasse o contraste, toda a composição desmoronaria. Neste caso, contudo, a vitalidade exalta-se mesmo nos contrastes da qualidade dos materiais, ora lisos, ora rugosos, e nos contrastes de cor.

— *A proporção.* De qualquer forma que se defina — as relações das partes entre si e com o conjunto de um edifício — a proporção é o meio pelo qual se subdivide um edifício para atingir as qualidades da unidade, do *balance*, da ênfase, do contraste e ainda da harmonia, do ritmo. Mas já tivemos ocasião de notar o absurdo da tese mecanicista das proporções, quer no sentido geométrico, quer no matemático ou musical, enquanto estão intimamente ligadas à escala de um edifício.

— *A escala.* Ilustrar a escala de um edifício é exatamente o contrário do que fizemos, nos quadros fora do texto, onde as dimensões das fotografias foram estabelecidas sem nenhuma relação com as dimensões reais, e preferimos muitas vezes (Quadro 3) ilustrar um detalhe, mais extensamente do que o edifício completo. É claro que isso seria um grande erro numa história sistemática da arquitetura, na qual todos os edifícios deveriam ser desenhados na mesma escala, e junto de cada um deles precisaria estar marcada a altura do homem médio. Se o Templo de Karnak, no Egito, fosse da altura do Partenon, teríamos uma composição não muito diferente da grega: elementos verticais sobre os quais repousa a arquitrave. Mas o templo egípcio é muito mais alto (Fig. 34), um homem não pode ver as arquitraves por cima das colunas, e por isso a expressão de Karnak é de todo diferente do equilíbrio helênico. A escala é elemento essencial na apreciação arquitetônica. No entanto, é preciso evitar equívocos: se o homem é o padrão de todas as coisas, estabelecer-se uma proporção sem estabelecer uma escala é absurdo, também é errado estabelecer uma escala sem proporções. Um edifício pode ser grande em escala dimensional, como o interior de S. Pedro, e outro pode ser de escala pequena como San Carlino, de Borromini: ainda assim, o segundo pode parecer maior que o primeiro. Geralmente um edifício alto é predominante numa cidade, mas a escala inverte-se em Nova York (Quadro 17), onde, no meio da massa de arranha-céus que dão para a Wall Street, a pequena igreja de St. Patrick predomina precisamente por sua pequenez. Por isso, o princípio da escala não deve ser confundido com a interpretação antropomórfica, que mencionamos no capítulo precedente. Escala significa "dimensão relativa ao homem", e não dimensão do homem. Um edifício, todo ele em escala monumental, como em tantos exemplos do pseudomoderno da Escola de Piacentini, é vazio e absurdo; mas a escala monumental de Santa Sofia (Quadro 8), de Amiens (Quadro 10), de Santo Ivo (Quadro 13), continuamente relacionada a elementos em escala humana é de uma eficácia magnífica. Na sensibilidade dialética da escala, o barroco se sobressaiu, enquanto no século passado assistimos a dois delitos: a destruição da Regent Street de Londres por obra de Norman Shaw e a da Praça de S. Pedro com a demolição da Spina dei Borghi, da qual não resta mais do que uma nostálgica fotografia (Quadro 19).

– *A expressão ou o caráter.* Todos estão de acordo sobre a exigência expressiva da arquitetura, mas as dificuldades surgem quando nos perguntamos: o que ela deve exprimir? Caso se trate do sentimento ou da personalidade do artista, o problema diz respeito à estética. Já para o que diz respeito à expressão psicológica, falamos a respeito no parágrafo precedente: mesmo um manequim pode ter unidade, simetria, *balance*, ênfase, contraste, proporção e escala; mas se lhe falta vida, expressão, fisionomia, se não "diz nada", nunca será um ser vivo. O caráter de nobreza, requinte, humor, civismo, vulgaridade, dignidade, ostentação e força ridente como na Igreja della Salute, em Veneza (Quadro 13a), de opressão como em Michelangelo (Quadro 12) encontra-se na arquitetura como nas expressões humanas. É uma questão de sensibilidade familiarizar-se com as diferentes línguas, as múltiplas linguagens, as infinitas fisionomias dos edifícios. É uma questão de sensibilidade "ler" no edifício como no homem não apenas sua expressão estática (calma ou agitada, comercial ou palaciana, generosa ou mesquinha, modesta ou vangloriosa e afetada), isto é, o seu temperamento, mas também o caráter dinâmico, ou seja, seus *crescendi*, suas passagens do *pianissimo* para o *fortissimo*, o tom de seu estado de espírito além do tom de seu ser. Aparentemente não existem neuróticos entre os chineses, todos muito corteses, autocontrolados e cerimoniosos, como aparentemente não há neuroses na comunidade dos templos gregos; mas é uma questão de sensibilidade e de familiaridade reconhecer a manifestação inibida do histerismo na China, ou da agitação no templo grego. E se Borromini se nos apresenta furioso e movimentado, enquanto Giuliano da Maiano distinto e controlado, é uma questão de sensibilidade descobrir até que ponto age neles a educação estilística e o quanto essa expressão é real: em outras palavras, quando é que Borromini, sempre gesticulante, está calmo e sereno, e quando Giuliano da Maiano, sempre bem vestido e sorridente, sempre cortês, está, no seu coração ou no de um de seus edifícios, delirante e colérico. Levando-se em conta este predicado psicológico, e não formal, da expressão, será fácil desembaraçar-se de todos os preconceitos moralistas que surgiram sobre ela. Diz-se: "Um edifício deve exprimir o que é, o seu propósito." Responde-se: "Nem mais nem menos como um homem deve exprimir o que é, e o propósito de sua vida." Quem julga que os homens deveriam andar nus, para não ocultarem sua realidade, e que deveriam trazer escrito na testa o nome, sobrenome, temperamento, interesses principais, profissão, etc., pode pretender que os edifícios façam o mesmo. Nesse caso também trata-se de uma questão de bom senso: não nos agradam os homens que pretendem ser o que não são, e não nos agradam, igualmente, os edifícios que têm uma falsa máscara, quer seja monumental, quer funcional. Uma grande parede de vidro unitária que oculte a divisão entre os andares do edifício, ou, ao contrário, um grande salão que de fora pareça estar dividido em dois andares, engana, e o engano, ainda que menos nocivo, decerto não é recomendável.

– *A verdade*. Devem os edifícios ser verdadeiros ou falsos? Devem ser sinceros? Não é necessário assumir um ar ameaçador de inquisidor anglicano, como fazia Ruskin, para responder afirmativamente. Se lhe mostrassem a Pirâmide de Caio Céstio (Quadro 1) dizendo: "Este é o cabaré mais elegante da capital", você ficaria algo surpreso. Se lhe dissessem a propósito de Palazzo Chiericati (Quadro 12): "É uma casa operária de tipo intensivo", você teria razão para protestar contra a falsidade, a falta de sinceridade de um arquiteto incapaz de conceber um edifício, a não ser em termos de exibições áulicas. Se lhe mostrassem os Armazéns de Mendelsohn, afirmando: "Veja que bela igreja!", você ficaria atônito, porque o efeito é claramente o de um edifício de muitos andares, de caráter comercial. Porém, cuidado: neste terreno da verdade expressiva é muito fácil cair em equívocos associativos e simbólicos. Quando se diz que "a expressão de uma prisão deve ser de muros escarpados de silhares para dar a sensação de não ser fácil fugir"; ou que "as janelas de um banco devem ser limitadas ao máximo, mesmo a custo de sacrificar seu funcionamento técnico, a fim de dar uma sensação de segurança e impenetrabilidade para os ladrões"; ou, pior ainda, que uma igreja deve ser gótica, porque é esse o estilo religioso; ou que um palácio deve ser barroco porque só o barroco dá a sensação de luxo e grandiosidade, passa-se do campo da arquitetura para um vazio e anacrônico dicionário de associações arqueológicas e literárias, e para um hábito conformista. E não é tudo: deve-se observar ainda que a verdade, na arquitetura como na vida, é controlada pela propriedade.

– *A propriedade*. Um solário é composto de traves e, se quisermos dar ouvidos aos maníacos da "verdade técnica", para não dizer mentiras, seria necessário expô-las; mas a propriedade de um pavimento é poder andar sobre ele, e esta vale muito mais do que a verdade estrutural. Como entre os homens, assim também entre os edifícios existem os mentirosos profissionais, e são odiosos. Por outro lado, existem os que têm necessidade de dizer sempre a verdade, de contar tudo, de se revelar, de descrever minuciosamente todas as suas histórias mais íntimas, mesmo quando ninguém está interessado em ouvi-los; estes acabam por ser irritantes.

– *A urbanidade*. É a qualidade que falta aos imitadores atuais do clássico, aos egocêntricos, aos maníacos que precisam chamar a atenção, que têm necessidade de afirmar sua própria personalidade. Nos homens como nos edifícios (Fig. 34). Nós que vivemos numa época em que todos pensam ter uma mensagem de importância universal para transmitir ao mundo, em que todos se preocupam em ser originais, em inventar algo de novo, em se destacar do contexto social, em se sobressair, em que todos crêem ser mais astutos do que todos os outros, estamos rodeados por uma arqui-

Fig. 34 – Entre as qualidades da arquitetura citadas pelas estéticas tradicionais, a *escala* é a propriedade mais eficazmente arquitetônica. *À esquerda:* corte dos templos egípcios de Filé e de Edfu (segundo Pond). *À direita:* uma ilustração da escala humana e da escala monumental-comercial de Edwards (ver bibliografia).

tetura que pode ter todas as qualidades, mas não é certamente urbana. Se você observar, em nossos novos bairros urbanos, a estridência das cores, dos mármores, das formas das varandas, das alturas das cornijas, perceberá como essas tentativas de originalidade resultam, em seu conjunto, numa monotonia muito superior à de alguns bairros harmoniosos do século XVIII, e mesmo do século XIX, nos quais cultivava-se o hábito da convivência civil entre os edifícios. Na arquitetura comercial moderna, todos, inteligentes e estúpidos, querem se impor, fazer boa figura; falam, gritam ao mesmo tempo, chamam a atenção dos vizinhos e ninguém se dispõe a ouvir. O resultado é um opaco alarido que lembra com saudade as conversas educadas, ligeiramente inibidas, úteis e agradáveis dos edifícios dos séculos passados. A vista experimentada descobre os verdadeiros valores, ainda que estes não sejam vistosos; e quem tem pressa de ser notado tem, com freqüência, muito pouco a dizer.

– *O estilo.* É a língua ou a lingüística do desenho. E quando os nossos pedantes tradicionalistas perguntam: "É proibido fazer uma casa em estilo antigo?", devia-se responder com uma contrapergunta: "É possível escrever hoje de uma maneira espontânea uma poesia em latim?" Quem tem algo para dizer, exprime-o simplesmente na língua corrente. Quem nada tem para dizer, pode esperar enganar o próximo, ocultando, sob uma veste requintada de erudição, o próprio íntimo vazio. Como não existe imutabilidade ou estaticidade na língua, tampouco existe nos estilos, e eis por que, como já foi assimilado pela nossa cultura, fazer a história dos estilos nada significa, uma vez que todas as pessoas, e particularmente todos os artistas, utilizam a língua para expressões e significados individuais, isto é, criam a sua linguagem. Mas como é verdade que fazer arquitetura moderna, ou seja, adotar a língua contemporânea, não quer dizer, necessariamente, fazer arte, também não há dúvida de que adotar uma língua estranha, acadêmica, significa impedir qualquer possibilidade de falar espontaneamente, e por isso de poetizar.

Essas são as principais qualidades ou princípios da arquitetura conforme enumerados pelas estéticas tradicionais; o leitor interessado poderá notar quantos outros quiser na bibliografia. Falta em nosso idioma um vocábulo que exprima um conceito fundamental, uma qualidade notável da arquitetura, a *livability*, isto é, a habitabilidade num sentido compreensivo, material, psicológico e espiritual da palavra. Falta também um vocábulo que exprima a idéia do *design*, que não é o estilo, não é o desenho (que tem um significado mais marcadamente tecnicista) e que poderia traduzir-se como a relação harmônica ou rítmica entre as partes que formam uma mesma coisa, isto é, ao mesmo tempo a unidade e a variedade de um tema. Outros "princípios" da arquitetura, a euritmia, a harmonia, a consonância, o ritmo, ou estão implícitos nas qualidades acima mencionadas, ou são comuns a todas as artes.

Como se vê, trata-se de princípios moralistas, psicológicos e formalistas. Ora, a grande contribuição da crítica de arte contemporânea consistiu no amadurecimento da crítica formalista. Passar destes vagos conceitos de simetria, contraste, variedade, ênfase (e ai de nós não os deixarmos no vago; assim que se especifica, criam-se de imediato regras e dogmas compositivos) para uma crítica moderna da arquitetura é como passar das categorias de um Mengs, claro-escuro colorido, harmonia, graça, aos esquemas de Fiedler e Wölfflin. Surpreende-nos observar como esses esquemas da crítica de arte contemporânea, que nenhum historiador da pintura e da escultura se permitiria ignorar, são ainda tão pouco aplicados na crítica arquitetônica. E, não obstante, é claro que os mesmos cinco símbolos de pura visibilidade de Wölfflin – de um lado o *linear*, a *visão da superfície*, a *forma fe-*

chada, a *multiplicidade*, a *clareza absoluta;* de outro, o *pictórico*, a *visão da profundidade*, a *forma aberta*, a *unidade* e a *clareza relativa* – têm uma aplicação muito evidente na arquitetura, tanto mais que nasceram historicamente no seio da reivindicação crítica da arquitetura barroca. Quem não vê a nitidez plástica, os valores tácteis do Tempietto de Bramante (Quadro 12), a visão da profundidade em Sant'Ivo alla Sapienza (Quadro 13), a forma fechada do Partenon (Quadro 5), em confronto com a aberta da igreja de Neumann (Quadro 13), a multiplicidade dos elementos coordenados e justapostos da Rotonda do Palladio (Quadro 18) e a unidade do Pavilhão de Miës?

Num esforço de mais exata identificação, de mais aguda especificação, de uma mais ajustada aproximação de cada obra de arte, a crítica moderna multiplicou, na arquitetura como nas outras artes figurativas, os símbolos da visibilidade pura. E, apesar dos perigos do hermetismo crítico, é seguramente seu grande mérito ter formulado um dicionário mais amplo e preciso do "equilíbrio de cheios e vazios", dos "jogos de massa", das "relações volumétricas". Em nossos dias, fala-se de espaço ilimitado e de espaço prospéctico, de qualificação pictórica das superfícies, de infinito espacial e de valores cromáticos, de profundidades atmosféricas, de estruturação linear sobre o vazio, e de relações continuamente variantes entre planos de cor e profundidades de claro-escuro, entre massas murais e massas resolvidas em superfície. Esses desígnios de especificação investigam a vida autônoma dos monumentos, separam-nos do comum denominador dos estilos e facilitam a emoção estética.

Da interpretação espacial

Esta enumeração sumária das interpretações arquitetônicas demonstra que as mesmas se dividem em três grandes categorias:
a) interpretações relativas ao conteúdo;
b) interpretações fisiopsicológicas;
c) interpretações formalísticas.

Todos os autores adotam predominantemente uma dessas três interpretações, mas em cada um deles estão presentes observações que participam dos outros dois métodos. É difícil encontrar uma história relativa apenas ao conteúdo da arquitetura, ou uma história meramente formalística.

Ainda hoje, o puro visibilismo tem uma função importante na história da arquitetura, há séculos ligada à preponderância de uma mentalidade positivista. Mas é claro que suas falhas – já denunciadas pelos melhores críticos no campo da pintura – se manifestariam também na arquitetura. Linhas, superfícies, sombras e luz, massas e valores pictóricos, cavidades atmosféricas, sólidos e vazios, e todas as especificações mais sutis de símbolos visuais – apesar de sua imensa utilidade propedêutica para desvincular a crítica dos preconceitos tradicionais – não bastam para fazer compreender a profunda diferença existente entre uma obra de arte e outra, e, além disso, carecem de elementos necessários para a caracterização. Dão lugar a categorias muito menos compreensivas, e por isso muito mais úteis, do tradicional binômio "clássico e romântico", "formal e pitoresco", mas não dão a história e portanto a realidade da obra de arte.

Os defeitos da crítica formalista manifestam-se com maior destaque na arquitetura. Isso porque, na pintura por exemplo, é até certo ponto fácil para um crítico aplicá-la largamente e depois, quando percebe ter dito coisas muito parecidas com relação a duas obras bastante diferentes, proceder à sua caracterização, retirando motivos do conteúdo. A crítica de arte debate-se ainda no conflito conteúdo-forma, que se aplacou em acordo dialético na crítica literária, mas enquanto para os formalistas é fácil caracterizar uma pintura com esboços de conteúdo quase imperceptível, quando se passa para a arquitetura – arte, como se diz, sem valores representativos, toda abstrata – a exigência da caracterização torna-se mais patente.

Sobre esse problema do conteúdo, é necessário tomar uma posição. Se observar todos os quadros ilustrados deste livro você notará um fato muito estranho: com exceção do monumento a Vítor Emanuel (Quadro 1), de Santa Sofia (Quadros 8 e 8a) e de alguns fortuitos instantâneos tomados no interior do Johnson Building (Quadro 4), quase todas as outras fotografias não têm qualquer figura humana. Essas casas, essas igrejas, até mesmo essas praças estão desertas, abandonadas, são larvas inorgânicas,

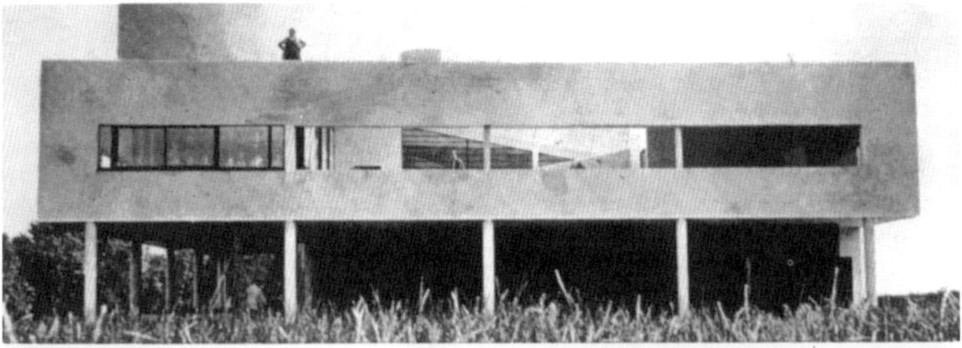
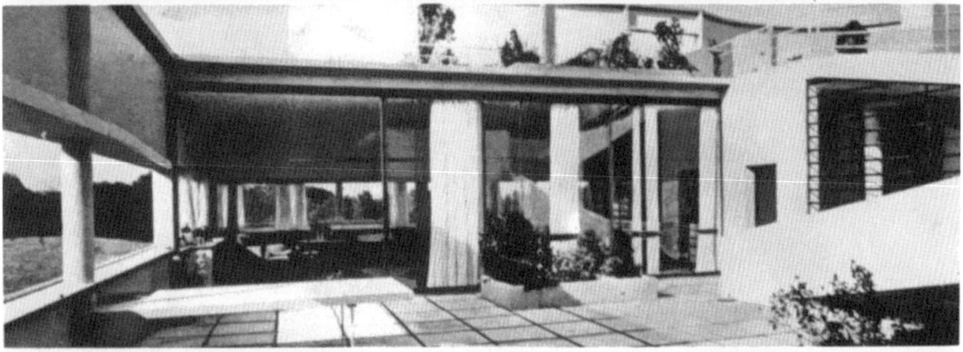
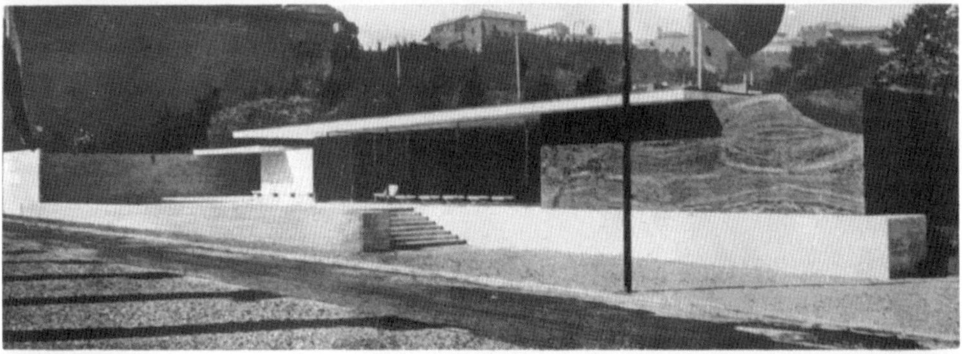
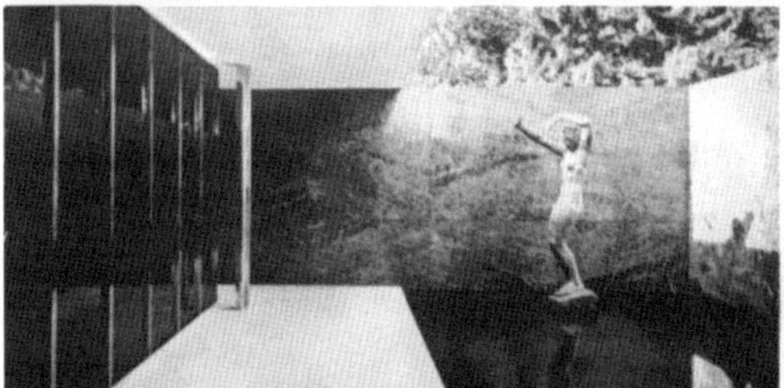
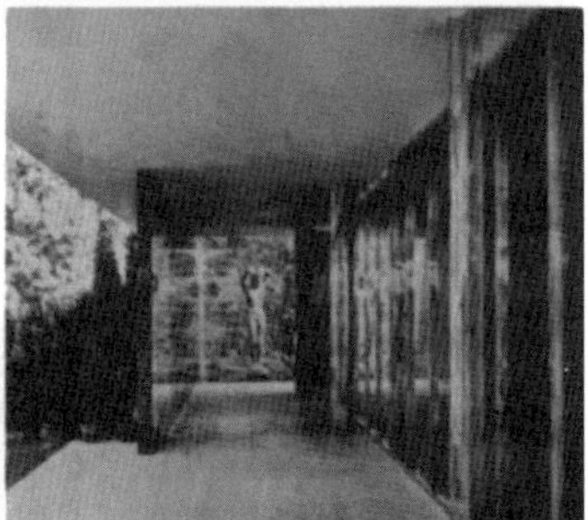

Quadro 15 A *"planta livre"* da idade moderna.

Página anterior:
Le Corbusier e P. Jeanneret: Villa Savoie, em Poissy (1928-1930). Ver Fig. 26.
Le Corbusier e P. Jeanneret: aspecto interior de Villa Savoie. Ver também Quadro 4a.
Miës van der Rohe: Pavilhão na Exposição de Barcelona (1929). Ver Fig. 27.
Miës van der Rohe: vistas do interior do Pavilhão.

Em cima:
Walter Gropius: Bauhaus, em Dessau (1925-1926). Ver também Quadro 20 e Fig. 28.

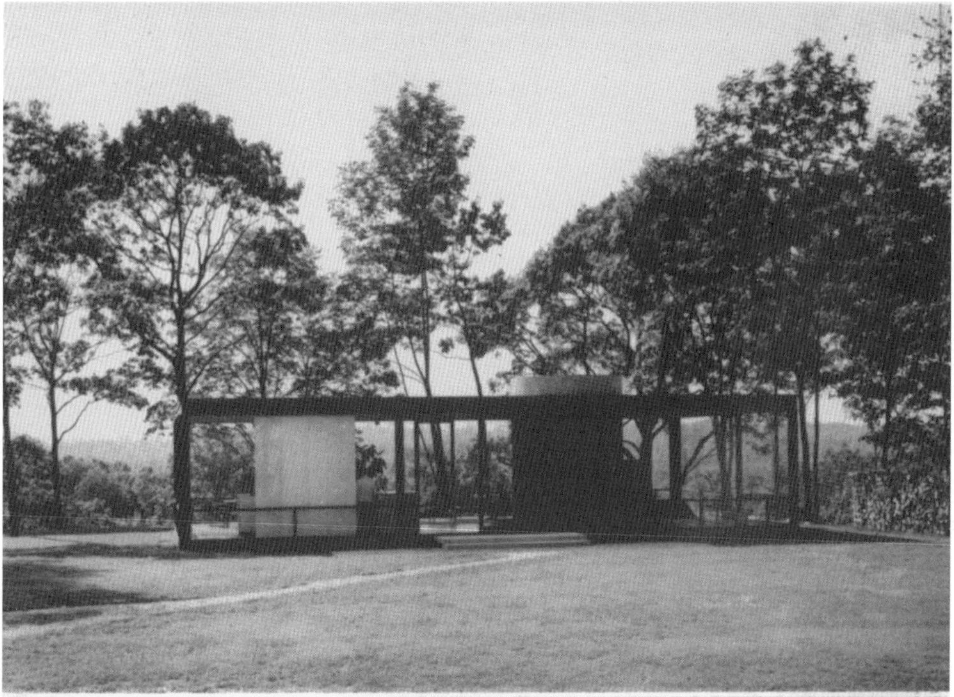

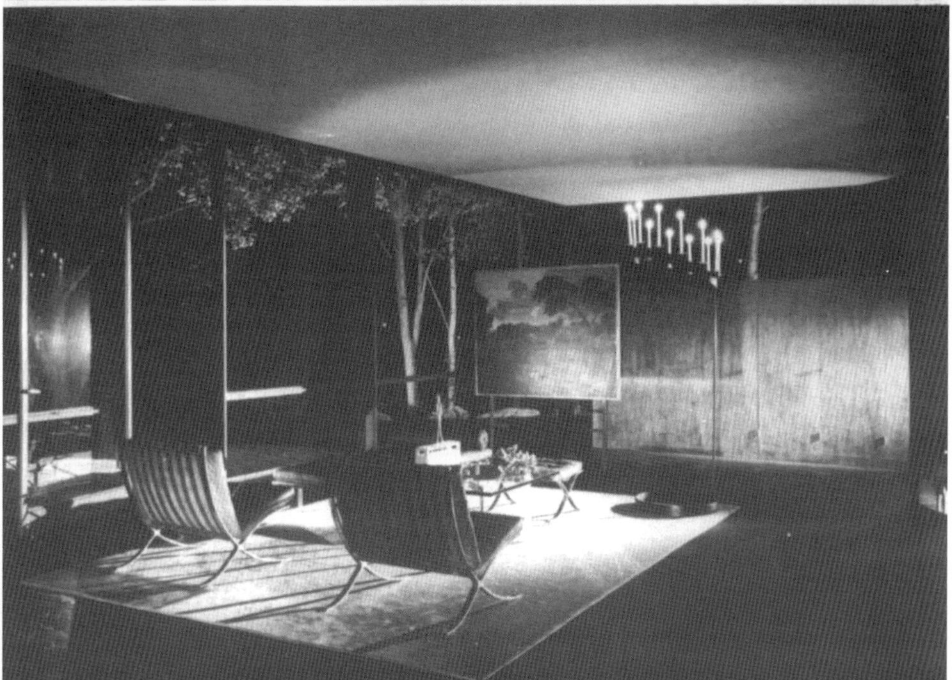

Quadro 15a *A "planta livre" da idade moderna.*

Página anterior:
Philip C. Johnson: casa em New Canaan, Connecticut (1949). Exterior e interior.

Em cima:
Skidmore, Owings e Merrill: Lever House, em Nova York (1952).

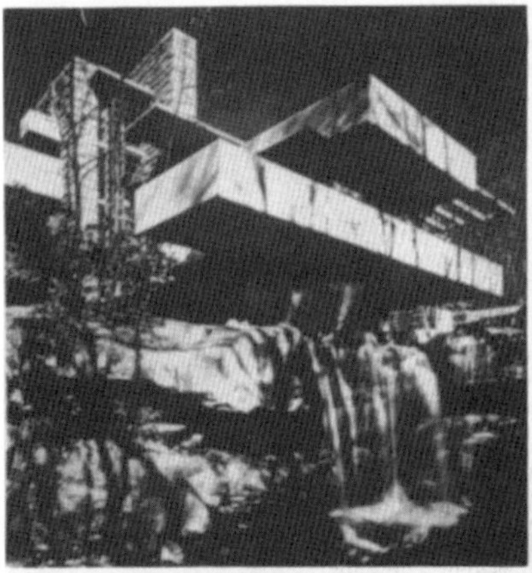
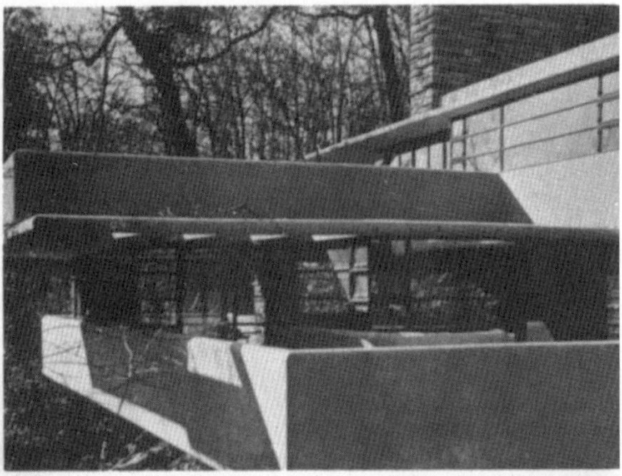
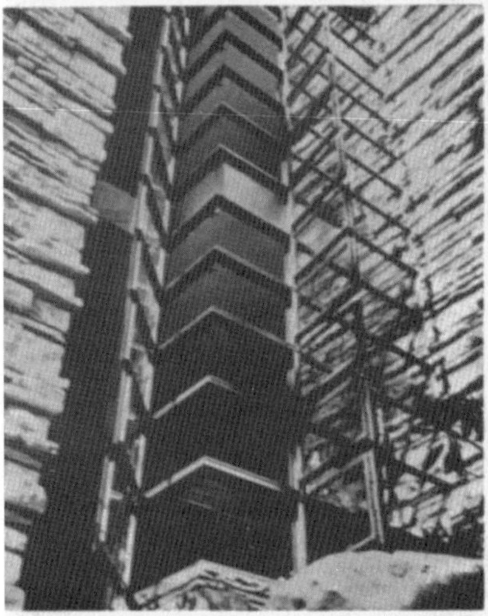
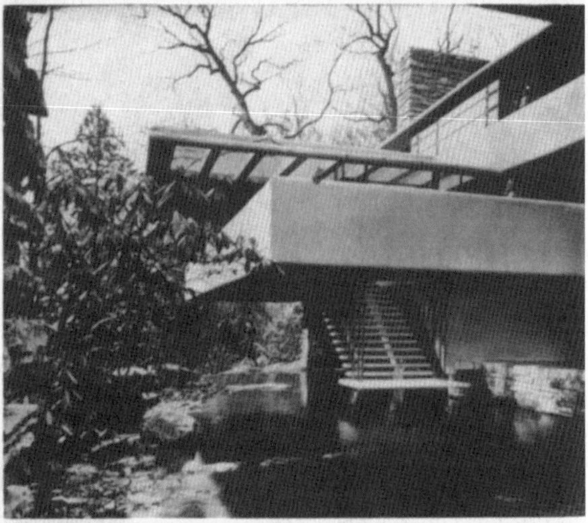
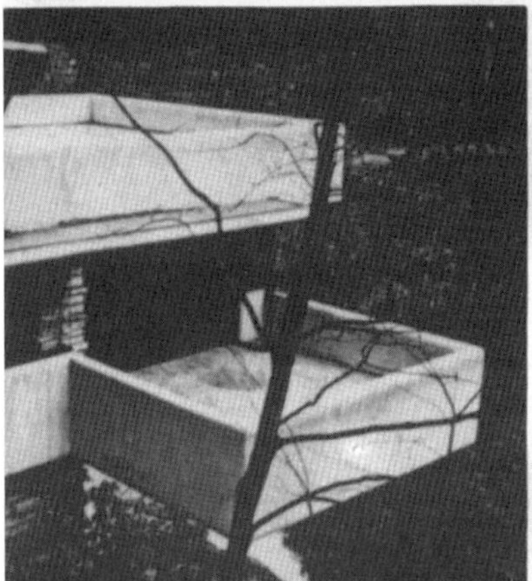
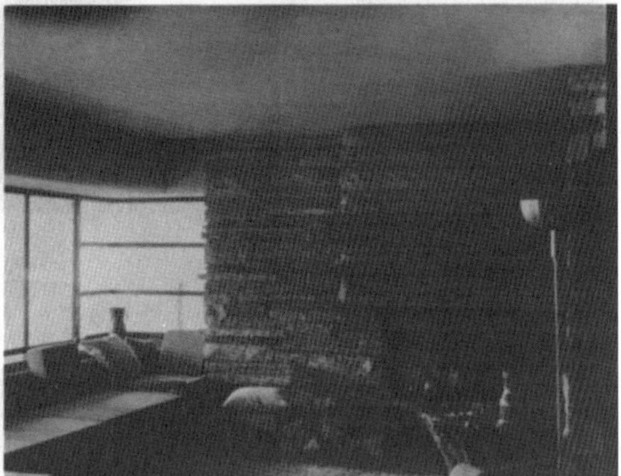

Quadro 16 *O espaço orgânico da idade moderna.*

Página anterior e em cima:
Frank Lloyd Wright: Falling Water, em Bear Run, Pensilvânia (1936). Ver Quadro 2 e Fig. 28.

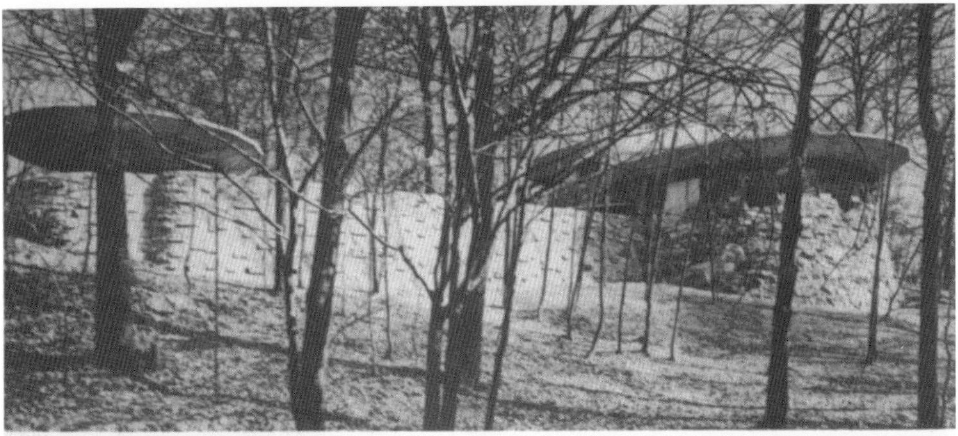

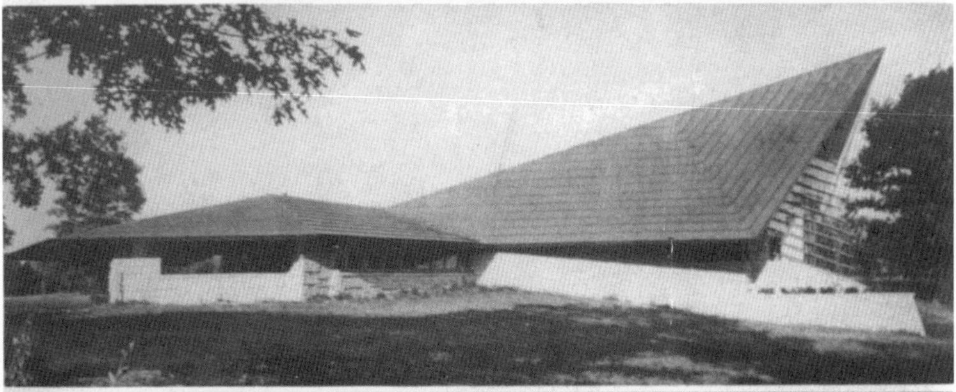

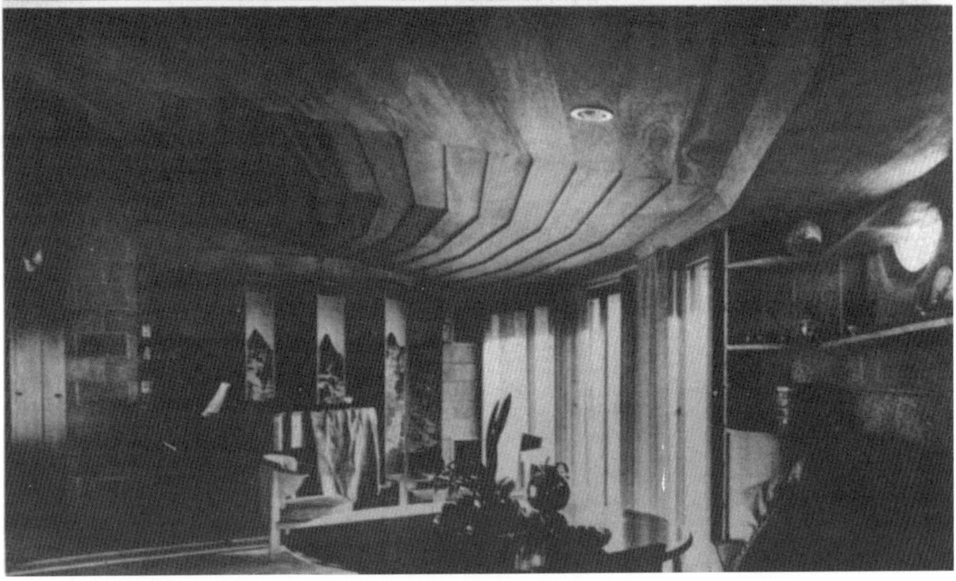

Quadro 16a *O espaço orgânico da idade moderna.*

Página anterior:
Frank Lloyd Wright: Casa Friedman, em Pleasantville, N. Y. (1949).
Frank Lloyd Wright: Igreja Unitária, em Madison, Wisconsin (1951).
Frank Lloyd Wright: Casa David Wright, em Phoenix, Arizona (1952).

Em cima:
Frank Lloyd Wright: Casa Boomer, em Phoenix, Arizona (1954).

"abstrações", se quiser. A Sala Wladislavski (Quadro 20) é um jogo glacial de linhas e superfícies pictóricas sem conteúdo. Há um pouco de humanidade no Templo de Minerva Medica (Quadro 6), talvez porque o operador de Alinari se cansou de repetir às pessoas: "Saiam daqui, afastem-se, preciso tirar uma fotografia", ou, quem sabe, porque achou muito cansativo deslocar o carrinho para a esquerda. No entanto, Westminster, Amiens ou o King's College Chapel (Quadro 10) são minerais lívidos que ficaram após a destruição do gênero humano ao qual eram dedicados aquelas cadeiras e aqueles espaços.

Não é de surpreender que, tal como na pintura se buscaram os valores táteis, na arquitetura se tenham desenvolvido as teorias antropomórficas e fisiopsicológicas, numa desesperada tentativa de dar às formas um conteúdo humano. Visto que a beleza de um edifício era considerada completamente independente do seu valor social, perguntamos a nós mesmos: mas é belo para quem? A resposta: para os homens. E por que motivo é belo para eles? Porque suscita inatas harmonias como as das escalas musicais ou então porque solicita simpatias corpóreas. Mas tudo isso se refere aos volumes, às massas murais e à decoração. E quanto ao espaço?

Agrada-me lembrar aqui uma página desse jovem e magnífico crítico inglês Geoffrey Scott que, participando como aluno de Berenson da tradição fisiopsicológica, pressentia no final de seu livro que falar de linhas, superfícies, volumes e massas tem certamente um valor, mas não é o valor específico da arquitetura:

> Além dos espaços com duas únicas dimensões – isto é, as superfícies, as quais apenas olhamos – a arquitetura nos dá espaços com três dimensões, capazes de conter as nossas pessoas, e este é o verdadeiro centro dessa arte. Em muitos pontos, as funções das artes se sobrepõem: assim a arquitetura tem muito em comum com a escultura, e ainda mais com a música, mas além disso tem o seu território particular, e transmite um prazer que é tipicamente seu. Ela possui o monopólio do espaço. Apenas a arquitetura, entre todas as artes, é capaz de dar ao espaço seu pleno valor. Ela pode nos rodear de um vazio de três dimensões e o prazer que dela se consegue extrair é um dom que só a arquitetura pode nos dar. A pintura pode pintar o espaço, a poesia, como a de Shelley, pode sugerir a imagem, a música pode nos dar uma sensação análoga, mas a arquitetura tem a

ver diretamente com o espaço, utiliza-o como um material e nos coloca no centro dele.

É estranho como a crítica não tem sabido reconhecer esta supremacia da arquitetura em matéria de valores espaciais. A tradição da crítica é prática. Por hábito mental, as nossas mentes estão fixas na matéria tangível, e falamos apenas do que faz trabalhar os nossos instrumentos e detém a nossa vista; à matéria dá-se forma, o espaço vem por si só. O espaço é um "nada" – uma pura negação do que é sólido – e por isso o ignoramos.

Mas, ainda que possamos ignorá-lo, o espaço age sobre nós e pode dominar o nosso espírito; uma grande parte do prazer que recebemos da arquitetura – prazer que parece não podermos perceber ou que não nos damos ao trabalho de notar – surge, na realidade, do espaço. Mesmo de um ponto de vista utilitário, o espaço é logicamente o nosso fim, delimitá-lo é o objetivo do construir – quando construímos, nada mais fazemos a não ser destacar uma conveniente quantidade de espaço encerrando-o e protegendo-o – e toda a arquitetura surge dessa necessidade. Esteticamente, porém, o espaço tem uma importância ainda maior: o arquiteto modela-o como o escultor faz com o barro, desenha-o como obra de arte; tenta, enfim, por intermédio do espaço, suscitar um determinado estado de espírito nos que "entram" nele.

Qual é o seu método? Recorre mais uma vez ao movimento: é este o valor que ele tem para nós e como tal entra na nossa consciência física. Adaptamo-nos instintivamente aos espaços nos quais estamos, projetamo-nos neles, enchemo-los idealmente com nossos movimentos. Tomemos o mais simples dos exemplos. Quando entramos pelo fundo de uma nave e temos diante de nós uma longa perspectiva de colunas, começamos, quase por impulso, a caminhar em frente porque assim o exige o caráter desse espaço. Ainda que estejamos parados, a vista é levada a percorrer a perspectiva e nós a seguimos com a imaginação. O espaço nos sugeriu um movimento: uma vez que esta sugestão se fez sentir, tudo o que estiver de acordo com ela parecerá nos ajudar, e tudo o que a ela se opõe parecerá inoportuno e desagradável. Exigiremos, além disso, algo que feche e satisfaça o movimento – uma janela, por exemplo, ou um altar –, e um muro liso, que seria uma terminação inofensiva se se tratasse de um espaço simétrico, torna-se antiestético no final de um eixo enfático como é o da fileira de colunas, simplesmente porque um movimento sem motivo, e que não conduz a um ponto culminante, contradiz os nossos impulsos físicos: não é humanizado.

Por outro lado, um espaço simétrico, devidamente proporcionado ao corpo – visto que nem *todos* os espaços simétricos serão belos – não convida ao movimento num sentido mais do que noutro, e isso dá equilíbrio e controle; nossa consciência volta constantemente ao centro e é novamente impelida do centro em todas as direções. Mas não falta em nós a memória física de um movimento semelhante, que é o que se experimenta toda vez que respiramos; assim, aqueles espaços abrem uma via de acesso suplementar ao nosso sentido de beleza, através desta elementar sensação de expansão. Ainda que o processo da respiração seja habitualmente inconsciente, o valor vital dele é tão grande que qualquer restrição desta função normal é acompanhada por um sentido de dor e – passado um certo limite – por um horror característico, enquanto que o mínimo auxílio que nos seja proporcionado – como, por exemplo, se nota no ar da montanha – nos dá prazer. A necessidade de expansão que se sente em todos os movimentos do nosso corpo, e sobretudo ao respirar, não é apenas profunda em todos os indivíduos, mas é evidentemente inveterada na espécie. Não é, pois, de admirar que tenha podido tornar-se o verdadeiro símbolo do bem estar do corpo, e que os espaços que o satisfazem devam parecer belos e os que o ofendem parecer desagradáveis.

Não é possível, portanto, estabelecer proporções fixas do espaço como arquitetonicamente justas. Em arquitetura, as dimensões influem antes de mais nada sobre o valor espacial, mas também influem sobre ele centenas de outras considerações: a luz e a posição das sombras; a fonte de luz atrai a vista, criando a sugestão de um seu próprio movimento independente. Influi a cor: um pavimento escuro e um teto claro dão uma sensação espacial totalmente diferente daquela criada por um teto escuro e um pavimento claro. Influi a nossa própria expectativa, determinada pelo espaço que acabamos de abandonar; o caráter das linhas dominantes; a acentuação das verticais, como é sabido, dá uma ilusão de maior altura, a acentuação das horizontais dá uma sensação de maior amplitude; influem as projeções – tanto em altura como em plano – que podem cortar o espaço e fazer com que o sintamos não como um só, mas como vários. Assim, por exemplo, numa igreja em que a cúpula seja simétrica dependerá da relação da profundidade dos transeptos com a sua amplitude e a da cúpula, o realizá-la como um espaço ou como cinco, ou o limite superior de uma sensação espacial pode ser posto numa cornija muito saliente, apesar de ser o teto que, na realidade, termina o edifício.

Nada poderá pois ajudar o arquiteto a não ser a mais ampla capacidade de *imaginar* quais são os valores espaciais resultantes das complexas condições de cada caso particular: não há liberdade que ele não possa, por vezes, tomar para si, nem nenhuma "relação fixa" à qual não possa faltar. A arquitetura não é a mecânica, mas uma arte, e essas teorias da arquitetura que fornecem textos já elaborados para a criação ou a crítica do desenho trazem em si sua própria condenação. Ainda assim, na beleza de todo edifício, o valor espacial, que se dirige ao nosso sentido de movimento, terá uma parte de primordial importância.

Essa página é incidental no volume de Scott, todo dedicado a outros problemas e, ainda no campo dos "valores humanísticos", muito mais interessado no desenho e na plástica, cujas possibilidades a crítica de arte havia já investigado. Mas é uma página importante porque exprime, talvez com mais clareza do que todos os que o fizeram no passado, a intuição da realidade arquitetônica. Inúmeros são os autores que, de uma ou de outra forma, indicam ter compreendido, ainda que só por um instante, o segredo da arquitetura; mas em Scott tal intuição alcançou absoluta evidência nesse parêntese do seu discurso crítico.

Naturalmente, como sustentáculo da interpretação fisiopsicológica, ele devia traduzir imediatamente os valores espaciais em solicitações físicas. Devia por isso implicitamente, e contra vontade, estabelecer padrões: se o espaço prospéctico criado pelas colunatas de uma basílica deve concluir-se com uma janela ou com uma abside e não com um muro liso, serão belas as catedrais góticas (Quadro 10), em muitas das quais as diretrizes de fuga horizontais culminam em largos vitrais abertos; serão aceitáveis as basílicas cristãs de Santa Sabina (Quadro 7), a Santa Maria in Cosmedin (Quadro 9), mas devemos declarar que a Igreja de Santo Spirito (Quadros 4a e 11, Fig. 22) é feia porque termina com um muro liso centrado por uma coluna; de outro modo, que impulso de movimento físico suscita a métrica espacial de Brunelleschi aplicada ao esquema de igrejas longitudinais? Outra observação: se o movimento físico e o movimento imaginado coincidem, que diferença existe entre o espaço pictórico e o arquitetônico, que Scott quase contrapôs no começo de sua página?

Por outro lado, esses pontos nebulosos não tiram o valor das conclusões fundamentais de Scott: 1) que o valor próprio, original, da arquitetura, é o do espaço interior; 2) que todos os outros elementos, volumétricos, plásticos e decorativos, valem para a apreciação do edifício, segundo o modo como acompanham, acentuam ou obstam o valor espacial; 3) que o valor espacial está interessado nestes mesmos elementos que dizem respeito ao valor utilitário, isto é, aos vazios.

Ora, nós já discutimos exaustivamente as duas primeiras confrontações. É claro que caso a crítica arquitetônica conseguisse traduzir toda a teoria e os métodos do Einfühlung e do visibilismo puro na realidade espacial dos edifícios, teria progredido grandemente e adequar-se-ia à maturidade da crítica pictórica, mas encontrar-se-ia necessariamente perante os mesmos obstáculos da "não caracterização". O espaço simétrico tem inúmeras exteriorizações, e nós provavelmente, ao analisar obras de espaços simétricos, diríamos coisas extremamente semelhantes: a fisionomia individual do edifício não estaria perfeitamente fixada. Voltaríamos a olhar para a crítica literária que superou o binômio forma-conteúdo, prosa-poesia, e que reconhece que, se o valor está na forma, a caracterização está no conteúdo, mais precisamente do que, na obra de arte, prosa e poesia são inseparáveis como, no homem vivo, a alma e o corpo.

Estaríamos então de volta ao princípio: qual é o conteúdo da arquitetura? Qual é o conteúdo do espaço? Nas fotografias não há nenhum conteúdo, mas, na realidade da imaginação arquitetônica e na realidade dos edifícios, existe o conteúdo: são os homens que vivem os espaços, são as ações que neles se exteriorizam, é a vida física, psicológica, espiritual que decorre neles. O conteúdo da arquitetura é o seu conteúdo social.

Os arquitetos se queixam continuamente dos críticos que consideram a arquitetura um simples fato plástico; mas lamentar-se-iam ainda se eles, dando certamente um passo à frente, olhassem para os espaços como se olha para um precipício ou um deserto. Uma grande parte da obrigação do arquiteto é dedicada à função do edifício, outra à técnica, e uma terceira à arte. Mas queremos mais uma vez distinguir, contra toda a evidência da fenomenologia e da genética da obra de arte, esses três momentos, destacar sua beleza e prescindir da técnica e da função? Se em filosofia isso é legítimo, não tem sentido no terreno da crítica, uma vez aceita a realidade da coexistência de elementos poéticos e não-poéticos na obra de arte.

Se concentrarmos a atenção nos espaços interiores da arquitetura e do urbanismo, parecerá manifesta a indissolubilidade do problema social e do problema estético. Uma auto-estrada sem automóveis é bonita? E um salão de dança sem pares dançando? O pesar, a sensação de dor, mesmo o horror que a interpretação fisiopsicológica atribui a um leve desequilíbrio de elementos plásticos na decoração de um salão de dança não é muito maior no caso de nele se sufocar realmente e não se poder dançar à vontade? Generalizando, existe na apreciação arquitetônica solução de continuidade entre fatores sociais, efeitos psicológicos e arte?

Essas interrogações nos impelem para o centro da filosofia e da estética; e, para o nosso objetivo, não precisamos penetrar nesse terreno espinhoso. Porque nas três classes fundamentais em que se dividem as interpretações do nascimento e da realidade da arquitetura, existe um elemento comum que condiciona e determina sua validade: o reconhecimento de que, na arquitetura, o que dirige e vale é o espaço. Essa é a conclusão que procurávamos no começo do capítulo.

A interpretação política diz respeito às causas que estão na base das correntes arquitetônicas; visto que uma corrente arquitetônica não é tal se não se materializa no espaço, uma interpretação política eficaz da arquitetura centraliza-se nas tendências espaciais. A interpretação filosófica investiga a contemporaneidade das concepções da transcendência e do homem, e das concepções espaciais. A interpretação científica insiste na simultaneidade das descobertas matemático-geométricas e das concepções arquitetônicas. Obviamente, a interpretação econômico-social, quando afirma a derivação das formas arquitetônicas de fenômenos econômicos, considera que o espaço exprime a cultura e o costume social, determinados pelos materialistas da condição econômica. As outras interpretações positivistas dizem respeito a fenômenos gerais, ou notam acontecimentos pertinentes à escultura e à pintura ou, se se ocupam de fatos específicos da arquitetura, ocupam-se de espaços. A interpretação técnica diz respeito ao modo prático de construir os espaços. Pode-se, enfim, concluir que todas as interpretações relativas ao conteúdo têm um sentido na crítica arquitetônica, em virtude de centralizarem sua atenção nos espaços.

Para o que diz respeito às interpretações fisiopsicológicas, já citamos a passagem de Scott precisamente para demonstrar como, mesmo partindo de uma premissa totalmente distinta, um espírito agudo acaba por identificar o valor da arquitetura com o do seu espaço, a cuja presença todos os outros elementos estão subordinados. A interpretação das proporções áureas, das harmonias musicais e as outras semelhantes se aplicam à escultura ou então, se querem ter uma validade em arquitetura, devem demonstrar sua adesão à prova dos fatos tridimensionais do espaço. Uma interpretação psicanalítica, caso se limite aos fenômenos volumétricos e decorativos, não irá mais além do *Moisés*, de Freud. De outra forma, deverá ilustrar a incidência do obscuro inconsciente no terreno dos sentimentos espaciais.

Já para o que diz respeito à crítica formalista, o que significa dizer que um edifício deve ter unidade ou proporção, euritmia ou caráter? Toda a arte deve ter essas qualidades, e, em se falando de arquitetura, deveremos precisar que se trata de harmonia, de proporção ou de euritmia nos valores espaciais e de adesão a estes de todos os outros valores. Mesmo os esquemas de Wölfflin, literalmente considerados, aplicam-se apenas aos volumes arquitetônicos e às suas superfícies. Se se estenderem à arquitetura, é necessário criar novos símbolos, uma nova terminologia centrada no espaço.

Chegamos, portanto, a uma primeira conclusão. A interpretação espacial não é uma interpretação que disputa o caminho com as outras, porque não decorre no mesmo plano. É uma superinterpretação ou, se quisermos, uma subinterpretação; mais exatamente, não é uma interpretação específica como as outras, porque podem-se dar do espaço interpretações políticas, sociais, científicas, técnicas, fisiopsicológicas, musicais, geométricas, formalistas. Contrariamente ao método corrente da historiografia crítica, em que a última interpretação (a proposta pelo autor) mostra o erro de todas as precedentes e as substitui, no final deste esboço historiográfico verificamos que a interpretação nº 9 não só não exclui, mas revalida as interpretações 1-8, uma vez que demonstra sua utilidade na crítica arquitetônica caso se centralizem sobre o espaço. É verdadeira ou falsa a interpretação filosófica da arquitetura? É verdadeira na medida em que se aplica, antes de mais nada, aos espaços. É verdadeira ou falsa a interpretação econômica? Ela também é verdadeira, como todas as outras, uma vez que é, mais que uma interpretação econômica, uma interpretação econômico-espacial. Em outras palavras, a interpretação espacial constitui o atributo necessário de toda a possível interpretação se esta quiser ter um sentido concreto, profundo, compreensivo em matéria de arquitetura. Oferece, por isso, o objeto, o ponto de aplicação arquitetônico a todas as possíveis interpretações da arte, e condiciona sua validade.

A segunda conclusão deriva da constatação de que, em arquitetura, o conteúdo social, o efeito psicológico e os valores formais se materializam todos no espaço. Interpretar o espaço significa por isso incluir todas as realidades de um edifício. Toda interpretação que não parta do espaço é obrigada a estabelecer que pelo menos um dos aspectos da arquitetura acima enumerados não tem valor, e deve ser deixado de lado. Isso significa escolher *a priori* um setor em que se vai fixar a atenção; em particular, as interpretações volumétricas e decorativas, que atualmente estão muito em voga, excluem da crítica todo o conteúdo social da arquitetura.

Neste ponto, não interessa estabelecer as relações de identidade ou de distinção que existem entre conteúdo social, efeitos psicológicos e valores formais. Quem raciocina sobre o homem em termos de secionalismo intuitivo, lógico, prático e ético sem passar da útil distinção teorética à unidade vivente e orgânica, à circularidade entre esses elementos, em cuja simbiose se exalta a vitalidade humana e artística, poderá contentar-se em observar a identidade do objeto espacial das três classes interpretativas, e depois continuar no campo escolhido – social, técnico, fisiopsicológico, formalista –, com a única advertência de não esquecer a hierarquia dos valores arquitetônicos, em nome da qual estas interpretações se tornam, antes de mais nada, social-espacial, técnico-espacial, fisiopsicológico-espacial, formalista-espacial. Em contrapartida, quem penetra na mais complexa investigação da unidade orgânica do homem e da arquitetura sabe já que o ponto de partida de uma visão integrada, compreensiva da arquitetura é o da interpretação espacial, e julgará todos os elementos que entram no edifício com a medida do espaço.

CAPÍTULO 6 PARA UMA HISTÓRIA MODERNA DA ARQUITETURA

"A crítica da arquitetura na Antiguidade clássica estava muito menos avançada do que a da pintura e da escultura. E assim permaneceu no decorrer dos séculos." É o que afirma Venturi em sua *Storia della critica d'arte* (História da crítica de arte), e a exposição que segue, desde Vitrúvio a Roger Fry, é uma confirmação dessa apreciação negativa.

Os volumes de estética da arquitetura, mesmo os mais recentes, são, em sua maior parte, de caráter grosseiramente empírico, estranhos ao pensamento filosófico contemporâneo, obscuros em sua postura. Quando se trata de obras de caráter didático, percebe-se um esforço por estabelecer regras e princípios de tão aborrecida correção sintática, de tão árida anonimidade e de tão ingênua dogmática que mesmo as pessoas mais apaixonadas encontram dificuldades para penetrar nelas completamente. Diante dessas pequenas regras compositivas, desprovidas de tudo o que tem valor na vida e na arte, sente-se, na verdade, o desejo de naufragar em qualquer *Sturm und Drang* crítico, na revolta contra tudo o que, em nome de abstratas e sedimentadas perfeições, mata a expressão e paralisa a vitalidade. Sente-se vontade de abandonar todos os esquemas friamente raciocinados, as lentes intelectuais através das quais olhamos as obras de arte, e de pregar o ódio e o amor: uma crítica, talvez parcial, feita a partir de um ponto de vista unilateral, mas pelo menos de um ponto de vista que, como dizia Baudelaire, abra grandes horizontes. E se prefere, por outro lado, voltar às vezes a qualquer historiador antigo, a qualquer pragmatista, ignorante da nossa cultura estética, confuso e eclético na apreciação, mas, pelo menos, apaixonado, manifestamente vibrante com a obra de arte, capaz de uma exclamação sincera, de intuições resplandecentes, de um apelo psicológico concreto; antes da exatidão teórica, é melhor a energia do temperamento crítico que, pelo menos, tem a modéstia de sentir. Na verdade, nossa atitude puritana, o desprendimento aristocrático que nos agrada conservar na exegese estética, a mania filológica e documentária, o fragmentismo arqueológico parecem dominar a história e a crítica da arquitetura ao ponto de levantar a suspeita de que, em muitos autores, já não existe uma verdadeira paixão por ela, ou, pelo menos, que não seja uma paixão capaz de se propagar, de se transmitir e de suscitar alguma repercussão.

À nossa crítica falta ousadia e coragem. Há filólogos e conhecedores em abundância, mas rareiam os críticos, e por isso prevalece o conformismo, o respeito pelas apreciações formadas e autorizadas, a análise fria, evasiva, inarticulada, alheia a reviver o ímpeto da imaginação criadora.

Isso depende em parte dos críticos de arte que se ocupam tão pouco da matéria. Eles estão ligados à pintura e à escultura por interesses muito precisos. O valor de um quadro é também um valor comercial: uma tela de Picasso ou um baixo-relevo de Manzú encontram plataformas propagandísticas mesmo pelo fato de existir todo um círculo de pessoas que compra e vende quadros e esculturas, cujos valores financeiros são amplamente determinados pela crítica. Os pintores da Escola de Ferrara valem economicamente mais, depois de "L'officina" de Longhi; Guido Reni desvalorizou-se comercialmente após a depreciação sofrida por parte dos críticos modernos; Delacroix, Chardin e Watteau custam mais do que os neoclássicos depois de sua revelação crítica. Mas, em arquitetura, o valor artístico não se reflete num valor econômico; as casas antigas ou modernas são vendidas a um determinado preço por cômodo, e um edifício de Sangallo, de Ammannati, de Wright, de Le Corbusier ou de Aalto não vale mais pelo fato de a crítica haver estabelecido que se trata de uma obra de arte. Portanto, no plano econômico já existe um estado de não-relação entre cultura e vida.

O espírito arqueológico, no sentido negativo da palavra, marcou, ainda, uma cisão entre a arquitetura antiga e a moderna, que é nociva à educação do público. Nenhum turista que tenha um mínimo de cultura ao ir a Londres se esquecerá, após estudar os quadros antigos na National Gallery, de ir à Tate Gallery admirar os impressionistas e os cubistas. Mas quem se interessa por visitar os edifícios modernos numa cidade monumental? Quantas pessoas estiveram em Paris e não se interessaram por ver o Pavillon Suisse no bairro universitário? E por que motivo haveriam de fazê-lo, se nenhum "guia" o indica como coisa importante para visitar? Ao observar um quadro ninguém deixa de perguntar: "Quem é o autor?", mas a maioria absoluta mesmo de pessoas cultas não sente sequer a necessidade de conhecer o nome dos autores dos cem edifícios diante dos quais passa todos os dias: no planeta das artes, a arquitetura parece o hemisfério do anonimato.

Mas há um ponto ainda mais importante. Está já culturalmente adquirida a coincidência da história da arte e da história da crítica de arte. Todo movimento criativo traz consigo não só obras de arte, mas um gosto, uma poética, uma escola, um "modo de ver" que o crítico ou o historiador apreende e no qual baseia, em definitivo, sua apreciação mesmo para o que diz respeito à produção do passado. Em outras palavras, todas as posições críticas vitais afundam as suas raízes numa consciência estética determinada pelas intenções artísticas do momento em que decorre. "Desde o século III a.C., quando Xenócrates escrevia, até Winckelmann excluso, a crítica e a história da arte – segundo Venturi – encontraram sua razão de ser na apreciação da arte contemporânea. Mesmo quando se estudou a arte passada, ela sempre foi apreciada em relação à arte presente. Vasari admirou Giotto em nome de Michelangelo; Bellori admirou os antigos e Rafael em nome dos Carracci e Poussin; Mengs admirou Rafael, Correggio e Ticiano em nome de si mesmo; mas Winckelmann inverteu a posição e apreciou a arte moderna em nome dos antigos gregos. A perfeição da arte deslocara-se do presente para o passado. Os românticos procuraram a perfeição na arte medieval em vez de a procurarem na grega, isto é, sempre numa arte passada. Os idealistas extraíram dessas premissas a conseqüência lógica: na era moderna, a arte estava morta porque se fundira na ciência filosófica. Somente com a crítica francesa do século passado reaparece uma postura histórica viva: 'Se é verdade que toda história é a interpretação atual do passado, a consciência da arte atual é a base de toda história da arte passada.'"

Se essa é uma verdade que já parece óbvia, sobretudo na Itália, onde a cultura filosófica contribuiu largamente para difundir esses problemas de exposição, pergunto: quantos livros de arquitetura existem em que vibre verdadeiramente esta consciência atual da história da arquitetura, em que o autor se refira ao templo egípcio ou aos monumentos de Micenas com um interesse amadurecido à luz da consciência da arquitetura moderna? Quem fundamenta uma estética da arquitetura, e por isso um método de apreciar os monumentos do passado, sobre as contribuições do movimento funcionalista e da arquitetura orgânica? Na verdade, parece que, na vasta plêiade dos seus cultores, a crítica ou a história da arquitetura deve preencher o vazio de um século para atingir o nível da crítica pictórica e literária.

Se essa exigência cultural constitui uma mola e um estímulo para propor o problema de uma nova história da arquitetura, dá-se o fenômeno inverso, que é também mais substancial. Se é necessário que a arquitetura moderna, com seu espírito inovador, enfrente a história da arquitetura, é ainda mais vital que uma renovada história da arquitetura colabore na formação de uma civilização artística mais elevada. No pântano do atual desinteresse pela arquitetura, uma crítica moderna deve suscitar interesses vitais, com a consciência de ser para os edifícios e para a sua apreciação algo tão essencial como é a interpretação orquestral com relação a uma partitura. As notas marcadas no pentagrama, de Bach a Debussy, esperam ser tocadas para viver, tal como os monumentos esperam, como personagens dispersos em busca de um autor, uma crítica moderna que os revele. Desimpedir o terreno da mitologia histórica e dos tabus monumentais, aderir à arte em sua evolução criadora, ler com os olhos dos artistas vivos as obras do passado, julgar Borromini com a mesma ousadia e confiança com que se julga Neutra, significa não só abrir o caminho à arquitetura moderna mas também à dos séculos passados.

Os preconceitos culturais e arqueológicos sobre a arquitetura, essa atitude compassada e acadêmica que cada um de nós adquire inconscientemente quando começa a falar de Alessi em vez de Terragni, como se ao entrar na história se devesse assumir um ar fúnebre, têm uma influência mortífera que transcende, como já disse, a falta de educação do gosto meramente estético. A arquitetura está demasiadamente ligada à vida para que os seus preconceitos não se reflitam diretamente na vida: as perspectivas da arquitetura e da sua crítica são as perspectivas da comunidade moderna. E não nos cansaremos de repetir que enquanto a história da arquitetura não tiver dominado os vínculos filológicos e arqueológicos, não só a arquitetura do passado não adquirirá historicidade, isto é, atualidade, e não suscitará interesses e emoções vivas, como também o público continuará a pensar que a arquitetura se encontra apenas nos monumentos, que a instância da arquitetura aparece apenas nos casos em que se constrói "para a beleza", e que existe um decisivo desprendimento entre a forma de julgar uma obra-prima do passado e a casa em que vivemos, o espaço de uma igreja bizantina e o espaço do quarto ou do apartamento onde estamos lendo agora.

Quer se queira, quer não, assistimos a uma profunda alteração na consideração da arte relativamente à vida. Aristóteles podia afirmar que não é possível escrever um drama sobre os homens comuns, e que é necessário criar personagens de escala heróica. O mundo moderno, mostrando o balanço de um século de cisão entre vida e cultura, de um século de arquitetura concebida como peça de museu, afirma exatamente o contrário, exige que arquitetos e críticos da arquitetura assumam suas responsabilidades sociais, anuncia a iminente aniquilação de toda posição cultural que não sirva à vida, de toda atividade artística que se mantenha isolada do crescimento social da civilização, de toda edificação infecunda de melhores temas de vida.

Uma crítica moderna, viva, social e intelectualmente útil, ousada, não serve, por isso, apenas para preparar para o prazer estético das obras históricas; serve também e sobretudo para colocar o problema do ambiente social em que vivemos, dos espaços urbanos e arquitetônicos dentro dos quais se passa a maior parte dos nossos dias, a fim de que os reconheçamos, "saibamos vê-los".

Se acordássemos amanhã vestidos à moda do século XVIII, esfregaríamos os olhos para nos certificarmos de estar acordados ou mentalmente sãos. Apenas um louco poderia disfarçar um automóvel moderno com as decorações de um antigo coche, com uma quadriga de cavalos de madeira sobre o radiador. Pois bem, a maior parte de nós vive em casas ridículas, indignas, vergonhosas para homens que se respeitam e que se recusam a vegetar como escravos em absurdos cubos justapostos, nunca pensados em termos espaciais, que comparam de uma forma maluca uma cozinha e um banheiro modernos a um salão e a um quarto de dormir de dois ou três séculos atrás; e todos vivemos numa cidade que está em decomposição hipertrófica, onde a falta de uma visão urbanística impede as possibilidades de desenvolvimento de comunidades orgânicas, onde uma arquitetura de especulação, casada com turvos sonhos de retórica monumental, destrói os ambientes sagrados da nossa herança artística espiritual.

Uma história moderna, orgânica, da arquitetura não se dirigirá, portanto, apenas ao compartimento estético e intelectual do nosso ser, nem somente à seção cultural ou à nossa emotividade. Falará – para além das seções inanimadas do homem econômico, afetivo e espiritual – ao homem integrado. E então a extrema maioria de nós verá cair o pano de preconceitos que limita a cultura arquitetônica a um canto bolorento, acadêmico e falso. Adquiriremos como que um novo órgão no sentido do espaço, o amor pelo espaço, a exigência de liberdade no espaço. Porque o espaço, se não pode determinar por si só a apreciação sobre o valor lírico, exprime, contudo, todos os fatores que intervêm na arquitetura, as tendências sentimentais, morais, sociais e intelectuais, e representa por isso aquele momento analítico da arquite-

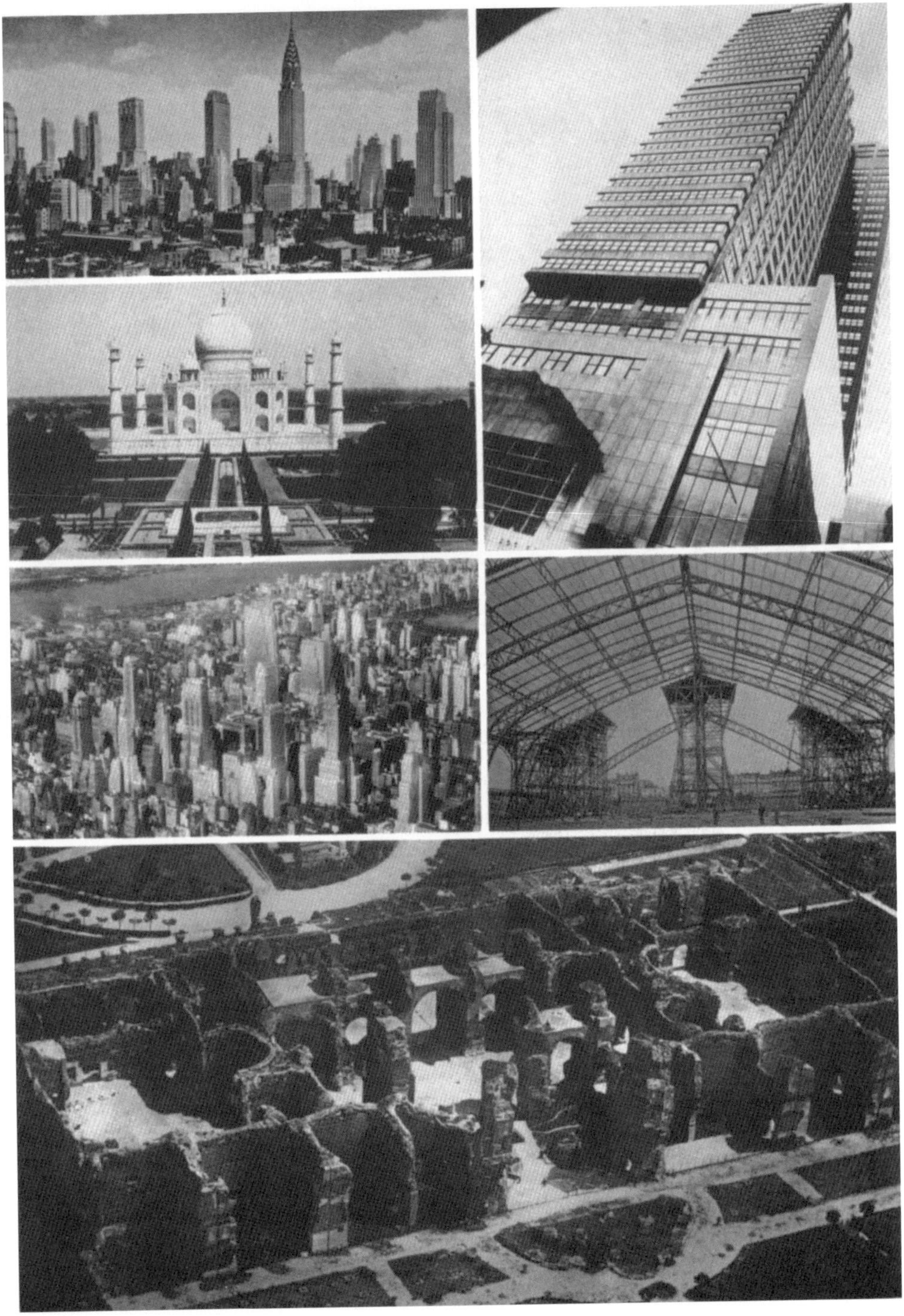

Quadro 17 *Através da história da arquitetura.*

Página anterior:
Nova York: vista dos arranha-céus do setor centro-oriental.
O Taj Mahal, em Agra, Índia (1630).
George Howe e William Lescaze: Edifício dos Seguros, Filadélfia (1932).
Nova York: vista do setor centro-ocidental de Manhattan, com o Rockefeller Center, de Harrison e Fouilhoux (1932-1940).
Galeria das Máquinas, na Exposição de Paris de 1889.
Termas de Caracalla, em Roma (211-217 d.C.).

Em cima:
Vista aérea de um *campo* veneziano (séc. XV).

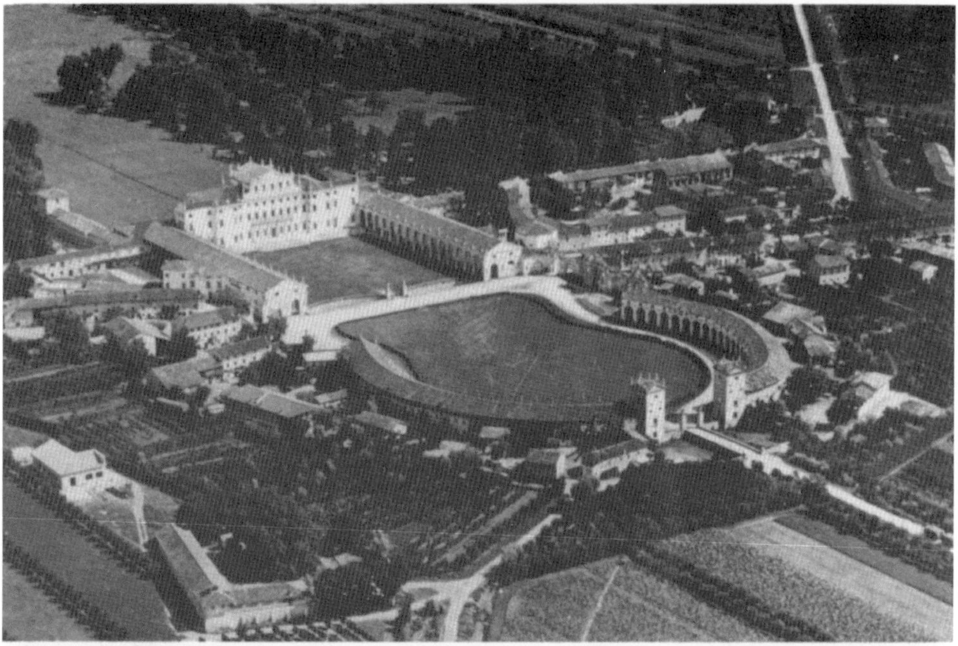

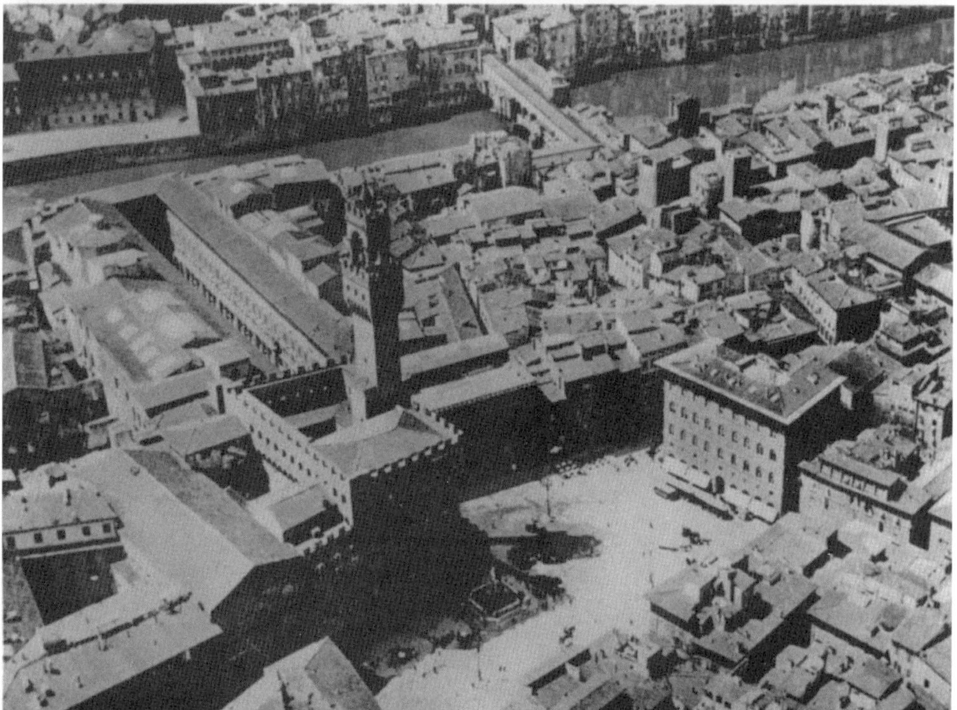

Quadro 17a *Através da história da arquitetura.*

Página anterior:
Villa Manin, em Passariano (sécs. XVII-XVIII).
Piazza della Signoria, em Florença. Ver também Quadro 11.

Em cima:
Vista aérea das escavações de Pompéia.

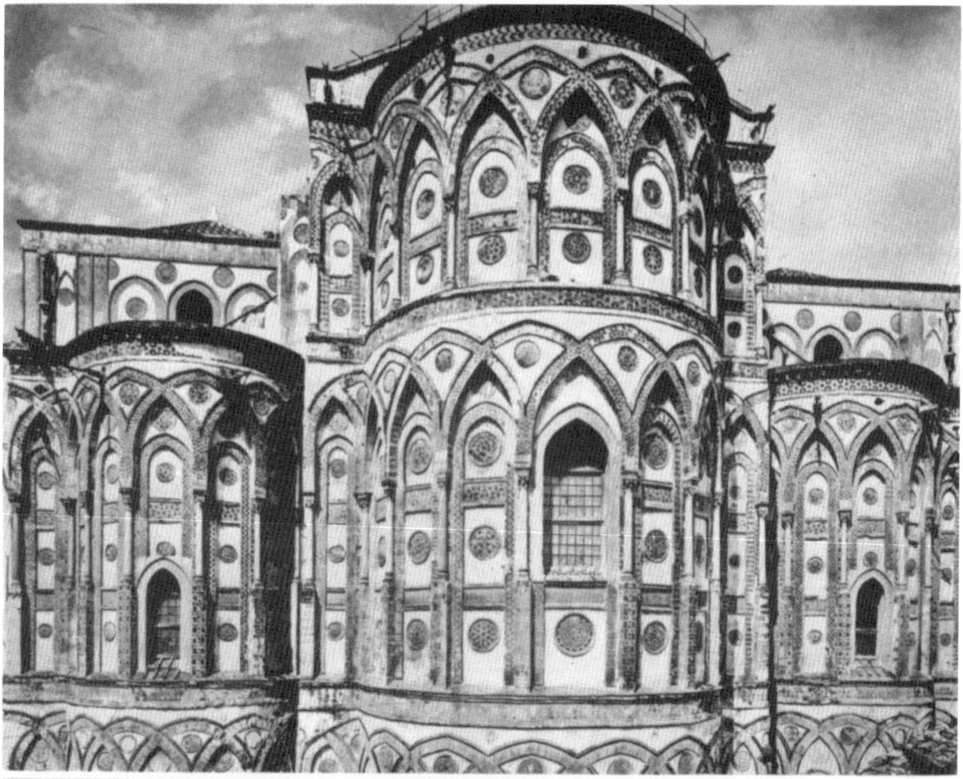

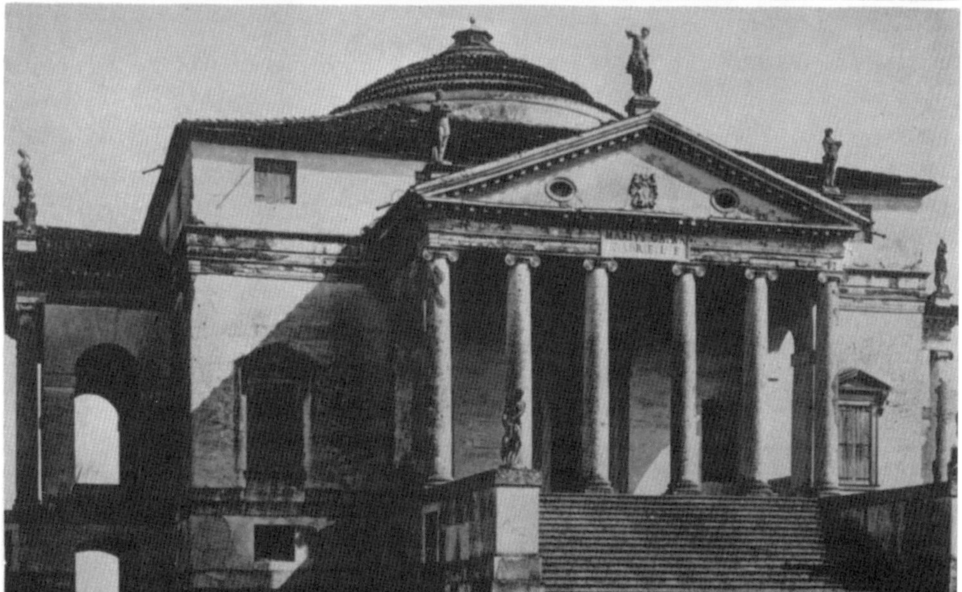

Quadro 18 *Através da história da arquitetura.*

Página anterior:
Catedral de Monreale: abside (1166-1189).
Andrea Palladio: Villa Capra, conhecida por Rotonda, perto de Vicenza (iniciada em 1550).
Ver Fig. 23.

Em cima:
Cúpulas da Igreja de San Giovanni degli Eremiti, em Palermo (c. 1132).

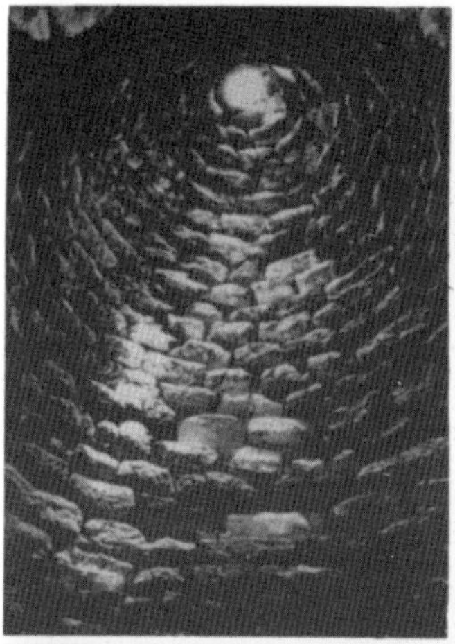
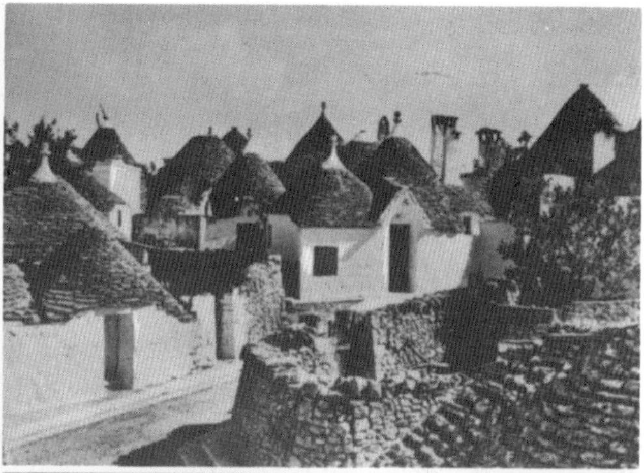
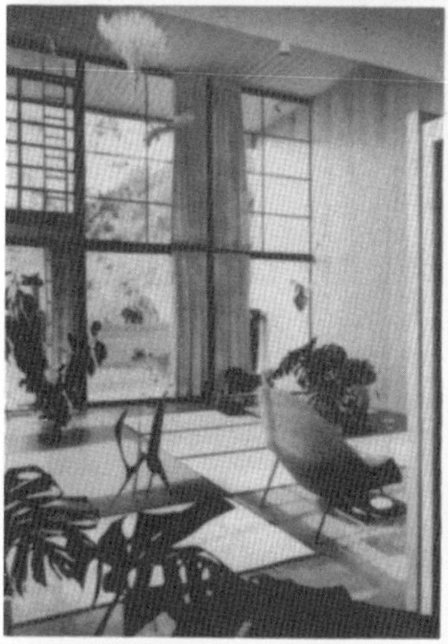
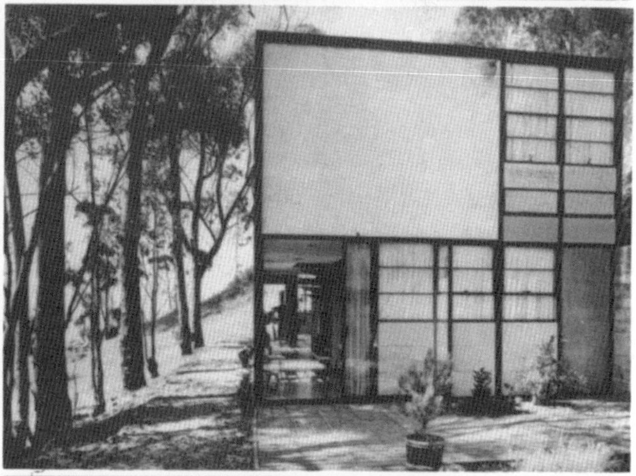
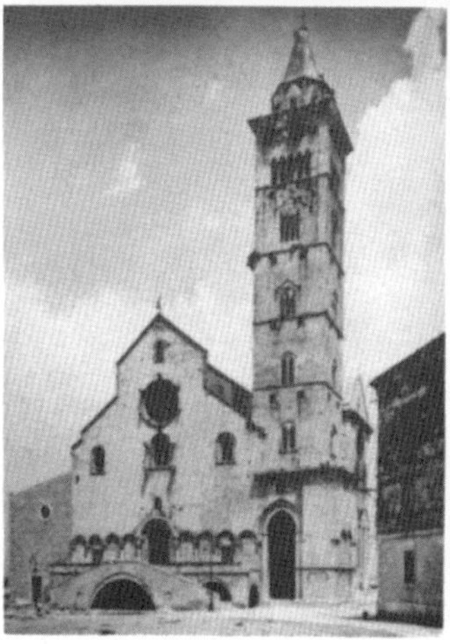
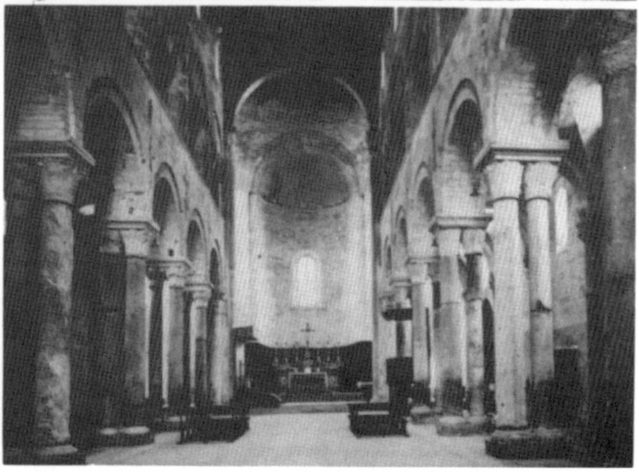

Quadro 18a *Através da história da arquitetura.*

Página anterior:
Nuraghe em Isili, Sardenha. Interior da abóbada.
Trulli em Alberobello (Bari).
Charles Eames: casa em Santa Mônica, Califórnia (1949). Interior e exterior.
Catedral de Trani (séc. XII). Exterior e interior.

Em cima:
Ragnar Östberg: Município de Estocolmo (1909-1923).

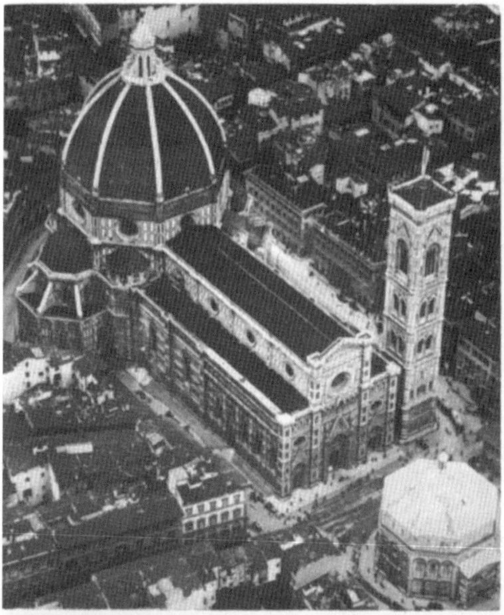
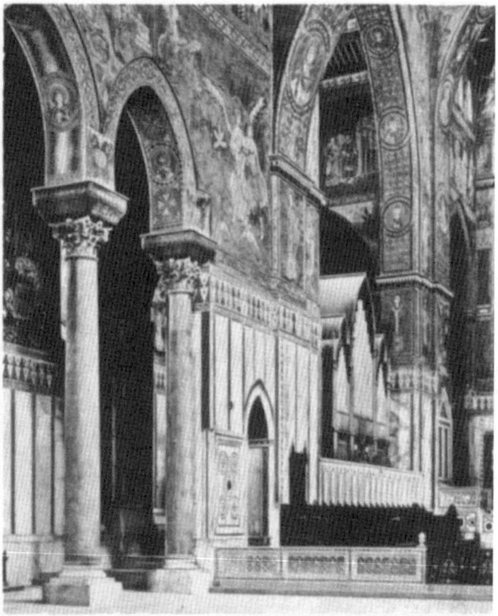
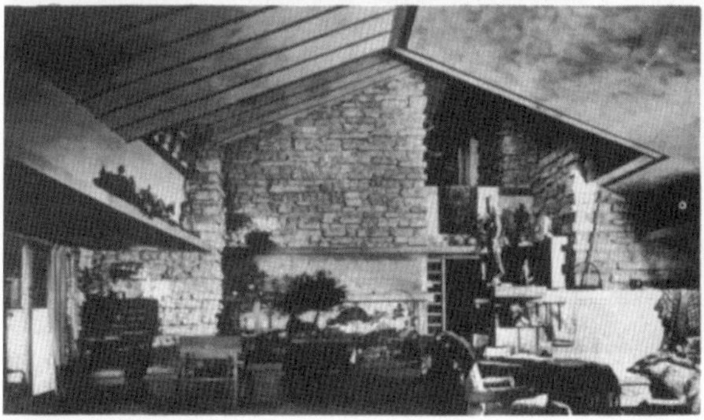
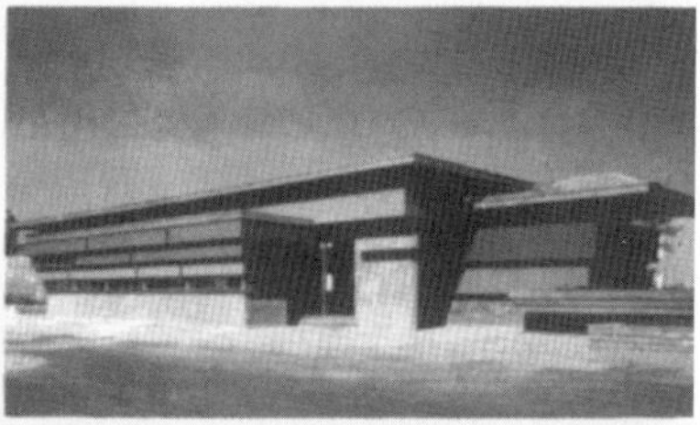
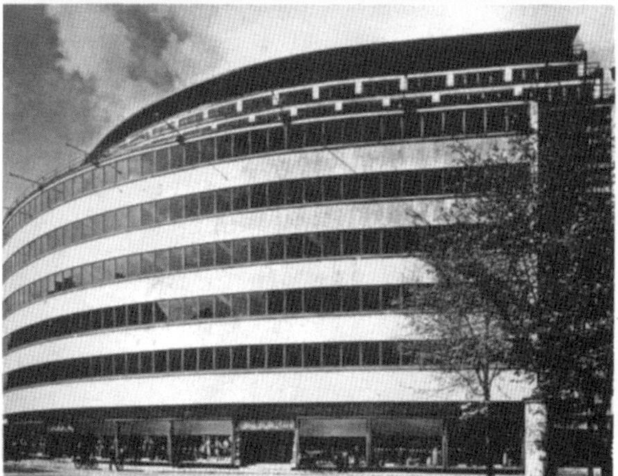
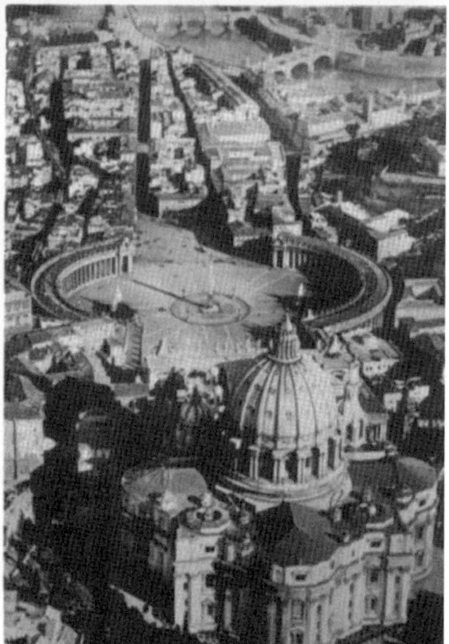

Quadro 19 *Através da história da arquitetura.*

Página anterior:
Catedral de Florença (iniciada em 1296 por Arnolfo di Cambio), com o Campanário de Giotto, Andrea Pisano e Francesco Talenti (1334-1359), e a cúpula de Brunelleschi (1421-1434).
Catedral de Monreale: interior (1166-1189).
Frank Lloyd Wright: sala de estar em Taliesin III, Spring Green, Wisconsin (1925).
Bruno Zevi e colaboradores: Biblioteca Luigi Einaudi, em Dogliani (1964).
Erich Mendelsohn: Armazéns Schocken, em Chemnitz (1928).
Basílica de São Pedro, em Roma, com a abside de Michelangelo (1547-1564), a cúpula de Michelangelo e G. della Porta (concluída em 1590) e a colunata de Bernini (1656-1665).
Ver Fig. 1.

Em cima:
Templo de Amon, em Karnak (c. 1319-1180 a.C.).
Catedral de Durham (1096-1133).

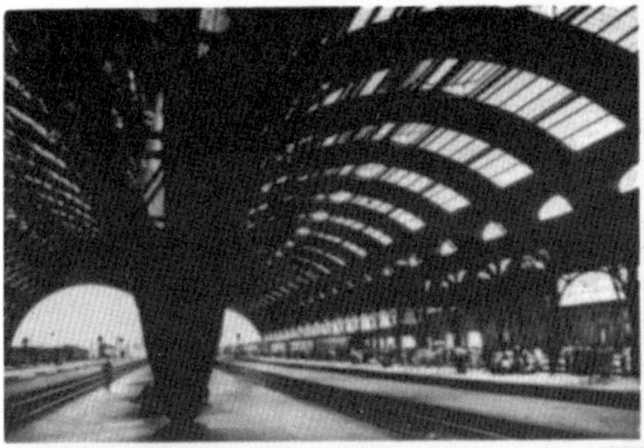
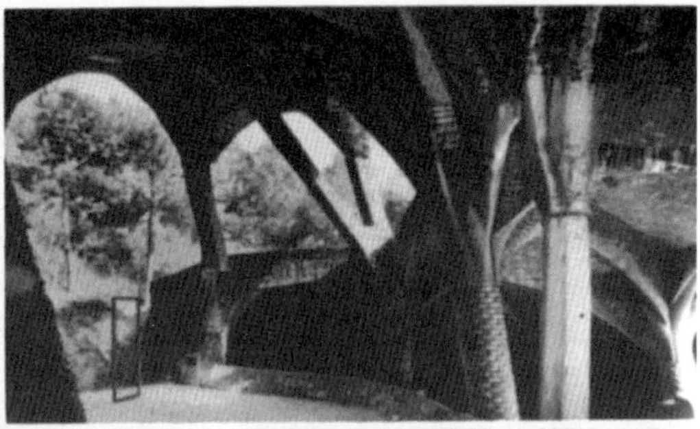
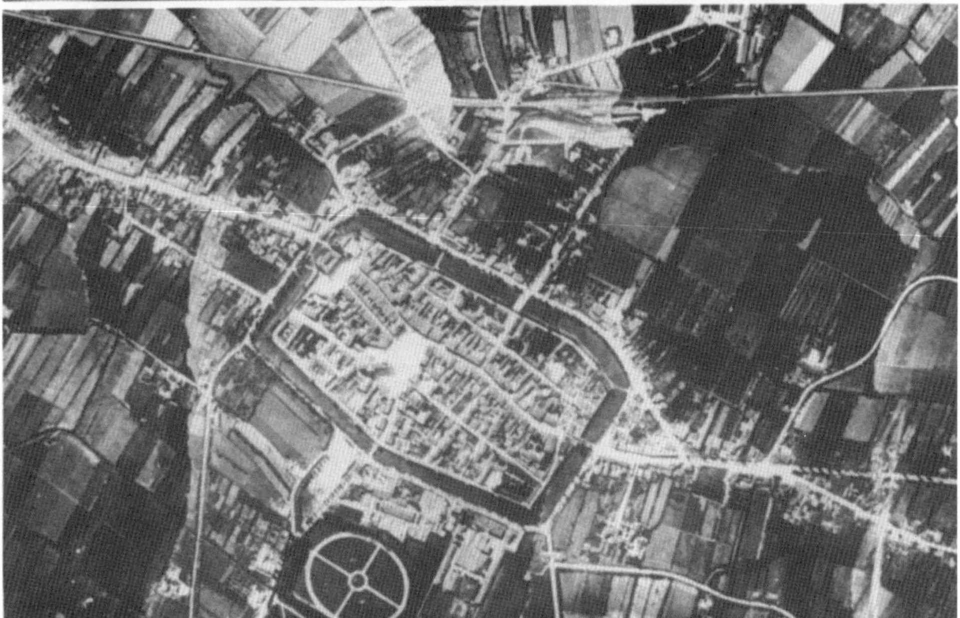
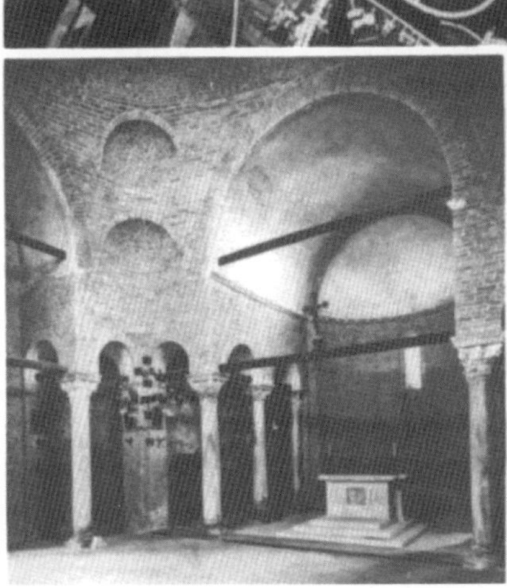
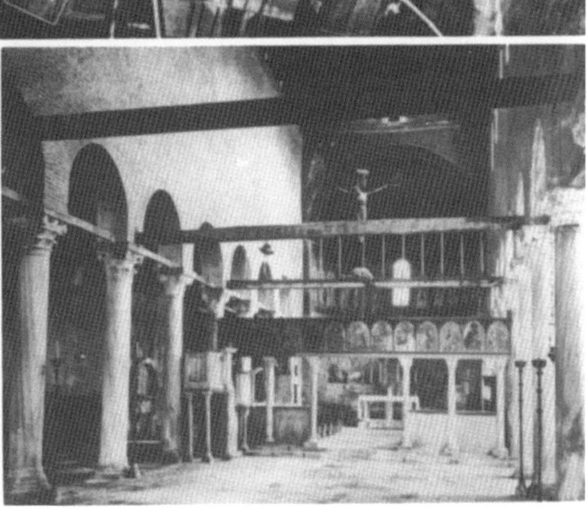

Quadro 19a *Através da história da arquitetura.*

Página anterior:
Estação de Milão (concluída em 1931). Interior.
Antonio Gaudí: Parque Güell, em Barcelona (1900). Detalhe das estruturas inferiores.
Montagnana: vista aérea.
Igreja de Santa Fosca, em Torcello (sécs. XI-XII). Interior.
Catedral de Torcello (séc. VII). Interior.

Em cima:
A Catedral e a Igreja de Santa Fosca, em Torcello. Vista aérea.

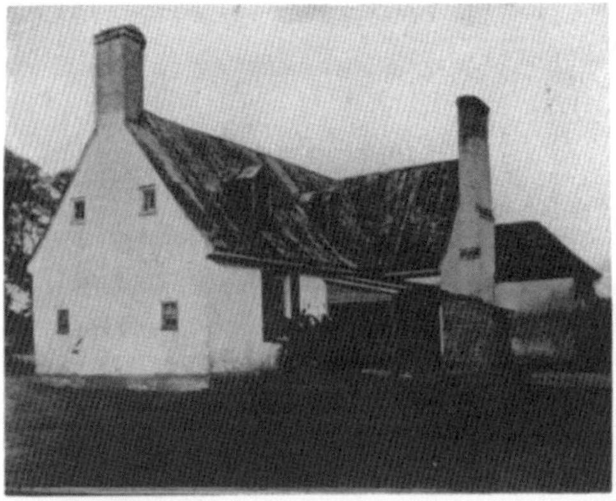
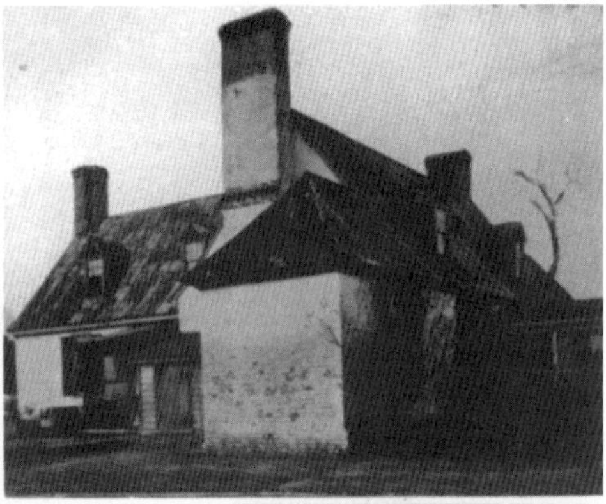
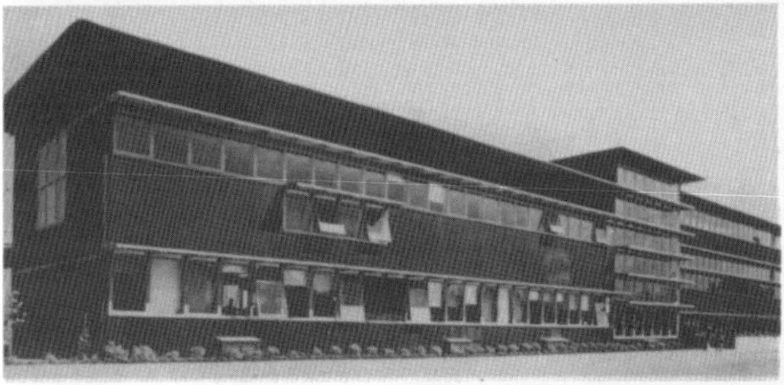
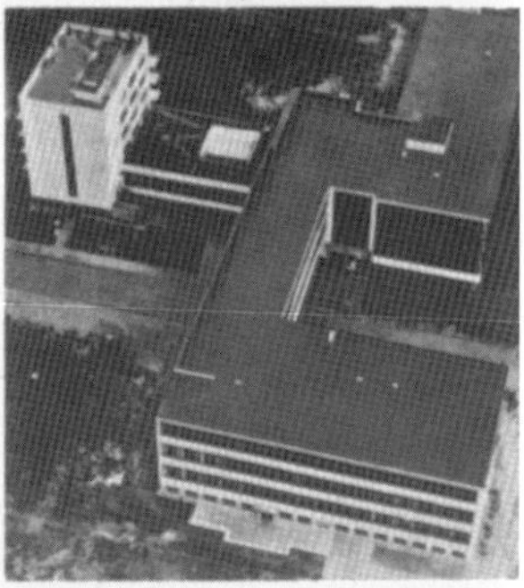
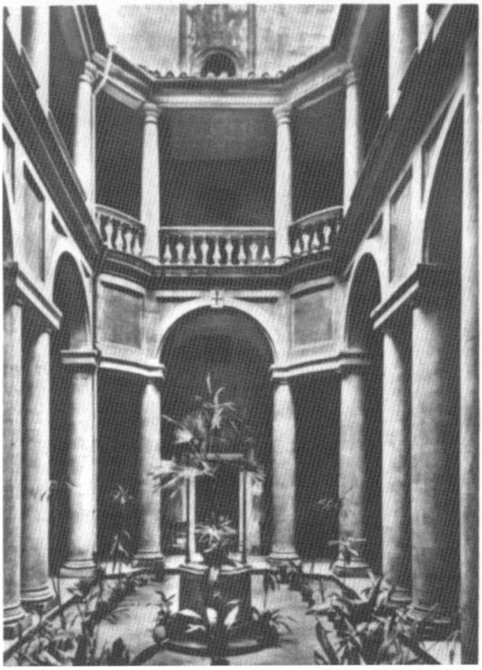
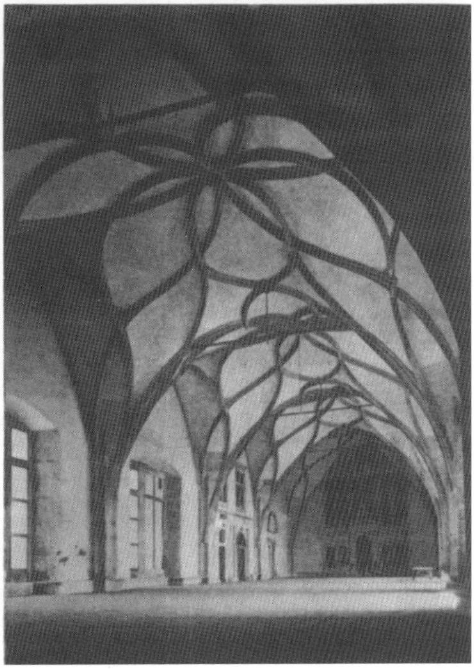

Quadro 20 *Através da história da arquitetura.*

Página anterior:
Casa Aburgton Glebe, em Whitemarsh: duas vistas.
W. W. Wurster: Escritórios da Schuckl, em Sunnyvale, Califórnia (1942).
Walter Gropius: Bauhaus, em Dessau (1925). Ver também Quadro 15 e Fig. 36.
Francesco Borromini: Pátio da Igreja de San Carlino alle Quattro Fontane, em Roma (1638-1641).
Sala Wladislavski, em Praga (1487-1500).

Em cima:
Richard Neutra: Casa Levell, em Los Angeles, Califórnia (1929).

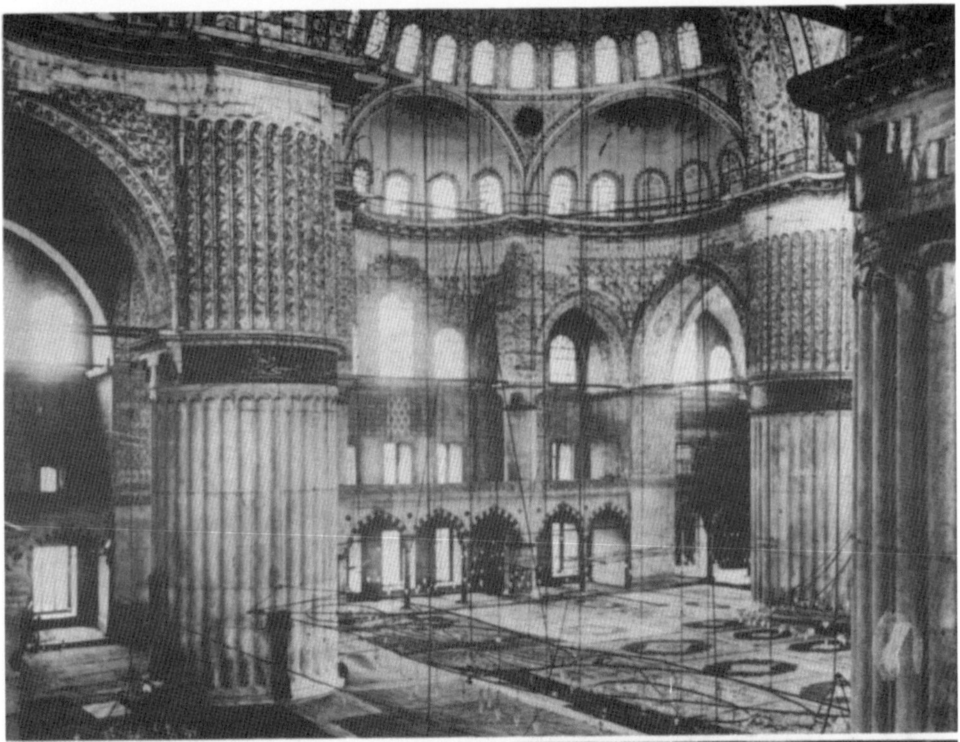

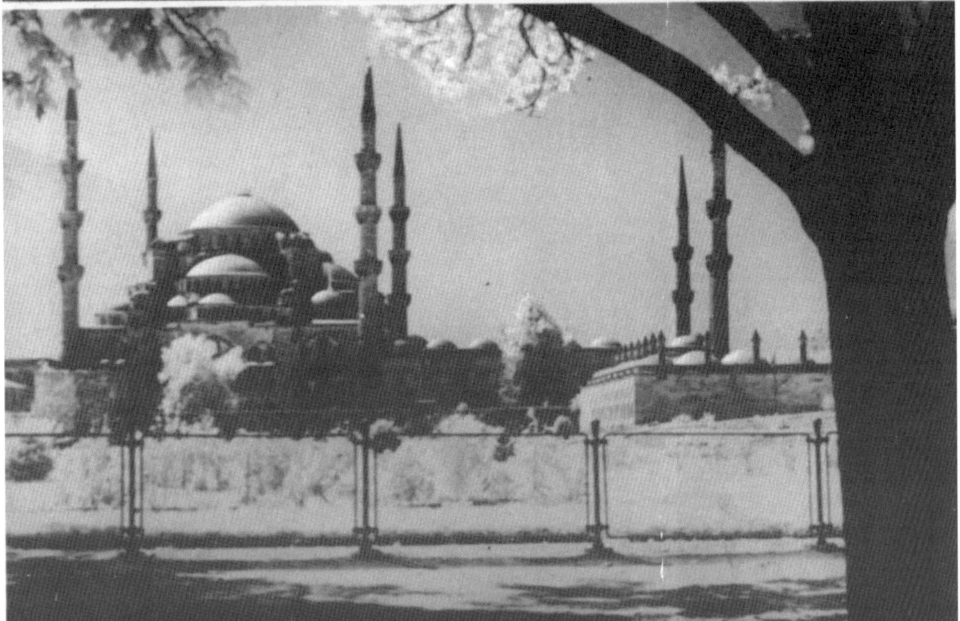

Quadro 20a *Através da história da arquitetura.*

Página anterior:
Mehmet Aga: Mesquita do Sultão Ahmet (Mesquita Azul), em Istambul (1609-1616). Interior e exterior.

Em cima:
Palácio Ducal, em Veneza (sécs. XIV-XVI). Aspectos da galeria.

tura que é matéria da história. O espaço está para a arquitetura concebida como arte, como a literatura está para a poesia; constitui sua prosa e lhe dá a caracterização. Para falar em termos de crítica formalista, é objeto dos símbolos visuais mais adequados, mais ajustados à arquitetura. Principalmente porque no espaço coincidem vida e cultura, interesses espirituais e responsabilidade sociais. Porque o espaço não é só cavidade vazia, "negação de solidez": é vivo e positivo. Não é apenas um fato visual: é, em todos os sentidos, e, sobretudo num sentido humano e integrado, uma realidade vivida.

Então reflorescerá também a cultura arquitetônica: correremos aos grandes monumentos do passado para extrair deles as essenciais lições espaciais, já idôneos para distinguir o autêntico da cópia, o passado do presente, a nossa vida de hoje da de ontem; e, à luz desse passado e da sua crítica, as teorias da arquitetura contemporânea, que, já com o movimento da arquitetura orgânica procuram libertar-se das fórmulas racionalistas de esperanto estrutural, enriquecer-se-ão com uma linguagem plenamente humana.

A instância de uma moderna história da arquitetura é colocada por todos os fatores vivos do mundo contemporâneo: pelo direcionamento coletivista do pensamento social, pelo nascimento, pela evolução da psicologia científica, pela trágica constatação extraída da experiência de duas guerras de que a própria existência material dos documentos relativos à edificação da nossa cultura arquitetônica depende da solução dos nossos problemas atuais, da moderna crítica figurativa, dos esforços integradores do pensamento filosófico e da identificação, adquirida na teoria quando não nos fatos, entre cultura e sistema de vida; e, sobretudo, pela arquitetura moderna que, aprofundando os problemas espaciais, indica aos historiadores e aos críticos o segredo e a realidade da arquitetura.

Entre as promessas, as tarefas, as esperanças, as virtualidades do nosso obrar coletivo existe também a nova história da arquitetura, da qual estas páginas sobre a interpretação espacial querem servir de auspício.

NOTAS

1. *Natura anti-architettonica dello spirito moderno?* (Natureza antiarquitetônica do espírito moderno?) Salvatore Vitale (*L'estetica dell' architettura*, pp. 5-20) identifica uma das razões do desinteresse verificado em relação à arquitetura na concepção da estética de Croce e Bergson. Esta favoreceria a sensibilidade pelas formas artísticas que se explicam no tempo, numa atitude espiritual de negação da matéria, que pode encontrar a sua expressão adequada apenas na música: "Construir no espaço é o objetivo e o fim da arquitetura; mas o espaço é o antiespírito, é extensão pura, realização absoluta e completa, enquanto o Espírito é pura e constante tensão, advento perene. Por isso, a arquitetura realmente parece ao pensamento moderno algo por demais estreitamente ligado à matéria, e quase estranho e hostil ao espírito. Uma forma de arte inferior que pode adquirir dignidade apenas através da sua espiritualização verificada com o decorrer do tempo (como numa ruína, na evolução arqueológica e no monumento antigo), quando a obra de arte se torna documento de vida humana inserido no curso da história." O autor julga, enfim, que o desinteresse pela arquitetura é devido à permanência da mentalidade romântica que, anulando o espaço e a matéria, se fundamenta no fragmentarismo psicológico, na incapacidade de síntese e de atuação, no gosto pelo que é efêmero, incompleto, em vias de formação, e pelo que é avesso a tudo o que, como um edifício, está inteiramente realizado. O caráter estático e imóvel da arquitetura que mal se presta a ser renovada continuamente e a ser interpretada no tempo e realizada segundo o estado de espírito do momento, como acontece com uma sinfonia ou um drama teatral, é o que mais a afasta da sensibilidade moderna, segundo Vitale, que recorda a definição de Foscolo sobre a arquitetura: "A mais infeliz de todas as artes, exatamente por ser a mais confinada e constrangida a manter-se tal como é."

Teremos oportunidade, no contexto deste estudo e não através de demonstrações filosóficas ou científicas, mas na experiência direta da análise arquitetônica, de demonstrar de que forma o conceito de arquitetura como arte atemporal já está superado. Será até conveniente advertir desde já o leitor de que em arquitetura todas as vezes que nos referirmos ao espaço aludimos à noção de espaço-tempo, já adquirida pela ciência moderna, que, conforme se verá, tem uma aderência precisa na crítica da arquitetura. Apenas por uma questão de brevidade, adotamos a palavra espaço em vez de espaço-tempo, mas parecerá intrínseco ao nosso raciocínio o fato de o predicado de estático e de não-tensão que a estética tradicional lhe atribuía estar ausente da concepção espacial da arquitetura.

Sobre as acusações que dizem respeito às artes do espaço, do tempo e do espaço-tempo, ver *Architettura in nuce*, pp. 38-51.

2. *O amor, o sentimento e a arquitetura.* No quinto capítulo, e precisamente no parágrafo que diz respeito à interpretação fisiopsicológica da arquitetura, discutiremos a inexatidão das teses segundo as quais a arquitetura não exprime sentimentos, estados de espírito e tragédia.

Por exemplo, Vitale insiste nestas teses: "A arquitetura surge-nos como uma arte absolutamente antitrágica, ou melhor ainda, como uma arte em que o elemento trágico deve, por necessidade, encontrar a sua composição... Se há um conflito na arquitetura, trava-se exclusivamente entre o espírito construtor e a matéria surda e hostil, mas esta acaba por ser totalmente dominada sob o jugo da forma, e a vitória é sempre do espírito. Por este seu caráter, a arquitetura distingue-se substancialmente de todas as outras artes a que podemos chamar *expressivas*, por exprimirem sentimentos ou idéias concretas, enquanto que, por sua vez, a arquitetura consegue despertar sentimentos particulares ou estados de espírito que exprimem apenas idéias abstratas, ou, melhor ainda, até mesmo realizando essas idéias abstratas em termos materiais" (*op. cit.*, pp. 41-42). Ver-se-á como a crítica moderna destruiu essa visão glacial da arquitetura e, ao afinar a sua sensibilidade, é capaz de "ler" a riquíssima expressão dos edifícios.

Vitale prossegue: "A ausência de um conteúdo sentimental na arquitetura manifesta-se, assim, como uma das mais salientes características da sua estética, porque é precisamente a esta ausência que se deve a pequena extensão da gama, por assim dizer, do belo arquitetônico, do qual estão excluídos exatamente muitos valores de natureza sentimental; a ela, porém, deve-se também, e sobretudo, essa sensação de tranqüila calma, de elevação, solenidade e libertação que a arquitetura consegue nos dar, e por intermédio das quais ela assume a verdadeira representação simbólica de um mundo transcendente, livre de paixões e regido exclusivamente por leis infringíveis, um mundo no qual a ordem não sofre nem admite desvios, e no qual as idéias absolutas de paz, harmonia, equilíbrio e justiça parecem realizar-se na pedra para a eternidade." Mas onde está a libertação das paixões na arquitetura de Michelangelo? Que lei infringível existe na idade barroca? Que harmonias, equilíbrios, justiças e eternidades se verificam num dos milhares de horríveis edifícios contemporâneos das periferias urbanas nos quais se asfixiam milhões de famílias? O equilíbrio e a harmonia final manifestar-se-ão na arquitetura bela, mas manifestam-se também na sinfonia, no romance, no drama e no poema trágico; em outras palavras, são atributos da arte, não de uma atividade artística particular. Em verdade, não só é possível uma história psicológica da arquitetura, como melhor veremos no quinto capítulo, mas a interpretação psicológica aflora constantemente na crítica. E por que haveria de ser de outra forma? A arquitetura suscita inúmeras emoções e quem sabe ver os espaços sabe que eles são profundamente dinâmicos e dramáticos. Esse modo transcendental, inumano e inanimado de ver a arquitetura é exatamente antitético à interpretação orgânica que é preciso dar-lhe se esta arte que encerra e tão intimamente influencia as atividades humanas, exatamente por atuar na parte mais secreta e inatingível, no subconsciente, deve suscitar um interesse nos que lhe consagram grande parte da sua vida.

A figura arquitetônica de Buonarroti é analisada também, sob o perfil psicológico, nas resenhas "Attualitá di Michelangiolo", "Le mura fiorentine" e "Santa Maria degli Angeli", contidas no volume *Michelangiolo architetto*, Einaudi, Turim, 1964.

Entre as personalidades tidas como imunes às paixões, todas elas debruçando-se na racionalidade humanística, destacadas e envoltas num perfeito equilíbrio, sobressaem-se Leon Battista Alberti e Andrea Palladio, a quem muitas vezes a crítica acadêmica nos apresentou como neoclássicas *ante litteram*. Uma moderna leitura dos seus trabalhos demonstra exatamente o contrário: veja-se, a propósito, o termo "Alberti" na *Enciclopedia universale delle arti*, vol. I, colunas 191-209; e o termo "Palladio" na mesma *Enciclopedia*, vol. X, colunas 438-58. Para um confronto entre Buonarroti e Palladio no quadro do maneirismo, ver "Michelangiolo e Palladio", em *Bollettino del Centro Internazionale di Studi di Architettura Andrea Palladio*, vol. VI, parte II, pp. 13-28, Vicenza, 1964.

Sobre o mesmo assunto, ver também "Architettura e psicologia", em *L'architettura – cronache e storia,* nº 129, julho de 1966; e "Simmetria e passivizzazione", *ibid.*, nº 172, fevereiro de 1970.

3. *Dificuldades em ver a arquitetura.* Se mesmo nos museus, onde os quadros estão dispostos segundo critérios cronológicos ou de "escolas", passadas algumas horas, o homem médio fatiga-se, desistindo de prosseguir na sua visita, imaginemos o que aconteceria se encontrássemos um Masaccio junto de um Braque, depois um Brueghel, um Renoir, um Cosmé Tura. É o que acontece nos nossos passeios arquitetônicos. Se os guias não servem para ver a arquitetura, poderiam pelo menos ensinar a ver a urbanística. Mas não o fazem: pelo contrário, o tema do "saber ver a cidade" está ainda mais remoto na consciência do público.

A leitura do organismo urbano de Ferrara foi completada no volume *Biagio Rossetti, architetto ferrarese, il primo urbanista moderno europeo,*

Einaudi, Turim, 1960. Ver também, *Ferrara non-finita*, prefaciada nos dois volumes sobre Ferrara, Edições Alfa, Bolonha, 1969, nos quais se evidencia uma análise semiológica da cidade. Os problemas da crítica urbanística estão expostos na comunicação "The Culture of Cities", debatida na Philadelphia Convention do American Institute of Architects e publicada no *Journal of the AIA*, junho de 1961.

Ulteriormente o tema tem de ser ampliado do agregado urbano ao território. "Saper vedere il paesaggio" é o apaixonante argumento de um estudo que é preciso debater. Ver, a este propósito, "Per una moderna coscienza storica del paesaggio", em *L'architettura – cronache e storia*, n° 78, abril de 1962; e a comunicação "The Modern Dimension of Landscape Architecture", debatida no congresso da International Federation of Landscape Architects e resumida na revista *Anthos*, n° 3, setembro de 1962.

O estudo sobre a cidade e sobre o território implica uma definição clara do significado da arquitetura chamada "menor", secundária, criada sem ajuda de arquitetos. Sobre o assunto, ver o capítulo "Poesia e prosa in architettura" de *Architettura in nuce*, pp. 92-107; o artigo "Lingua e dialetti in architettura", em *L'architettura – cronache e storia*, n° 49, novembro de 1959; e a comunicação "Architettura popolare come architettura moderna", apresentada no XV Convênio Internacional de Artistas, Críticos e Estudiosos de Arte de Verucchio, e publicada na revista *D'Ars Agency*, ano VII-VIII, n° 5, 1966, e no volume *Arte popolare moderna*, ao cuidado de Francesca R. Fratini, Capelli, 1968.

4. *Arquitetura moderna e história da arquitetura*. Como se verá claramente em seguida, somos partidários de uma atitude moderna e desassombrada na história da arquitetura, e de uma sua atualização da cultura tradicional à luz do pensamento arquitetônico moderno. Mas o método destes arquitetos perante os monumentos não é o de uma séria investigação moderna; a antiacademia, nos fatos senão nas declarações, conduziu muitas vezes à anticultura, isto é, à anti-história. Se a luta contra a decoração devia necessariamente conduzir a um desinteresse pelos valores decorativos da arquitetura tradicional, o que dizer dos valores volumétricos propugnados pelo funcionalismo e dos valores espaciais defendidos pela tendência orgânica? Logo que se afirmou em arquitetura uma consciência moderna, é lógico revelar o moderno no antigo. A academia diz: "Estuda-se o antigo para se fazer o novo" ou "no antigo existe o novo". Nós dizemos exatamente o contrário: "Aprofunda o moderno, identifica os seus valores para poder reencontrá-los na arquitetura antiga, e assim amá-la."

Considerando o último século e meio de história arquitetônica, nos encontramos diante de três grandes fator culturais: 1) a historiografia arquitetônica que, valendo-se das campanhas arqueológicas e de um método científico de investigação filológica, revela ao mundo as grandes idades do passado; 2) o ecletismo artístico que se abandona à imitação do passado à medida que ele é novamente descoberto pela historiografia; 3) o movimento moderno. A relação entre o primeiro e o segundo fatores é imediata, e é uma relação de dependência; num entusiasmo culturalista, a arte declina na erudição e os *revivals* neoclássico, neo-romano, neomedieval, neo-renascentista e neobarroco se sucedem e se sobrepõem. O terceiro fator, a arquitetura moderna, parece, em contrapartida, separado, isolado da cultura, fenômeno não histórico essencialmente baseado em ideais pragmáticos e funcionalísticos. Para dissipar esse equívoco da não-historicidade da arquitetura moderna, foi compilado o ensaio *Architettura e storiografia*, Tamburini, Milão, 1950, em que se mostra a ligação que intercorre entre cultura histórica e arquitetura moderna em cada fase da sua evolução.

Sobre o argumento, ver "La storia dell'architettura per gli architetti moderni", em *L'architettura – cronache e storia*, nº 23, setembro de 1957; "La storia come metodologia del fare architettonico", introdução à *Università di Roma*, dezembro de 1963; "History as a Method of Teaching Architecture", em *The History, Theory and Criticism of Architecture*, ao cuidado de Marcus Whiffen, The MIT Press, Cambridge (Mass.), 1965.

5. *A unidade da arte e a diversidade das artes*. A estética pode muito bem estabelecer que a Arte é uma só e que por isso toda atividade artística, enquanto valor, se identifica com cada uma das outras. O ponto que defendemos não é de caráter filosófico, mas crítico. Trata-se de identificar onde, em cada atividade artística, a arte se exprime melhor; em outras palavras, o melhor ponto de aplicação crítico. Das interpretações relativas ao conteúdo, aos símbolos visuais de Fiedler e Wölfflin, a história da crítica da arte é a história da identificação de pontos de aplicação críticos mais acertados. A arquitetura, no entanto, como veremos melhor no capítulo quinto, está quase ausente do progresso crítico que se centralizou na pintura e na literatura. De resto, é um fato já largamente conhecido que o momento analítico de toda arte, isto é, o momento objeto de história, é diferente nas várias artes e específico de cada uma delas.

Sobre o problema da unidade e da diversidade das artes figurativas veja-se a *Storia dell'architettura moderna*, pp. 546-550, em que são colocadas em destaque as concordâncias entre arquitetura, escultura e pintura no último século.

A crise da estética tradicional, determinada pelas diretrizes neopositivistas, semânticas e fenomenológicas, legitimou plenamente as teorias da arte no que diz respeito às atividades criativas específicas. Veja-se, a respeito, *Architettura in nuce*, pp. 10-14.

6. *O espaço na pintura, escultura e arquitetura*. A essência espacial da arquitetura foi entendida por muitos autores, mesmo que eles não tenham elaborado uma interpretação espacial da arquitetura. À parte os antigos, como Lao Tse, que afirmavam que a realidade de um edifício não consiste em quatro paredes e no teto, mas no espaço contido, no espaço dentro do qual se vive; à parte as alusões feitas pelos tratadistas na Renascença e os estudos sobre o "sentimento do espaço" em Riegl, Frobenius e Spengler (nos limites em que ele se aplica à arquitetura); à parte, enfim, as intuições

de arquitetos contemporâneos, sobretudo de F. Ll. Wright e de Mendelsohn, há muitos autores que compreenderam claramente o problema. Entre eles se sobressai Geoffrey Scott numa passagem reproduzida no capítulo quinto.

Com mais freqüência, à brilhante intuição do espaço seguem-se considerações completamente estranhas, que geram confusão. É este o caso que veremos em Focillon, e também em Vitale. Este expõe bem o problema numa primeira fase: "A pintura e a escultura vivem indubitavelmente no espaço e também nele se podem considerar mais afins à arquitetura do que a poesia e a música. Mas trata-se de um espaço convencional, artificial, que ensombrece mas não abraça integralmente a realidade. Efetivamente, a pintura tem um espaço de duas dimensões, o plano, e a realidade tridimensional é simulada com o esforço da técnica, com o jogo das sombras e com os sábios recursos da perspectiva. É verdade que a escultura também vive, como a arquitetura, no espaço de três dimensões, mas, vendo bem, este espaço, em última análise, tem caráter apenas superficial e pode reduzir-se facilmente ao plano. Podemos dizer, em certo sentido, que a escultura gira em torno da realidade mas nunca é capaz de abraçá-la inteiramente... No fundo, uma estátua é uma superfície múltipla, um poliedro; vive, sim, no espaço, mas este fica de fora, não é contido nela... Por sua vez, na arquitetura o espaço não é apenas externo, mas também, e sobretudo, interno, não é utilizado numa só das suas relações como simples superfície, mas no conjunto das suas relações constitutivas, como volume e como massa; podemos até, em certa medida, dizer que, na arquitetura, o espaço, ainda que mantendo o seu caráter essencial de pura extensão, isto é, no fundo, de vazio, consegue, de algum modo, adquirir uma aparência corpórea e solidificar-se; em suma, a obra arquitetônica não é somente algo que vive no espaço, mas também algo que faz viver o espaço em si próprio" (*L'estetica dell'architettura*, pp. 28-31).

É muito claro. Mas o próprio autor, bem no meio de um discurso tão evidente, afirma algo completamente estranho: "Quando uma estátua adquire caráter unitário e orgânico (por exemplo, o *Colleoni* de Verrocchio em Veneza ou o grupo do *Laocoonte*) então já não estamos diante de uma simples peça de escultura, mas diante de um monumento, o que equivale a dizer uma obra arquitetônica." Com isso, a diferença entre espaço em escultura e em arquitetura se torna de ordem quantitativo-dimensional, negando tudo o que já havia sido inferido. E o equívoco entre escultura em grandes dimensões, escultura monumental, e arquitetura mantém-se em todo o livro de Vitale. Por exemplo, na p. 61, a propósito do arco adotado pelos romanos, lê-se: "Podemos ver confirmada mais uma vez a observação já feita, ou seja, como os elementos da arquitetura influem uns sobre os outros de maneira recíproca, visto que a resolução do problema do peso, obtida mediante o arco, determina, por sua vez, uma sensível mudança na postura do problema do espaço; de fato, o arco, tornando possível a construção da ponte e do aqueduto, determina, por assim dizer, o aparecimento de uma nova forma de arquitetura, em que já não se verifica distinção entre espaço interior e exterior, pois já não existe um espaço para fechar nem um vão para cobrir; o objetivo destas novas construções, em vez de separar é, ao contrário, o de unir, e elas revelam exatamente a primeira afirmação, no campo arquitetônico, de um novo conceito do espaço como contínuo..." Mas toda a escultura vive desse espaço contínuo, isto é, da falta de espaço interior. A verdade é que Vitale não se atreve a afirmar que um aqueduto ou uma ponte são fatos escultóreos, como se tal atributo fosse pejorativo: por isso é levado a silogismos que obviamente confundem o leitor. Enquanto, pelo contrário, é evidente que uma construção que não possui espaço interno (ponte, aqueduto, estátua eqüestre, fonte monumental, etc.), sem ser em si própria arquitetura no sentido espacial da palavra, é elemento formativo do espaço externo, isto é, da urbanística.

O argumento da espacialidade figurativa e do espaço arquitetônico é aprofundado em *Architettura in nuce*, pp. 52-55. Quanto à arquitetura "com" ou "sem" espaço interno, ver o mesmo volume, pp. 72-76.

7. *Espaço transcendental e espaço orgânico*. É bom observar que, em todo este livro, nos referimos ao espaço no sentido concreto, mais simples e elementar da palavra. Nossa concepção do espaço nada tem a ver com a mais geral, e quase filosófica, segundo a qual o espaço seria o elemento característico de todas as artes figurativas.

Vitale (*L'estetica dell'architettura*, pp. 44), após expor os princípios da filosofia platônica, tenta aplicá-los à arquitetura do seguinte modo: "Por isso, as idéias estão contidas, por assim dizer, numa esfera superior à própria esfera intelectual, e podem ser conhecidas apenas mediante os conceitos, que constituem precisamente a sua representação no campo intelectual, e que, relativamente a elas, estão na mesma relação que existe entre o vir-a-ser e o ser... É, pois, claro, que a história da arquitetura está intimamente ligada aos conceitos que presidem à evolução das formas arquitetônicas e que constituem a refração no campo intelectual das idéias destinadas a concretizar-se na obra de arte. Estas são, no que diz respeito à arquitetura, as mesmas idéias geométricas que vivem na extensão pura, nesse espaço abstrato, e, por assim dizer, potencial, que, segundo a sentença de Santo Agostinho, está contido em Deus. A passagem da idéia ao conceito marca, assim, no campo da estética arquitetônica, a passagem da extensão pura ao espaço concreto, visto que a função do arquiteto é precisamente a determinação do espaço como continente universal, isto é, a fixação dessas relações gerais que ele, como tal, tem como seu conteúdo, a matéria, das quais se geram as figuras espaciais. E é esta mesma passagem, de um espaço fantástico, absolutamente livre e indeterminado, para o espaço empírico, concreto e condicionado pela matéria, que marca a criação da obra de arte, o esforço e o tormento do construtor por fixar primeiro em termos conceituais e depois em relações sensíveis as linhas indistintas da idéia surgida na sua mente." Este raciocínio obscuro ou antiquado, pelo qual todo o espaço arquitetônico se torna símbolo de um espaço-idéia, será melhor explicado no quinto capítulo, na interpretação filosófico-científica da arquitetura. Mas é claro que, se ele pode aplicar-se à construção clássica (ainda melhor à neoclássica), por exemplo aos edifícios centrais da Renascença, não tem significado no espaço cristão, gótico, barroco, moderno, que não deriva de conceitos platônicos de figuras espaciais mas tem uma relação precisa com o homem: é de natureza imanente. É óbvio que uma visão meramente geométrico-conceitual do espaço produz em conseqüência o equívoco sobre a não-expressividade da arquitetura, a que aludimos na nota 2. A crítica moderna, abandonando, por um lado, os equívocos do espaço transcendental e, por outro, as deduções biológicas da teoria do Einfühlung, já está apta a estudar o espaço orgânico, isto é, o espaço criado pelo homem, correspondendo às suas diversas exigências materiais, espirituais e psicológicas integralmente compreendidas. É este, pois, o espaço que todos vêem e vivem na arquitetura, e do qual deve ser dada uma consciência, não filosófico-conceitual, mas direta e concreta.

Na concepção transcendental do espaço está implícita uma posição crítica que repete os equívocos do "progresso na arte". E, efetivamente, Vitale (*L'estetica dell'architettura*, p. 48) diz: "Como a forma arquitetônica, ao contrário da forma geométrica, que é pura abstração, é sempre algo de concreto e de material, o espaço concebido em função exclusiva dela, e quase, em certa medida, gerada por ela, adquire também um caráter de materialidade. Esta concepção materialista, tal como acontece em todos os campos do pensamento humano, é, aliás, cronologicamente a primeira, em suma, a mais grosseira, e, nesse sentido, a evolução da arquitetura pode sintetizar-se na passagem progressiva, precisamente, de uma concepção primitiva e material do espaço, considerado como limitado e sob forma da quantidade discreta, a uma concepção mais espiritual e evoluída em que o espaço é concebido como simples extensão, como um infinito contínuo, isto é, como pura qualidade." Para os efeitos do nosso discurso, que fique entendido que adotamos a palavra espaço no seu significado, para usar as palavras de Vitale, "material e grosseiro", isto é, como espaço arquitetônico e não como espaço-idéia. Teremos ocasião de ver como o espaço exterior, ou urbanístico, não é infinito e como o progresso indicado por Vitale, do espaço fechado ao contínuo e infinito, está muito longe de ser linear na história da arquitetura. Basta pensar na arquitetura do século XVI com relação à gótica; mas isso será explicado no quarto capítulo.

Estabelecer o significado concreto, tridimensional, arquitetônico do espaço, distinguindo-o daquele que se pode representar numa pintura, não significa identificar o espaço arquitetônico com o espaço físico. Um equívoco desse gênero seria absurdo, visto que toda a experiência arquitetônica está cheia de espaços amplos e infinitos se bem que dimensionalmente pequenos, ou em espaços mesquinhos e estreitos ainda que fisicamente colossais. Sobre o equívoco do espaço entendido no sentido grosseiramente físico, veja-se *Storia dell'architettura moderna*, pp. 355-357, 362-363.

A relação entre espaço físico e arquitetônico é reexaminada com maior penetração em *Architettura in nuce*, pp. 56-61.

8. *Possibilidades de uma história da arquitetura.* Os estudos da história da arquitetura, aprofundados e intensificados durante os últimos decênios na Itália, mas que decorrem essencialmente sob a influência de uma mentalidade positivista, geraram uma inibição crítica, uma desvalorização das idéias relativamente ao "dado" e até à "data". Giovannoni gostava de repetir que não é este o momento para sínteses históricas, mas de investigação e de controle de dados, de preparação e coordenação de estudos técnicos sobre os organismos construtivos, de material bruto. Essa opinião, naturalmente justa, na medida em que pretendia estimular o caminho de sérias investigações baseadas em métodos, dentro do possível, acertados e válidos, dá a impressão de que deveríamos nos deter no pensamento de que a história precisa parar para esperar – não se sabe por quanto tempo – que seu material analítico seja preparado. O historiador da arquitetura encontra-se, em relação ao arqueólogo investigador de dados, numa posição semelhante àquela em que se encontra o arquiteto em relação à indústria arquitetônica. O arquiteto não pode prescindir da indústria de construção e, muitas vezes, um progresso da ciência e da técnica construtiva tende a sugerir novas formas e novas possibilidades arquitetônicas. Mas a indústria de construção como tal não cria arquitetura. A produção arqueológica e filológica, com suas descobertas e seus documentos, envolve, freqüentes vezes, algumas interpretações histórico-críticas e dá elementos para novas interpretações; mas nunca poderá tornar-se por si só produtora de obras histórico-críticas. Por isso, condicionar a síntese histórica à realização das investigações filológicas parece ilícito. Sobre este argumento, veja-se *Lo stato degli studi e l'insegnamento universitario di storia dell'architettura*, comunicação feita ao V Congresso Nacional de História da Arquitetura, Perugia, setembro de 1948, e as comunicações do I Convênio Internacional para as Artes Figurativas de Florença, publicadas nos *Atti*, Edições "U", Florença, 1948, pp. 61, 211, 236. Além disso, "Il rinnovamento della storiografia architettonica", em *Annali della Scuola Normale Superiore di Pisa*, série II, vol. XXII, Vallecchi, Florença, 1954; e "Il seminario di Cranbrook sull'insegnamento architettonico", em *L'architettura – cronache e storia*, n° 107, setembro de 1964.

9. *Função urbanística das fachadas independentes do espaço interior.* Em muitos exemplos do período barroco, a autonomia das paredes exteriores não é um fato arbitrário, mas responde a uma nova visão dos espaços urbanísticos. O barroco quer uma narração contínua, uma delimitação ininterrupta da rua ou da praça, nega a volumetria isolada da Renascença. As paredes de um edifício e, sobretudo, as fachadas, não mais constituem o limite do espaço interior do edifício mas do espaço interior da rua ou da praça, e são, pois, caracterizadas em nome do vazio urbanístico. Veja-se a respeito *Architettura e storiografia*, pp. 76-86, com a análise das principais praças barrocas de Roma.

É evidente que o invólucro mural recebe o espaço arquitetônico que contém, o urbanístico que procura definir: existe, por conseqüência, uma espacialidade própria das fachadas e dos volumes. Seu caráter é analisado em *Architettura in nuce*, pp. 64-67. Sobre o condicionamento urbanístico da visão arquitetônica, ver o mesmo volume, pp. 80-91. Refere-se ao mesmo argumento "Architettura e comunicazione", em *L'architettura – cronache e storia*, nº 122, dezembro de 1965.

10. *Arquitetura e investigações cubistas.* Uma descrição mais profunda dos movimentos abstrato-figurativos que seguem o cubismo e da sua influência sobre a arquitetura moderna pode ser encontrada na *Storia dell'architettura moderna*, pp. 25-42, 546-550. A obra dos mestres modernos demonstra como eles superaram a temática das escolas pictóricas e plásticas em que queriam integrar-se. Assim, Le Corbusier transcende o purismo de Ozenfant; Gropius, Miës e Oud o neoplasticismo de Theo van Doesburg; Mendelsohn e Gaudí o expressionismo. Quando um movimento abstrato-figurativo não encontra um artista que supere seu limite pictórico e plástico, não produz arquitetura; é o caso do futurismo italiano.

    Veja-se, sobre este assunto, *Poetica dell'architettura neoplastica*, Tamburini, Milão, 1953; e Erich Mendelsohn, Etas Kompass, Milão, 1970.

11. *Identidade entre urbanismo e arquitetura.* Os espaços a que aqui didaticamente chamamos exteriores, e que o são relativamente ao edifício mas interiores relativamente à cidade, são caracterizados com o mesmo método adotado para os espaços interiores. Veja-se a *Storia dell'architettura moderna*, pp. 550-551, em que se demonstra como a toda concepção arquitetônica corresponde uma mesma concepção urbanística. Isso é verdade em todos os períodos da história da arquitetura, de tal maneira que se pode estabelecer uma metodologia idêntica para os estudos históricos da arquitetura e do urbanismo; veja-se *Metodologia nella storia dell'urbanistica*, relatório geral apresentado ao VII Congresso Nacional de História da Arquitetura, Palermo, setembro de 1950.

12. *Representação cinematográfica da arquitetura.* A função e os limites do cinema na didática arquitetônica são os argumentos do artigo "Architettura per il cinema e cinema per l'architettura" publicado na revista *Bianco e Nero* de Roma, ano XI, nºs 8-9, agosto-setembro de 1950.

    Os problemas relativos à representação da arquitetura nos esboços, nos desenhos técnicos, nas fotografias e nas pinturas são examinados em *Architettura in nuce*, pp. 121-139.

    Particular interesse suscitou a tentativa de visualizar a crítica arquitetônica, isto é, de elaborar uma linguagem crítica feita de imagens que adotam os mesmos instrumentos com os quais se exprimem os arquitetos. Nos volumes *Biagio Rossetti, architetto ferrarese, il primo urbanista moderno europeo* e *Michelangiolo architetto*, numerosos gráficos substituem ou integram a crítica verbal. Essa metalinguagem icônica encontrou ampla manifestação em 1964 quando, na exposição de Michelangelo feita no Palácio das Exposições de Roma, apareceram modelos plásticos indicativos de pensamentos críticos. Tais modelos são reproduzidos na revista *L'architettura – cronache e storia*, n° 99, janeiro de 1964. Disso derivou uma acesa polêmica, sobre a qual veja-se "Visualizzare la critica dell'architettura", *ibid.*, n° 103, maio de 1964.

13. *Urbanística grega.* A uma visão arquitetônica de volumes puros, desprovida de ritmos espaciais interiores, corresponde um urbanismo que não encerra os seus vazios, mas os abre ao infinito. Como o teatro, o urbanismo grego da idade clássica tem por cenário o horizonte. Tal concepção é posta em crise pela consciência paisagista do mundo helenístico: em Pérgamo, os episódios arquitetônicos são justapostos para criar um quadro unitário; os teatros elevam os seus cenários. Veja-se "Lo spazio interno della città ellenica", na revista *Urbanistica*, ano XIX, n° 3, janeiro-março de 1950.

14. *Grécia e cristandade.* Em Siracusa (Quadro 7a), esquematizados os *intercolumnios* exteriores e abertos os muros da cela com arcos, os cristãos saberão extrair do antigo Templo de Atenas uma obra-prima inimaginável: um ritmo espacial condicionado pelas proporções helênicas.

15. *Originalidade da Roma antiga.* Franz Wickhoff revelou, em *Die Wiener Genesis*, o cunho original da escultura e da pintura romana, identificando os seus fatores no ilusionismo e no modo contínuo de narrar. A arquitetura romana não teve a felicidade de encontrar um exegeta como Wickhoff mas, para a unidade fundamental das artes, seus esquemas podem ter aplicação mesmo em arquitetura. A narração contínua dos foros imperiais, os estáticos espaços urbanísticos todos encerrados por construções, a mesma casa pompeiana separada do mundo exterior e construída totalmente em redor dos seus pátios, os grandes cenários que fecham os horizontes livres do teatro grego, a duplicação do teatro no anfiteatro (Quadro 6a), são elementos da mesma intenção ilusionista e do modo contínuo do narrar artístico, segundo o qual a arquitetura se resolve no urbanismo. Veja-se "A quarant'anni dalla morte di Franz Wickhoff", lição inaugural do ano acadêmico 1949-50, em *Annuario, Instituto Universitario di Architettura di Venezia*, Veneza, 1950.

16. *San Miniato al Monte.* A passagem iconográfica entre Santa Maria in Cosmedin e Sant'Ambrogio é fornecida por San Miniato de Florença (Quadro 9, Fig. 19). Aqui o artista não se limita a dividir os ritmos de colunas das paredes longitudinais, mas com tabiques transversais indica uma vontade de medida tridimensional, ainda que expressa através de um dicionário figurativo de meros planos.

17. *A planta livre da arquitetura moderna.* No centro do movimento alemão da Bauhaus, Walter Gropius interpreta o princípio da planta livre de modo diferente de Le Corbusier e Miës (Quadros 15 e 20). Ele compõe através de volumes maciços mas livremente articulados sobre o terreno; desvincula assim as janelas da escravidão de uma relação proporcional com as fachadas. Todo artista moderno aplica o princípio da planta livre de diferentes formas. Veja-se sobre este tema a *Storia dell'architettura moderna*, pp. 537-539, 541-543.

18. *O "crescimento" dos edifícios.* Sobre a qualidade elástica e expansiva do gótico inglês, do urbanismo medieval e do moderno movimento orgânico pode nascer um equívoco. Pode-se imaginar que o edifício se ampliará infinitamente, o que é contrário à própria definição da obra de arte completa, inalterável, necessária e suficiente em todos os seus aspectos. Esse equívoco confunde o processo genético de uma poética com a expressão final da obra de arte. O processo pode ser elástico, expansivo e narrativo; o resultado artístico deve ser definitivo e invariável. Veja-se a *Storia dell' architettura moderna*, pp. 368-371.

BIBLIOGRAFIA

Para uma bibliografia geral sobre as teorias da arte e da arquitetura, veja-se:

SCHLOSSER-MAGNINO, JULIUS, *La letteratura artistica*, "La Nuova Italia", Florença, 1935. Apêndice de Otto Kurz, 1937; ed. atualizada, 1956.
PELLIZZARI, ACHILLE, *I trattati attorno le arti figurative in Italia e nella penisola iberica*, vol. I, Perrella, Nápoles, 1915; vol. II, "Dante Alighieri", Gênova, s. d.
VENTURI, LIONELLO, *Storia della critica d'arte*, Edições "U", Florença, 1945; 2ª ed. ampliada, 1948; nova ed. Einaudi, Turim, 1964.
BORISSAVLIEVITCH, MILOUTINE, *Les théories de l'architecture*, Payot, Paris, 1926. Para se conhecerem os critérios interpretativos do autor, um tanto incertos, veja-se também *Prolégomènes à une estétique scientifique de l'architecture*, Fischbacher, Paris, 1923.
ZEVI, BRUNO, *Architettura in nuce*, Istituto per la collaborazione culturale, Veneza-Roma, 1960. Inclui uma bibliografia que se estende do século V a.C. a 1960. Trata-se de uma reedição ampliada do vocábulo "Architettura" publicado na *Enciclopedia universale dell'arte*, vol. I, colunas 615-700, Veneza-Roma, 1958.

Foram muito numerosos os ensaios críticos e históricos consultados durante a compilação deste trabalho. Entre os livros de teoria da arquitetura traduzidos ou escritos em italiano é de importância fundamental:

SCOTT, GEOFFREY, *L'architettura dell'umanesimo*, Laterza, Bari, 1939.

São também de notável utilidade os seguintes volumes:

VITALE, SALVATORE, *L'estetica dell'architettura*, Laterza, Bari, 1928. Do mesmo autor veja-se também *Attualità dell'architettura*, Laterza, Bari,

1947. Nos n°s 26-27, agosto-setembro de 1948, e no nº 29, novembro de 1948, da revista *Metron*, Bruno Zevi formulou reservas substanciais a respeito deste livro.

PANE, ROBERTO, *Architettura e arti figurative*, Pozza, Veneza, 1948. Fundamental pelo ensaio "Architettura e letteratura", cuja recensão crítica foi publicada na revista *Metron*, nº 28, outubro de 1948. Este ensaio foi reeditado no volume *Città antiche, edilizia nuova*, Edizioni Scientifiche Italiane, Nápoles, 1959.

MOLLINO, CARLO e VADACCHINO, F., *Architettura, arte e tecnica*, Chiantore, Turim, s. d. O pensamento idealista de Carlo Mollino encontra-se mais claramente expresso na série de ensaios "Vedere l'architettura", publicada na revista *Agorà*, de Turim, n°s 8, 9-10,11, de 1946.

NICCO-FASOLA, GIUSTA, *Ragionamenti sulla architettura*, Macrí, Città di Castello, 1949. Resumo de vários estudos, é também útil por causa dos numerosos livros e artigos de estética da arquitetura citados.

TAFURI, MANFREDO, *Teorie e storia dell'architettura*, Laterza, Bari, 1968. Resenha das principais tendências críticas do iluminismo em diante, com uma minuciosa análise da sua validade. Vejam-se as reservas formuladas a seu respeito, "Miti e rassegnazione storica", in *L'architettura – cronache e storia*, nº 155, setembro de 1968.

Este livro não teria sido possível sem as contribuições críticas e históricas de Nikolaus Pevsner (especialmente *An Outline of European Architecture*, Pelican Books, Londres, 1942, e Scribner, Nova York, 1948; trad. port. *Perspectiva da arquitetura européia*, Livros Pelicano nº 15, Editora Ulisseia, Lisboa), de Lewis Mumford (em especial *Sticks and Stones*, Norton, Nova York, 1924, e *The Culture of Cities*, Harcourt Brace, Nova York, 1938; trad. ital. *La cultura delle città*, Comunità, Milão, 1953), de críticos de arte italianos, principalmente de Carlo Giulio Argan (veja-se seu ensaio "A proposito di spazio interno", in *Metron*, nº 28, outubro de 1948), e de Carlo Ludovico Ragghianti (veja-se seu volume *Ponte a Santa Trinita*, Vallecchi, Florença, 1948), e ainda de arquitetos e historiadores da arquitetura, entre os quais mencionarei Roberto Pane (inclusive pela sua *Napoli imprevista*, Einaudi, Turim, 1949), Sergio Bettini (especialmente por *L'architettura di San Marco*, "Le Tre Venezie", Pádua, 1946; e pelo ensaio "Critica semantica e continuità storica dell'architettura europea", in *Zodiac*, nº 2, 1958), Guglielmo De Angelis D'Ossat, Fausto Franco, e, de uma maneira geral, dos colaboradores da revista *Palladio*.

A referência às obras que se seguem inclui um breve resumo crítico, não porque possuam relevante valor intrínseco mas porque, não tendo sido publicadas na Itália nem examinadas nas bibliografias dos livros supracitados, são menos conhecidas por parte do leitor italiano. [sic]

STURGIS, RUSSEL, *How to Judge Architecture*, The Baker and Taylor Co., Nova York, 1903.

Este livro é aqui mencionado unicamente pelo significado do título. Trata-se, afinal, de uma autêntica história da arquitetura, mas, uma vez que o autor procurou evitar o tom catedrático adotando uma linguagem quase coloquial, não se atreveu a chamá-lo "história". O mesmo aconteceu com Mumford no seu *Sticks and Stones*, uma história da arquitetura americana. O que demonstra até que ponto o conceito de história decaiu na opinião pública anglo-saxã.

HAMLIN, TALBOT FAULKNER, *The Enjoyment of Architecture*, Duffield Co., Nova York, 1916.

Este extenso volume abre com a afirmativa de que "o número de emoções que a arquitetura pode proporcionar é limitado". Não pode exprimir o amor; exprime 1) o poder, 2) a paz ou o repouso, 3) a alegria, o prazer do jogo ou o abandono: "todo o edifício, todo o ambiente, deve encerrar uma mensagem de alegria ou de repouso ou de poder".

Relativamente às "leis da arquitetura" – a unidade, a variedade, o equilíbrio, o ritmo, a justa proporção, o centro de interesse, a harmonia – conclui que "todo o edifício tem de ter uma composição tripartida: um princípio, uma parte média e um fim".

O segundo capítulo é dedicado aos materiais da expressão arquitetônica: paredes, telhados, portas, janelas, chaminés. E encontramos afirmações como esta: "A atração que o edifício exerce sobre os sentidos é produzida apenas por duas coisas: o jogo da luz e das sombras sobre as superfícies, e a cor dos materiais de que se compõe"; ou então: "um muro de tijolos é repousante".

Segue-se um extenso capítulo sobre o ornamento e a respectiva crítica, com uma seção sobre as plantas, outra sobre o significado do estilo, e, finalmente, um capítulo sobre o valor social da arquitetura. O livro, muito embora bastante completo, revela uma sensibilidade que desconhece a diferença existente entre clássico e neoclássico, gótico e neogótico, obra de arte e cópia. Por isso muitos dos exemplos dados são perfeitamente gratuitos.

POND, IRVING K., *The Meaning of Architecture*, Marshall Jones and Co., Boston, 1918.

Só é possível digerir uma série de livros de estética da arquitetura se se partir da convicção otimista de que mesmo no pior volume há de haver pelo menos uma alusão à verdade, alguma observação inteligente. Convicção confirmada por um livro como este, em que o autor declara: "Aquilo que a arquitetura é diz-se em duas palavras: o templo grego!"

O templo grego é a perfeição. O Egito ainda não é tão bom, Roma plagia, o gótico é um pouco melhor, a Renascença é péssima: tais são as teses históricas desta obra. Segue-se uma interpretação antropomórfica das ordens gregas, em que a dórica é definida como "o homem", a jônica, "a mulher", e a coríntia... "a decadência". No capítulo sobre o "Significado da forma e da massa" ilustra-se o efeito psicofisiológico das diversas unidades geométricas; trata-se da parte mais interessante do livro, não obstante as conclusões: na planície, deve-se construir verticalmente (Egito), nas regiões de colinas, com uma predominância de linhas horizontais (Grécia); isto, porém, se aplica apenas aos países de céu limpo (Grécia e Egito), que precisam adotar formas simples. Nos países com céu enevoado, quando o terreno é plano: formas piramidais (gótico na Inglaterra); quando é montanhoso: massas cubiformes (castelos medievais na França). A análise (superficial) das relações entre perfis raciais e perfis arquitetônicos é de leitura agradável, tal como o capítulo sobre o ritmo, baseado nas relações entre a arquitetura e a dança.

Atendendo à introdução seria legítimo aguardar um final sobre o estilo moderno (1918) que fosse uma apologia do *revival* grego; mas, inesperadamente, o autor recusa-o em nome de uma *art nouveau* exclusivamente simbológica.

BRAGDON, CLAUDE, *Architecture and Democracy*, Alfred A. Knopf, Nova York, 1918.

Atendendo ao que referiremos a respeito da obra *The Beautiful Necessity*, publicada posteriormente, pouco há a dizer a respeito deste livro no que se refere às interpretações da arquitetura. Numa busca dos temas da arquitetura da democracia, o autor fala, não tanto de arquitetura como expressão, mas de tipos de construção, quer dizer, de um controle urbanístico democrático das construções. A arquitetura da democracia americana em 1918 não podia assentar, para um crítico da sensibilidade de Bragdon, em princípios abstratos, antes inspirando-se apenas numa grande personalidade artística: Louis H. Sullivan. O ensaio sobre este arquiteto constitui a parte mais interessante do volume.

Recorde-se também a distinção feita pelo autor entre aquilo a que ele chama as duas ordens da arquitetura: o *arranged* (o ordenado) e o orgânico. A arquitetura ordenada é racional e artificial, produzida pelo talento e governada pelo gosto. A arquitetura orgânica é "o produto de uma obscura necessidade interior de auto-expressão, que é subconsciente". A arquitetura ordenada é criada e não criativa, imaginada mas não imaginativa. A arquitetura orgânica é criada e criativa, antieuclidiana, "no sentido de que é mais rica dimensionalmente, na medida em que sugere a extensão em direções e regiões em que o espírito se encontra à vontade, mas de que os sentidos não prestam contas ao cérebro". A filosofia do orgânico de Bragdon é rica em temas importantes, por muito diferente que seja da definição de arquitetura orgânica formulada muitos anos mais tarde.

WALKER ALLEN, S., *The Romance of Building*, George Philip and Son, Londres, 1921.

Trata-se substancialmente de uma história elementar da arquitetura inglesa, vista à luz de uma interpretação positivista baseada nas condições geográficas e geológicas dos lugares. O "romance" da arquitetura consiste em sua narrativa da história da vida antiga. Mas esta instância evocativa, justaposta a outras de ordem bem diversa, torna o livro medíocre. A atitude do autor é toda ela ruskiniana e, de fato, o volume termina com um capítulo que é uma apologia do *gothic revival*.

BRAGDON, CLAUDE, *The Beautiful Necessity*, Alfred A. Knopf, Nova York, 1922.

De todos os volumes que tratam das "leis" da beleza arquitetônica, este é por certo o mais original. Partindo de uma fé teosófica declarada, o autor afirma que a arte é expressão da vida cósmica, que se revela em leis naturais de que o artista poderá não ter consciência mas que são permanentes em toda e qualquer obra de arte.

No quadro das artes, os dois pólos são constituídos pela música e pela arquitetura. A primeira vive essencialmente no tempo, a segunda, no espaço. Dizer que a arquitetura é música petrificada é formular "uma definição poética de uma verdade filosófica, porque tudo aquilo que na música é expresso através de intervalos harmoniosos de tempo pode ser traduzido em correspondentes intervalos de vazio e cheio arquitetônico, em altura e largura". A música é dinâmica, subjetiva, mental, unidimensional; a arquitetura é estática, objetiva, física, tridimensional. Segue-se um resumo histórico, em que as formas de cada período são interpretadas como símbolo do pensamento da época; termina assim o primeiro capítulo que, sob certo aspecto, é o menos interessante.

A *Unidade* é a primeira lei da arquitetura. A segunda é a *Polaridade*: todas as coisas têm um sexo, masculino ou feminino; na arquitetura verifica-se um contato constante entre o masculino (simples, direto, positivo, primário, ativo) e o feminino (indireto, complexo, derivativo, passivo, negativo); "as formas duras, retas, fixas, verticais são masculinas; as suaves, curvas, horizontais, flutuantes são femininas". A coluna é masculina, a arquitrave, feminina; o ábaco é masculino, o equino, feminino; os tríglifos, masculinos, as métopas, femininas; uma torre é masculina, um telhado plano, feminino.

A terceira lei é a *Trindade*: os elementos masculino e feminino, em contato, tendem para uma terceira coisa, que é neutra. Derivado dos dois fatores arquitetônicos, o vertical e o horizontal, temos o arco. A quarta lei é a *Consonância*: o microcosmo é eco e repetição do macrocosmo; os tríglifos são o eco das colunas dóricas, a cúpula de Brunelleschi ecoa nas cupulazinhas adjacentes. Em outras palavras, repetição com variações. A *Diversidade na monotonia* é a quinta lei: a beleza das arcadas medievais depende do fato de, num esquema mecânico, se verificarem variações, muito embora imperceptíveis. O *Balance* é a sexta lei, enquanto a sétima consiste na *Transformação rítmica*: como um dedo humano se alonga numa diminuição rítmica, assim também a coluna grega se adelgaça ritmicamente, o que explica a ênfase. A última lei, a *Radiação*, remete para a lei originária do universo através das suas linhas mestras.

"O templo do corpo" é o título do capítulo seguinte, que aplica as teorias antropométricas a plantas e elevações. Segue-se "Geometria latente", que aponta diversos casos em que uma rigidez de composição geométrica, de figuras simples, subtende as formas arquitetônicas. A "Aritmética da beleza" analisa as leis numéricas da arquitetura, e o último capítulo, "Música petrificada", mostra como as proporções da arquitetura podem ser traduzidas em frases musicais respondentes às escalas fundamentais.

Amplamente ilustrado, este livro, dentro dos limites do assunto, é interessante e sem dúvida alguma de leitura agradável.

EDWARDS, TRYSTAN, *Good and Bad Manners in Architecture*, Philip Alland and Co., Londres, 1924.

Escrito num tom prático, quase experimental, liberto de "princípios" e contrário a todo e qualquer hermetismo crítico, adotado por tantos escritores anglo-saxões, este pequeno livreto de Edwards dedica o primeiro capítulo aos "Valores cívicos", denunciando a mania da concorrência entre os edifícios urbanos, que veio substituir-se ao instinto de coordenação da cidade antiga: "É possível que uma pessoa que se ponha de pé na platéia de um teatro consiga ver melhor o palco, mas se todos se levantarem volta-se à situação inicial. De resto, se uma ou duas pessoas infringirem a regra e se levantarem, os outros devem chamá-las à ordem." A regra da *urbanidade* é sinônimo de boas maneiras, ou de bons costumes, em urbanismo. Em contrapartida, na nossa época o furor propagandista e comercial alia-se à retórica monumental: todo edifício pretende ser excepcional, o que equivale a não ter maneiras em arquitetura. Se o monumentalismo equivale a não ter maneiras em urbanismo, é igualmente prova de maus costumes em arquitetura, na medida em que não respeita a escala humana, provoca no espectador um sentido de depressão, dando-lhe a sensação de medidas liliputianas. Aquilo que distingue uma série de estabelecimentos comerciais do Regent Period das lojas modernas é o caráter de *sociabilidade*, o fato de eles terem sido pensados e edificados para atrair e convidar o homem, não para enaltecer a grande indústria. Na hierarquia das artes, estabelecida pelo autor em obra anterior, *The Things Which Were Seen*, o primeiro lugar é ocupado pela beleza do corpo humano, seguindo-se-lhe as boas maneiras, depois a arte de vestir, a arquitetura e, por último, a pintura e a escultura. Por isso mesmo é perfeitamente natural que ele considere o *charme* uma qualidade fundamental da arquitetura e que o edifício urbano seja para ele "um membro da sociedade" que deve partilhar as regras do jogo como um cavalheiro num salão. Sem arrogância, megalomania, monumentalismo, ostentação de proporções, cores ou poses. O livro de Edwards é um manual do *savoir vivre* em arquitetura.

Mediante um modesto vocabulário crítico de "simples", "simpático", "cortês", "gentil", "variado", "atraente", num discurso agradável e antieloqüente, o segundo capítulo examina o caráter original e o caráter atual de Regent Street, em Londres, obra do famoso arquiteto John Nash. Trata-se de um admirável exemplo do tipo de edificação presunçosa e empolada que sucedeu à edificação inteligente, urbana, "desejosa de agradar e não de impor-se", cordial.

"O espantalho da monotonia" é o título do terceiro capítulo, implacável para com a obsessão da originalidade, da diversidade, da excentricidade, da personalidade eminente do edifício. Dessa obsessão resulta a extraordinária sensaboria do conjunto urbanístico de todas essas românticas idiossincrasias arquitetônicas. Uma série de cores as mais diversas e estridentes terá como efeito uma uniformidade mortal; as decorações de pequenos pórticos, sapatas de mármore e de travertino, dos tipos mais diversos de cornijas não resultarão em variedade viva mas em desagradável desordem. O autor aspira, no fundo, àquilo que nós chamamos urbanística volumétrica. Ele vê as boas maneiras personificadas no estilo georgiano. E aponta a necessidade de reagir ao individualismo desenfreado: será mais monótono cem homens vestidos de cores variadas, ou cem homens em traje a rigor? Se o vestuário elegante está uniformizado é porque se lhe reconhece uma certa distinção social. O estilo georgiano, sem atingir uma igualdade total, evita a vulgaridade dos romantismos, induz a uma variedade no interior de um padrão cultural comum.

Passando a examinar o princípio da "verdade" ruskiniana, o autor afirma que, tal como a arte de viver não consiste na paixão desenfreada, mas em saber dizer certas coisas e calar outras, assim também a arte arquitetônica deve suprimir certas meias verdades em benefício das grandes verdades. A verdade de um edifício, tal como a de um homem, pode ser cortês e banal. O problema das boas maneiras consiste em exprimir a primeira e omitir a segunda.

A postura de Edwards poderia ser definida como psicológica; e este livro pode ser de leitura muito útil quer para os arquitetos monumentais quer para os neuróticos da originalidade a todo o custo: a sociabilidade urbana conta-se entre os requisitos mais importantes da boa arquitetura. A respeito do problema dos espaços o autor nada diz: esta obra não se refere ao corpo e à estrutura da arquitetura, mas ao seu vestuário. Dentro desses limites, o livro atingiu perfeitamente o seu objetivo.

RUTTER, FRANK, *The Poetry of Architecture*, Hodder and Stoughton, Londres; George H. Doran Co., Nova York, 1924.

Partindo do princípio de que a arquitetura é "um efeito provocado por um edifício", ou a "construção tocada pela emoção", o autor procede à classificação histórica do conteúdo emocional e, evidentemente, ao definir a arquitetura egípcia como a arquitetura "do medo", a grega como a arquitetura "da graça", etc., nada mais faz a não ser traçar uma vaga psicologia que tanto pode ser aplicada a um autêntico monumento como a alguma cópia de pior qualidade. As formas arquitetônicas, numa interpretação vulgarmente simbolista, transformam-se na tradução de atitudes filosóficas. Apesar de algumas observações acertadas, o volume apresenta os mesmos defeitos de todos os livros que parafraseiam Ruskin e não possuem aquele seu ardor exaltado que lhe redime todos os excessos.

WILLIAMS-ELLIS, C. e A., *The Pleasures of Architecture*, Houghton Mifflin and Co., Boston, 1924.

Uma profunda admiração por Scott faz com que os autores não tenham o destino vulgar e incipiente de tantos outros: "Um espectador retirará particular prazer de um edifício se tiver em mente que os vazios são tão eloqüentes como os sólidos. O espaço entre as colunas tem uma importância que não é inferior às próprias colunas. De uma maneira geral, um arquiteto dá mais importância ao que não está construído do que àquilo que está. Edificar é o ato de encerrar, através do qual uma porção de espaço é posta de lado para um determinado fim."

O livro consiste em: 1) um excelente resumo do pensamento arquitetônico da época vitoriana em diante; 2) uma discussão sobre o caráter relativo das teorias segundo as quais o edifício deve exprimir a construção, ou a finalidade, ou a alma do arquiteto; 3) a crítica às teorias psicofisiológicas e geométrico-mecânicas da arquitetura, cuja veracidade objetiva os autores colocam em dúvida; 4) a verificação de que o público se interessa muito pouco pela vida pessoal dos arquitetos, e um extenso e estimulante capítulo sobre a vida dos arquitetos, particularmente dos arquitetos ingleses posteriores a Jones; 5) a procura de caracteres psicológicos comuns a todos quantos fizeram da arquitetura sua profissão; e, por fim, um ensaio sobre o modo de viver a profissão, outro sobre a educação arquitetônica, e extensos capítulos sobre a edificação doméstica e as características dos edifícios públicos.

O volume, escrito no desconhecimento do funcionalismo, encerra todavia numerosas observações pertinentes e é de leitura útil. Mas diz bem pouco sobre os verdadeiros e autênticos "prazeres" da arquitetura.

ROBERTSON, HOWARD, *The Principles of Architectural Composition*, The Architectural Press, Londres, 1924.

Se esta obra não tivesse passado da primeira edição, poderiam compreender-se algumas das suas falhas; mas a quarta edição data de 1945, e o livro é considerado de leitura obrigatória para a composição arquitetônica em muitas escolas do império britânico. Deve portanto ser considerado, não só vazio como tantos outros, mas decididamente prejudicial. Em 1945, havia-se atingido uma maturação filosófica e crítica do espaço e já existiam pelo menos dez obras que, de uma maneira ou de outra (porventura de forma acidental), expunham claramente a essência espacial da arquitetura. O autor, que cita algumas delas na bibliografia, não tem o espaço na menor conta.

A unidade, a composição das massas, o elemento de contraste – diz o autor – constituem as leis da arquitetura: seguem-se, como princípios secundários, a ênfase, a expressão do caráter, as proporções, a escala. Leis e princípios são largamente exemplificados, e muitas vezes de forma discutível, sempre através de fachadas e volumes. Por último, um capítulo sobre a composição das plantas, meramente formal e acadêmico, uma discussão sobre a relação entre plantas e elevações, em que o autor não toma posição, e um estudo superficial sobre a expressão da função dos edifícios.

Trata-se de um exemplo típico de como a maior parte dos teóricos da arquitetura não apenas ficou para trás no que se refere ao pensamento estético e crítico como até ignora as contribuições criativas da arquitetura. Tanto assim que o autor cita dois exemplos de Le Corbusier e Wright. Sabem quais? A primeira casa de Le Corbusier, de planta simétrica, e o Hotel Imperial, em Tóquio!

NEWTON, WILLIAM GODFREY, *Prelude to Architecture*, The Architectural Press, Londres, 1925.

Há uma referência ao tema do espaço: "A arquitetura deve ser considerada em termos de medidas cúbicas. Pegamos uma porção de espaço e o contornamos." Mas é uma observação passageira. Este livrinho, escrito no estilo despreocupado de um arquiteto moderno, começa por criticar as fórmulas acadêmicas sobre "A expressão da planta", e critica depois a tese funcionalista sobre "A expressão da estrutura": "o corpo humano, com suas referências aos músculos e aos ossos, e com os tendões fixados nos pontos nodais, exprime sua estrutura sem a revelar". Discute depois a atitude estilista que assenta na "pureza do eco arqueológico", e afirma acidentalmente: "É bom que se comece a pensar nos edifícios partindo de dentro para fora, em vez do contrário." O autor critica vivamente a ignorância dos funcionalistas, que acreditam que a utilidade e a estrutura determinam a forma, e ironiza: "Querendo certo rei descobrir qual era a língua original da humanidade, pegou duas crianças, deu ordens para que fossem amamentadas por uma cabra e mantêve-as isoladas até os vinte anos, quer dizer, até a idade em que haveriam *naturalmente* de falar. Mas quando foram conduzidas à presença do rei, apenas sabiam balir." O autor termina este livrinho de leitura fácil e agradável com uma apologia da exigência poética.

BUTLER, A. S. G., *The Substance of Architecture*, Constable, Londres, 1926.

O reduzido preparo filosófico do autor leva-o a algumas prolixas divagações a respeito da diferença entre prazer físico, científico e estético, a ambíguas definições da arquitetura como arte que equilibra exigências artísticas e práticas, resumindo, a um pragmatismo salpicado de persuasiva suficiência. Como crítico, falta-lhe perspectiva, que é função do ecletismo do seu gosto. A caracterização dos poucos edifícios ilustrados que deveriam exemplificar um método crítico, com exceção de algumas observações pertinentes (como, por exemplo, as referentes à Ca d'Oro, em Veneza), não consegue convencer.

Em contrapartida, a investigação da maneira de olhar os edifícios já se revela significativa. A beleza arquitetônica, afirma o autor, refere-se à "aparência de um edifício". E pergunta logo a seguir: "Mas como devemos olhá-lo?" Se não se possui a capacidade de uma visão espacial ou volumétrica unitária, a resposta é previsível: são muito poucos os edifícios construídos de forma a produzirem o mesmo efeito de todos os ângulos de visão, e nem sequer esses atingem o seu objetivo, visto que o Batistério de Pisa, por exemplo, "completamente circular e uniforme, faz com que o olhar rode indefinidamente sem nunca alcançar uma satisfação total". Sob esse aspecto, são mais satisfatórias a Biblioteca Radcliffe, de Oxford, ou a Igreja della Salute, em Veneza, onde se distingue uma entrada definida. "Devemos concluir que todos os edifícios esteticamente bem-sucedidos apresentam um determinado aspecto que prevalece sobre os demais, determinada aparência que perdura mais demoradamente na memória do que as outras, seja ela exterior ou interior." Estabelecida essa regra, dá início à casuística: Santa Sofia significa o seu interior, a Catedral de Reims, a fachada; a respeito de Chartres, o autor hesita um pouco, mas decide finalmente que "o aspecto exterior é o dominante". E conclui: "Todos os edifícios apresentam mais de um aspecto, mas é sempre possível identificar o mais importante, a fachada mais significativa. Se o edifício se apresenta aos nossos olhos com dois lados, podemos sempre encontrar um ponto em que esses dois lados surjam na melhor relação, e um bom fotógrafo não tarda a descobri-lo intuitivamente. Por último, no interior de um ambiente há sempre um ponto em que o conjunto de três paredes, do teto e do chão produz o efeito máximo."

A incapacidade de ver a arquitetura conduz naturalmente a essas teorias que decompõem o edifício e os seus fatores espaciais em imagens estáticas, em quadros pictóricos. Evita-se assim o verdadeiro problema. Em vez de se julgar a arquitetura, escolhe-se um ângulo de visão, fotografa-se e depois caracteriza-se a fotografia.

ROBERTSON, HOWARD, *Architecture Explained*, Ernest Benn, Londres, 1927.

Escrito por um ativo arquiteto, este livro tem uma estrutura e um interesse bastante superiores aos da casuística da beleza abstrata. Depois de uma breve resenha dos períodos históricos, o autor dedica três capítulos aos princípios do *design*. Segue-se um capítulo sobre o "Caráter em arquitetura" que, não obstante os seus limites expressionistas, é digno de apreço. O volume termina com uma panorâmica da arquitetura moderna. A leitura é agradável, visto que todo o livro está imbuído de uma mentalidade antiarqueológica e operante.

GREELEY, WILLIAM ROGER, *The Essence of Architecture*, D. Van Nostrand Co., Nova York, 1927.

Ilustre com requinte um livro de arquitetura qualquer, e ele agradará com certeza. Mas não é apenas esse o mérito do livro de Greeley. No âmbito das estéticas tradicionais, *The Essence of Architecture* é sem dúvida alguma um dos melhores tratados, ainda que não seja simplesmente por sua atitude experimental, que nunca assume o tom enfatuado e pedante dos livros do gênero, nem cai tampouco na casuística escolástica do volume de Gromort.

A respeito do espaço, como é natural, nem uma palavra. O autor parte de uma distinção entre artes descritivas e não-descritivas (arquitetura, música e dança); já em relação à arquitetura, ele estabelece uma diferença entre qualidades "de fundo" (de conteúdo) e qualidades figurativas.

A geografia, a tradição, a história, a raça e o caráter dos povos constituem os elementos de fundo.

A composição arquitetônica deve obedecer a quatro princípios: a sinceridade, a propriedade, o estilo, a escala; a diferença entre sinceridade e propriedade é exposta em termos convincentes. Outras características da composição: a unidade, o *balance*, a ênfase, a proporção. O último capítulo trata das características da arquitetura pitoresca.

Nada de novo, como se vê; mas o volume é bastante útil, precisamente porque o autor, mesmo quando formula juízos absurdos, procura verificá-los experimentalmente.

YOUTZ, PHILIP N., *Sounding Stones of Architecture*, W. W. Norton and Co., Nova York, 1929.

Com relação ao empirismo inibido das meias verdades de muitos escritores ingleses, o pragmatismo americano tem todas as vantagens da ausência de preconceitos, da pluralidade de sugestões dinâmicas, não obstante as muitas confusões e a quase total ausência de um sistema. Para dar prova da total ignorância do conceito de espaço, bastará esta citação: "A arquitetura é uma composição original de massas, planos e linhas num desenho espacial tridimensional. O arquiteto trabalha em termos de forma, simetria, proporção e sombras. A arquitetura é uma espécie de escultura sem os limites do vocabulário restrito das formas humanas e animais. É uma escultura, não de corpos em movimento, mas de repouso, de materiais fortes em equilíbrio, de estática. É uma escultura em que a dimensão heróica constitui regra."

O valor do livro reside na intenção de iluminar todos os aspectos da arquitetura e não apenas o seu aspecto artístico. O título dos diversos capítulos enuncia os aspectos considerados:1) "História visual", em que se interpreta a arquitetura como documento da civilização político-econômica; 2) "Instrumentos de pedra", em que o edifício é analisado como um meio através do qual o homem multiplica o seu poder de controlar o mundo que o rodeia, ou seja, numa perspectiva funcional no sentido sociológico da palavra; 3) "Geometria sólida", que considera a arquitetura em relação à ciência matemática, que permite sua realização; 4) "Paixão tranqüila", em que a vida e a sensualidade dos materiais são descritas, criticando aqueles que os consideram inanimados e os utilizam mecanicamente, isto é, sem levarem em conta suas qualidades orgânicas e seu comportamento em relação à luz; 5) "Língua sem palavras", em que o autor defende a utilidade instrumental, não o valor, do estudo dos estilos; 6) "Arte pura", que trata do *design*, ou seja, dos valores formais; 7) "Verdade experimental", em que se discute a mentalidade empírica que preside às construções como distinta da consciência analisada na terceira alínea.

O valor intrínseco dos diferentes capítulos é relativo, mas a qualidade do livro reside no complexo esquema da sua estruturação: "a prática de dividir a arquitetura nas suas partes constituintes e de destilar a forma numa substância imaterial de conteúdo meramente lógico apenas é defensável dentro dos limites do estudo e da investigação. O método analítico corre o risco de não vir a ser capaz de congregar as partes que separou. A forma espacial pode tornar-se a alma desencarnada da arquitetura, destinada a uma interminável existência vagabunda. Um organismo cujas partes foram seccionadas e habilmente justapostas fica privado de vida". É a consciência desta realidade que confere interesse aos capítulos, não meras categorias de idéias predeterminadas.

ROBERTSON, MANNING e NORA, *Foundations of Architecture*, Edward Arnold and Co., Londres, 1929.

"Este livro é uma tentativa de examinar os elementos da arquitetura de forma a poder servir de base, quer para um adulto quer para um aluno do 1º grau", dizem os autores no prefácio. Na verdade, porém, mesmo para um aluno do 1º grau o livro é de pouca utilidade. Em seus capítulos dedicados aos diversos materiais – do tijolo ao concreto –, à casa, aos detalhes e à decoração, às cores e, até mesmo, à proporção e ao agrupamento das massas dos edifícios, se repetem os conceitos mais óbvios e, por isso mesmo, mais arbitrários. "Tudo é simples e natural" é o lema dos autores. Infelizmente, porém, tudo é vago e muito pouco verdadeiro.

LYON, THOMAS HENRY, *Real Architecture*, W. Heffer and Sons, Cambridge, 1932.

Livrinho com poucas pretensões, que procura ilustrar os erros mais comuns de quem encomenda uma casa e dos próprios arquitetos: 1) a diferença existente entre uma arquitetura de qualidade e um belo desenho pictórico de um edifício; 2) o problema da personalidade do arquiteto; 3) o equívoco sentimental a respeito do ambientismo; 4) o romantismo da "cor à antiga" e da hera que encobre os volumes das construções; 5) o preconceito de que os materiais naturais são os mais bonitos; 6) o preconceito de que a produção artesanal é melhor do que a industrial; 7) a falsa idéia de que a verdadeira arquitetura se fazia quando o arquiteto era também o construtor. O assunto é tratado com sutileza do ponto de vista de um admirador do século XVIII inglês, particularmente do georgiano.

BYRON, ROBERT, *The Appreciation of Architecture*, Wishart and Co., Londres, 1932.

Este interessante ensaio baseia o critério arquitetônico na distinção dos edifícios em duas categorias: 1) a arquitetura estática, cuja preocupação principal é a afirmação da simetria e do *balance*, a coordenação de todos os elementos com relação a um ponto focal, e que é característica da produção mediterrânea;

2) a arquitetura móvel, mais romântica e ao mesmo tempo mais funcional, em que as diretrizes visuais são centrífugas.

Seguem-se numerosos exemplos, entre os quais citamos: a Rotonda, de Palladio ("composição estática obtida pela simetria, pelo *balance* e por proporções racionais"), igrejas góticas ("composição móvel realizada mediante uma profusão de linhas verticais"), a Basílica de São Pedro, em Roma ("elementos estáticos inseridos num panorama móvel"), Santa Sofia ("aliança de estático e móvel"). Resta acrescentar que o autor analisa também os elementos de mobilidade que existem nas composições estáticas e vice-versa. O seu credo refere-se à predominância de uma das duas categorias, não à sua afirmação exclusiva.

BRADDELL, DARCY, *How to Look at Buildings*, Mothuen and Co., Londres, 1932.

Estruturado com base nas contribuições de Belcher e de Edwards, este livro tem o mérito de enfrentar, muito embora com má vontade, alguns problemas da arquitetura moderna. Ignora muito naturalmente o espaço, pelo que não vai muito além das aquisições críticas anteriores. Quais são as qualidades da arquitetura? 1) A expressão, no sentido expressionista da palavra; 2) a composição, em que o autor distingue a atitude pitoresca da atitude formal; 3) a proporção, em que se faz uma distinção entre a proporção ordenada do clássico e a proporção instintiva do romântico; 4) a escala, que é empiricamente bem exemplificada; 5) o detalhe, que é pretexto para o autor discutir criticamente a posição que renega os funcionalistas; 6) o ornamento; 7) a *texture*, quer dizer, o grão, os valores tácteis dos materiais; 8) a cor; 9) o sentido cívico, em que se repetem os conceitos de *boas e más maneiras em arquitetura*.

GROMORT, GEORGES, *Initiation à l'architecture*, Coleção "Manuels d'Initiation", Librairie d'Art R. Ducher, Paris, 1938.

Incluo este volume em língua francesa porque talvez seja o melhor dentre todos os manuais escolares de estética da arquitetura. Tendo presentes os ensinamentos do volume de Geoffrey Scott e os *Essentials in Architecture*, de Belcher, o autor evita os defeitos comuns dos livros do gênero. Mas se se comparar com um *Saper vedere*, de Marangoni, far-se-á uma idéia do atraso que ainda apresenta na crítica arquitetônica.

Antes de mais nada, o autor divide o campo da arquitetura nos três interesses tradicionais: solidez estrutural, utilidade prática e beleza. Apresenta depois as categorias do belo arquitetônico: 1) a unidade; 2) o contraste; 3) a simetria; 4) a proporção; 5) as proporções geométricas e matemáticas; 6) os valores estéticos do partido, da franqueza e da verdade. Seguem-se os capítulos sobre a composição das plantas e das fachadas. E continua com: 7) o caráter; 8) a escala; 9) a decoração arquitetônica e escultórea; 10) simplicidade e a sobriedade; 11) o estilo; 12) a matéria. Termina assim a primeira parte, a que se seguem duas seções muito breves sobre as ordens e as molduras clássicas, e sobre a evolução das formas e das estruturas.

A utilidade da leitura do livro depende não já de clareza da interpretação, mas da abundância das ilustrações, de um tom cheio de bom senso, que implica naturalmente que toda afirmação seja quase sempre uma meia verdade; mas, dadas as muitas poéticas que o autor considera, o livro é digno de apreço. Poderia ser colocado nas mãos de qualquer leigo como o primeiro livro de arquitetura, mas com a advertência: "Trata-se de uma enciclopédia das categorias da arquitetura; lembre-se de que a arquitetura começa depois de eliminadas estas categorias. De resto, se a crítica tem alguma utilidade é a de iluminar com paixão um aspecto da arquitetura, uma verdade, muito embora parcial. Em contrapartida, o autor pegou em todos os licores críticos, misturou-os muito bem, acrescentou bastante água, e assim obteve sua estética da arquitetura."

LEATHART, JULIAN, *Style in Architecture*, Tomas Nelson and Sons, Londres, 1940.

Apesar do título, trata-se apenas de uma interpretação positivista (técnica e climatológica) da arquitetura. Escrito por um arquiteto moderno, este livro tem o mérito de dar uma panorâmica da história da arquitetura, desde as origens até os nossos dias. De muito interesse é um capítulo sobre o "estilo romântico moderno" que iria seguir-se ao período funcionalista.

EDWARDS, TRISTAN, *Style and Composition in Architecture*, reedição, John Tiranti Ltd., Londres, 1945.

O autor começa por afirmar que o belo é o orgânico, isto é, aquilo que possui uma estrutura física organizada, a exemplo da que encontramos nos animais e nas plantas. Segue-se uma distinção entre o estilo e o caráter, um confronto entre o conceito de língua e o de estilo. O primeiro objetivo do livro é fornecer uma gramática do *design*. Este, segundo o autor, é "governado por três princípios fundamentais: o número, a pontuação e a inflexão. Toda e qualquer forma de arquitetura se integra nestes três pontos e tudo aquilo que num edifício não pertence a nenhum deles faz parte do sujeito da arquitetura". Sujeito que o autor tratou no outro volume que já recenseamos. "A função do *design* nas artes visuais é dar às coisas inanimadas as qualidades da vida"; e conferem-se essas qualidades à arquitetura através dos princípios anteriormente referidos.

O autor começa por desenvolver o tema do número através de uma extensa lista de edifícios típicos que põe em confronto com organismos animais. As qualidades da unidade, da dualidade e da trindade são tratadas neste capítulo, que analisa exclusivamente a composição das fachadas.

A pontuação é definida como "processo do desenho através do qual se dá a um objeto uma certa consciência das suas extremidades", através do qual se lhe acentuam os limites: trata-se, em larga medida, de uma análise da ênfase estendida à totalidade da fachada de um edifício.

O padrão da inflexão é definido como "o princípio que governa as relações das partes com o todo e a relação do todo com o que o rodeia"; a análise das proporções constitui seu corpo.

Segue-se um capítulo sobre a aplicação dos três cânones nas planimetrias, um capítulo sobre a "escala" e as proporções, e uma longa exposição sobre os ornamentos.

Como se vê, este livreto sobre a gramática arquitetônica não é tão interessante como o seu equivalente psicológico *Good and Bad Manners in Architecture*. Mas quando o autor é inteligente e penetrante, até um pequeno tratado sobre gramática se reveste de interesse.

GROMORT, GEORGES, *Essai sur la théorie de l'architecture*, Vincent Fréal, Paris, 1946.

Profusa e magnificamente ilustrado, este extenso volume repete, diluindo-os, os conceitos apresentados no livreto acima citado, *Initiation à l'architecture*, e suas finalidades didascálicas, próximas das de um manual para a composição arquitetônica, tornam seu desenvolvimento mais perigoso que o anterior. A tentativa de Gromort consiste em analisar o maior número possível de obras, extrair daí os princípios arquitetônicos comuns e mostrar sua validade para a elaboração do projeto. Trata-se de uma tentativa antiga e ultrapassada, que ignora que o ensinamento da arquitetura pode basear-se apenas na crítica histórica, e não nos passatempos abstratos das proporções e da escala. O academismo das Belas-Artes assentou todo o ensinamento sobre os princípios da composição clássica, a escola dos funcionalistas modernos sobre os princípios de composição abstratos das tendências pictóricas pós-cubistas. Problema urgente para as nossas universidades é o de uma propedêutica arquitetônica fundada numa crítica histórica moderna. Resta acrescentar que grande parte do material filológico vindo das escolas de Belas-Artes poderá ser utilizado; neste aspecto, o livro de Gromort é rico em informações de interesse. Mas a formulação terá de ser radicalmente diferente.

WILLIAMS-ELLIS, CLOUGH, *The Adventure of Building*, The Architectural Press, Londres, 1946.

Livreto dedicado "aos jovens cidadãos inteligentes e aos seus antiquados antepassados", escrito num estilo repleto de um humor tipicamente britânico e ilustrado com deliciosos esboços.

Para se compreender um edifício é preciso que ele fale, que responda a perguntas concretas: 1) és prático?; 2) tens uma construção sólida?; 3) se és novo, qual será o teu aspecto daqui a dez anos: estarás deteriorado ou ainda em boas condições?; 4) és bonito, ao menos para mim, e, em caso negativo, achar-te-ia bonito quem te construiu?, e por quê?; 5) transmites alguma idéia?; és repousado e vigoroso, alongado (horizontal) ou todo reto (vertical), calmo ou alegre, delicado ou forte, luminoso ou sombrio, feminino ou masculino – como uma bétula ou como um carvalho? – em outras palavras, possuis um caráter, e, em caso afirmativo, de que gênero?; 6) és um bom vizinho? – gostas do restaurante em estilo Tudor que está a teu lado, ou da farmácia em estilo Regency à tua frente, e das árvores próximas, e da igreja, como gostas de ti?; os outros edifícios, e as colinas, e as árvores e, de uma maneira geral, tudo o que te rodeia ganha ou perde com a tua presença?

Por aqui se explica o tom do livro: um colóquio a respeito da variação das modas arquitetônicas, dos efeitos da política na atividade de construção e no urbanismo, dos vários períodos da história da arquitetura (que é a parte mais fraca do volume), das preferências do público em matéria de habitação, da necessidade de ensinar o cliente a formular claramente o programa de construção que pretende. O último capítulo intitula-se "No canteiro de obras" e consiste numa discussão típica entre o arquiteto, o mestre-de-obras, o construtor e o cliente.

Nada de teoria, portanto, mas uma série de observações pragmáticas bastante eficazes para a orientação do gosto do público. Posição inequívoca em favor da arquitetura moderna, sem afirmações culturais e apodíticas. Resumindo, um testemunho daquela modernidade benevolente para com as idiossincrasias tradicionais que qualifica o pensamento britânico.

THOMAS, MARK HARTLAND, *Building is Your Business*, Wingate, Londres, 1947.

Dos quatro capítulos que compõem este livreto sóbrio que se propõe informar o público acerca da atividade da construção, o primeiro refere-se à definição dos especialistas (o arquiteto, o engenheiro, o construtor, o orçamentista, etc.), o segundo, à técnica de construção (os diversos materiais e o equipamento mecânico da casa, a que acrescenta dois parágrafos sobre os projetos modulares), enquanto o quarto examina a atividade profissional do arquiteto no período moderno. Só o terceiro capítulo, intitulado "A arquitetura como arte", propõe definições críticas e é completado por um apêndice de ilustrações. Nele encontramos idéias breves mas inteligentes.

"A arquitetura é uma arte tridimensional. Tal como a escultura, interessa-se pelos objetos como um todo, mas, contrariamente à escultura, não se preocupa antes de tudo com a forma exterior dos objetos, muito embora ela seja, em abstrato, um importante elemento da arquitetura. Verifica-se aqui uma interferência entre escultura e arquitetura: um monumento comemorativo pode ser projetado por um escultor ou por um arquiteto; foi um escultor quem desenhou o famoso ferro elétrico H.M.W., mas quem desenhou o protótipo dos aparelhos de rádio EKCO foi um arquiteto (...). No entanto, muito embora a experiência do arquiteto na utilização de formas tridimensionais o torne indicado para intervir em qualquer tipo de projeto, do urbanismo a uma simples xícara de café, a arquitetura propriamente dita é a aplicação da forma tridimensional a um fim específico, que é o de encerrar o espaço (...). A arquitetura, arte de encerrar o espaço, é o ato através do qual se humanizam porções de infinito, sujeitando-as ao querer e à compreensão do homem."

Mais discutível é a tese segundo a qual o homem encerra o espaço em termos de formas geométricas simples: "círculos, retângulos, quadrados, triângulos, cubos, cones, pirâmides, prismas regulares, semi-esferas e semicilindros".

A afirmação de que "a regularidade da forma geométrica no encerramento dos espaços é fundamental na arquitetura" parece impedir o entendimento do barroco.

Como é que se deve ver a arquitetura? "Uma vez que o objetivo principal da arquitetura é encerrar espaços, um edifício deve ser antes de mais nada avaliado, quer nos encontremos dentro ou fora dele, pela maneira segundo a qual realiza esse encerramento do espaço; é preciso sentir o edifício não como um conjunto de massas, à maneira de uma montanha, de um monumento ou de uma fachada (os edifícios concebidos e elaborados em função de uma única fachada nos chocam por serem uma negação da base tridimensional da arquitetura), mas como uma combinação de vazios de contorno variado." Ao que se poderia apenas observar que, quando se contempla um edifício do exterior, ele deve ser examinado não só em função dos espaços interiores que encerra, mas principalmente dos espaços exteriores, das cavidades urbanísticas que define e encerra.

Seguem-se três parágrafos, claros mas pouco originais, sobre a escala, a proporção e o módulo; uma referência ao movimento moderno e um subcapítulo que ensina ao leigo como "ler" uma planta. As ilustrações, todas elas de tema contemporâneo, são comentadas com acerto e contribuem para conferir a este livreto – cujo propósito é constituir um manual para quem quer construir uma casa e não um tratado teórico de arquitetura – enorme utilidade e para fazer com que atinja o seu objetivo.

CLOZIER, RENÉ, *L'architecture, éternel livre d'images*, Laurens, Paris, 1948.

Apesar de uma aparência de maior desenvoltura crítica, este livro é mais um dos muitos manuais franceses repletos de lugares-comuns e de um vago psicologismo que não consegue esconder a falta de idéias e de perspectivas críticas. Não por acaso a Academia Francesa o premiou.

São três as principais determinantes da arquitetura: 1) a natureza do terreno; 2) as exigências do clima; 3) as necessidades humanas. Qualquer realização arquitetônica, determinada por estas influências, exterioriza-se através de: 4) a opção que resultar da escolha de uma solução entre as muitas possíveis; 5) a composição, que exprime a opção tomada, reunindo os seus elementos constitutivos num todo harmonioso; 6) as proporções, cujas leis completam as da composição, na medida em que determinam as dimensões das diferentes partes da composição; 7) a escala humana (o autor afirma que o mundo greco-romano ignorava a escala humana e que a grande contribuição da idade cristã, que caracterizou a arquitetura francesa até a Renascença inclusive, reside precisamente nela); 8) os valores e a situação, ou seja, o foco da composição (elemento dominante entre todos) e a relação inalterável entre a natureza e o edifício; 9) as possibilidades técnicas de execução.

Seguem-se os chamados princípios gerais, que empiricamente tentam harmonizar exigências aparentemente opostas: 10) a comodidade e a estética, concluindo o autor que "a estética de uma construção nada mais é do que a expressão harmoniosa da sua funcionalidade"; 11) a harmonia e a simetria, em que se afirma que a simetria mecânica é anti-harmônica, sendo preciso procurar uma "Simetria ponderada"; 12) a simplicidade e a pobreza, em que se resolve (ou melhor, se elimina) o problema, pregando uma "riqueza que se mantenha modesta"; 13) a lógica e o sentimento, em que o autor afirma (adivinhe?!) que "a arquitetura resulta do perfeito equilíbrio da lógica e do sentimento"; 14) internacionalismo e regionalismo, em que se julga que o regionalismo significa a adaptação de um estilo internacional a um determinado lugar e, portanto, que o internacionalismo constitui a evolução da cultura e o regionalismo sua estabilização; 15) construção e decoração, que evidentemente "não se opõem, antes se completam", na medida em que a decoração "exprime a estrutura"; 16) o estilo e os estilos – "o estilo é a própria essência da arquitetura, enquanto os estilos são sua classificação" - dividindo-se os estilos em superiores (egípcio, grego e gótico) e secundários (românico, bizantino e estilos desde a Renascença aos nossos dias), divisão que assentaria no fato de, nos estilos secundários, a decoração não exprimir a construção, limitando-se a recobri-la.

O livro encerra com um banalíssimo resumo dos estilos arquitetônicos, o qual demonstra uma vez mais como está destinada ao fracasso a iniciativa de criar uma "estética da arquitetura" e como é absurdo procurar as leis da composição arquitetônica fora da história concreta da arquitetura, quer dizer, fora da caracterização específica das suas personalidades e dos seus monumentos.

PAKINGTON, HUMPHREY, *How the World Builds*, Black, Londres, 1949.

A revisão do texto original de 1932 não melhorou este livreto, três quartos do qual constituem um banal resumo histórico e cujos dois capítulos finais são dedicados à teoria da arquitetura e à fruição da arquitetura. A própria afirmação de que "a história se refere aos fatos, aos ossos descarnados, enquanto a teoria lhe insufla a vida e lhe ilustra a beleza", prova os limites desta posição, imperdoáveis mesmo numa publicação que visa a popularidade. Segue-se a habitual enunciação das qualidades da beleza arquitetônica: a proporção – a respeito da qual, porém, o autor formula certas reservas ("O Partenon é um edifício de mármore perfeitamente proporcionado (...) mas recentemente os americanos construíram um edifício idêntico ao Partenon em ferro-cimento. As proporções eram as mesmas, mas estavam erradas, visto que as colunas de ferro que sustentavam as traves, também de ferro, podiam estar muito mais afastadas entre si (...) as regras das proporções variam de acordo com o material, pelo que o problema das proporções não pode ser de natureza meramente óptica") – o contraste, a harmonia, o ritmo, o equilíbrio, "a dualidade não resolvida" – segundo a qual, tal como existem um nariz e uma boca no meio do rosto humano, também no meio de uma fachada simétrica é necessário um elemento arquitetônico que atraia a atenção – a escala. O autor fornece exemplos para todas essas qualidades, em esboços esquemáticos que se afiguram bastante dúbios; para ilustrar o contraste, por exemplo, desenha uma cúpula circular com um pináculo ao lado. O aluno ficará perguntando se essa composição corresponde à harmonia e ao ritmo, ou então terá de concluir que a Igreja de Santa Maria della Salute, em Veneza, não é arquitetura de qualidade visto que as suas duas cúpulas não contrastam.

BRUCE, ALLSOPP, *Art and the Nature of Architecture*, Pitman, Londres, 1952.

Este ensaio propõe-se a aplicar à arquitetura a filosofia exposta por R. G. Collingwood em *The Principles of Art*: trata-se de um assunto semelhante aos muitos realizados na Itália no intuito de aplicar a estética crociana à arquitetura. Collingwood era, de resto, admirador e discípulo de Croce; por isso, seu pensamento é facilmente traduzível em termos arquitetônicos. Mas desde as primeiras páginas nos perguntamos: valerá a pena? Assimilando a arquitetura a todas as artes, reforça-se uma verdade estética doravante adquirida, mas corre-se o risco de cair no genérico e de não explicitar os aspectos peculiares às diferentes atividades artísticas. Será mais útil referir os elementos comuns à música, à arquitetura e à pintura ou explorar a sua realidade interior, sublinhando as suas características próprias? Na Itália, a resposta a essas interrogações foi dada pelo próprio Croce, que, enquanto refutava firmemente a teoria das artes particulares, sustentava "a oportunidade de compor livros teóricos sobre cada uma das artes" (*La poesia*, p. 186) e comprovava sua utilidade concreta no campo da literatura; em contrapartida, na Inglaterra, ainda não se passou das premissas gerais, ainda não se chegou às exemplificações críticas específicas.

O volume divide-se em quatro partes. Na primeira, dedicada a um resumo correto das idéias básicas da estética moderna, o autor propõe uma distinção entre profissão (*craft*) e arte, caracterizando-se a primeira por ser um meio para um fim predeterminado, sendo a outra autônoma e só plenamente realizável no processo criativo; distinção semelhante à estabelecida por Croce entre literatura e poesia, que vários autores citados transferiram para a distinção entre edificação e arquitetura.

Na segunda parte são examinados os temas da funcionalidade, do estilo, da tradição, assim como as instâncias introduzidas pela criatividade contemporânea relativamente à dicotomia originalidade-tradição: o autor critica as teorias mecanicistas e utilitárias da arquitetura, defende a linguagem moderna e postula a sua conexão com a tradição sem no entanto definir qual a dialética íntima capaz de tornar essa conexão possível. Visto que a arquitetura moderna não está historicizada e continua a ser um estilo entre os muitos do passado, a tão legitima recomendação do autor cai no abstrato.

A terceira parte, depois de ter insistido na unidade das artes e no valor relativo que deve ser conferido às qualidades específicas e aos limites das diversas artes, aborda o tema do ensino da arquitetura nos seus aspectos intelectuais, técnicos e artísticos. Aqui o pensamento do autor torna-se algo mais esclarecedor: "é evidente que o estudante de arquitetura tem de aprender os meios de expressão, os meios de produzir coisas compreensíveis. Trata-se de um dos aspectos da sua técnica. Obviamente, a história é a mais importante matéria técnica que lhe cabe estudar". "A arte é uma espécie de língua. A gramática de uma língua não é uma série de regras irrevogáveis, mas simplesmente o ato pelo qual se reconhece o uso comum, que está em constante transformação. Conhecer o vocabulário e a gramática, ou seja, a técnica da língua, ajuda-nos a nos exprimir." Mas em que consiste propriamente essa técnica? "A técnica de um arquiteto é o conhecimento da história da arquitetura. Visto que não lhe é possível conhecer toda a história, toda a arquitetura do passado, tenderá espontaneamente para se concentrar em certos e determinados períodos: uns limitar-se-ão à arquitetura gótica ou da Renascença, outros à história contemporânea, ou seja, à história recente. Qualquer desses esquemas apresenta falhas: o segundo leva as pessoas a se fecharem nas modas do momento, o primeiro tende a excluir as expressões modernas." Observação correta mas bastante superficial, visto que não chega a abordar a historicização de todo o ensino arquitetônico-compositivo, isto é, a revisão metodológica do ensino da arquitetura, para se deter na justaposição do antigo e do moderno, augurando um maior equilíbrio entre os dois nos estudos históricos.

O volume termina com uma apologia da individualidade na arquitetura como profissão, bem como do valor da arte. Com paixão, embora um tanto ingenuamente, diz o autor: "Não há nada de intrinsecamente absurdo na idéia de que todos os edifícios são verdadeira arquitetura, quando sabemos que cada um deles pode sê-lo (...) Um bom projeto não é mais caro: pode até evitar despesas. E tê-lo-emos na medida em que nos convencermos de sua importância."

GUTTON, ANDRÉ, *Conversations sur l'architecture*, vol. I, Vincent Fréal, Paris, 1952.

Primeira parte de uma obra em vários volumes, este livro constitui a introdução estética de um importante estudo que se propõe examinar os vários tipos de edifícios (desde a casa particular ao teatro e ao palácio da justiça), assim como os problemas inerentes ao urbanismo. Uma autêntica enciclopédia da arquitetura, portanto, semelhante à que, na mesma época, Talbot Hamlin organizou nos Estados Unidos (*Forms and Functions of 20th Century Architecture*, 4 vols., Columbia University Press, Nova York), e com todos os defeitos característicos deste gênero de trabalho. Hamlin, mais pragmático, dedica o segundo volume aos "princípios de composição", reservando o primeiro aos "elementos construtivos" e os dois últimos aos tipos de edificação. Gutton, pelo contrário, segue o costume de dar a precedência aos problemas de arte e aos da profissão de arquiteto.

O aspecto positivo do livro reduz-se a uma coletânea de fotografias realmente original. Em contrapartida, quanto ao conjunto do texto, bastante prolixo, poderiam repetir-se as observações que acima formulamos a respeito do ensaio de René Clozier: carência de idéias e de método, aproximações psicológicas e, o que é irritante, uma infindável série de lugares-comuns proferidos em tom de descoberta e de gravidade acadêmica. Como é possível encontrar semelhantes inconvenientes nos livros franceses recentes?

A origem remonta a 1675, quando François Blondel criou o primeiro curso de "Théorie de l'Architecture" na École Nationale Supérieure des Beaux-Arts. O programa do curso articulava-se em duas partes, sendo a primeira dedicada à análise dos "elementos primários" da arquitetura (paredes, ordens, arcadas, janelas, etc.) e dos seus "elementos complexos" (salas, vestíbulos, escadas, pátios, etc.), e a segunda aos princípios gerais da composição e aos tipos de edifícios: religiosos, civis, militares, de utilidade pública e privada. Em 1901, Julien Guadet publicou a famosa obra *Éléments et théorie de l'architecture*, concebida com base no curso por ele proferido em 1894; precedera-o J. B. Lesueur com a sua *Histoire et théorie de l'architecture*, de 1879, e sucedeu-lhe uma infinidade de outros livros, desde o *Traité d'architecture*, de Leonce Reynaud, ao *Traité*, de Jean Rondelet, e à *Théorie de l'architecture*, de A. Vaillant, de 1919.

A lacuna destes tratados, a começar pelo de Guadet, é de ordem metodológica e consiste nos seguintes equívocos: *a)* que a arquitetura deriva da solução dos seus "elementos" simples e complexos e que tem portanto de ser articulada, crítica e didaticamente, numa série de problemas empíricos; *b)* que os livros sobre arquitetura devem ser organizados por gêneros e por tipos de edificações; *c)* que a "teoria" da arquitetura é uma coisa distinta da história da arquitetura, na qual se apóia constantemente, mas para extrair dela princípios universalmente válidos.

O volume de Gutton não foge às múltiplas conseqüências de semelhantes equívocos, e as reservas postas aqui e ali à possibilidade de regras de composição rígidas não são suficientes para transferir o discurso do autor para um campo mais atual, antes retirando poder de persuasão às velhas teorias que são afinal aceitas, mas sem aquele rigor que confere interesse aos preconceitos de Guadet e os torna representativos de uma cultura e de uma poética. O autor confessa aderir às idéias expressas nos livros de Gromort, e dispõe-se a completar o estudo dos edifícios, inclusive sob o aspecto da sua localização urbana e paisagística. O tema do ambiente está efetivamente presente ao longo de todo esse monótono texto, mas não chega a quaisquer conclusões, dadas as incertezas metodológicas acima mencionadas. Por abundantes que sejam os exemplos citados, não se constrói uma "teoria" da urbanística enquanto não a identificarmos com a história concreta das cidades.

LURÇAT, ANDRÉ, *Formes, composition et lois d'harmonie. Éléments d'une science de l'esthétique architecturale*, vol. IV, Vincent Fréal, 1955.

Obra em cinco volumes, sob vários aspectos semelhante à de Gutton e por isso substancialmente acadêmica. Os três primeiros volumes analisam as relações entre conteúdos e formas, os elementos constitutivos das formas (linha, superfície, volume, espaço), os instrumentos adotados pelo arquiteto (matéria, cor, modinatura, ornamento, luz, pintura, escultura, natureza). No quarto volume abordam-se os problemas da configuração (simetria e assimetria, composição frontal e espacial, efeitos de luz, eixos, repetição, ritmo, escala, contraste, localização), sendo o último dedicado às "leis da harmonia" (proporções, traçados harmônicos, teoria das ordens, efeitos de perspectiva, ilusões e correções ópticas).

André Lurçat foi um mestre da arquitetura moderna, e sua escola de Villejuif, construída em 1933, mantém-se como um dos documentos fundamentais do racionalismo europeu. Mais tarde, porém, inclusive sob a influência do "realismo" soviético, deixou-se reabsorver pela mentalidade "Beaux-Arts". Enquanto Le Corbusier, com *Vers une architecture*, soube, de 1923 em diante, reler a história em termos de arte moderna, Lurçat constitui um exemplo trágico, mas não isolado, de um recuo classicista de um expoente da vanguarda.

Acerca dessa involução classicista, bastante corrente, veja-se "L'umanesimo anti-classicistico dell'architettura moderna", in *L'architettura – cronache e storia*, n⁰ 114, abril de 1965; "La sintomatologia architettonica della paura", *ibid.*, n⁰ 123, janeiro de 1966; "L'elenco come metodo di progettazione", *ibid.*, n⁰ 128, junho de 1966.

No referente à bibliografia, até 1960 remete-se para o volume *Architettura in nuce*, onde as idéias expressas no presente ensaio são comprovadas à luz do pensamento de filósofos, lingüistas e estudiosos de estética que se debruçaram particularmente sobre a cultura da década de 1950, como Theodor Adorno, Edmund Husserl e Charles Morris.

A década de 1960 é caracterizada pela investigação estruturalista, semiológica e antropológica, estimulada pela difusão dos estudos de Ferdinand de Saussure, Claude Lévi-Strauss, Roland Barthes, Noam Chomsky e dos seus seguidores. Muitos foram os historiadores e os críticos que se empenharam na aplicação desses métodos à arquitetura, especialmente na Itália. Entre as várias contribuições selecionamos as mais interessantes e pertinentes para uma leitura concreta das obras de arquitetura.

NORBERG-SCHULZ, CHRISTIAN, *Intentions in Architecture*, Universitetforlaget, Allen and Unwin, 1963. Trad. ital.: *Intenzioni in architettura*, Lerici, Milão, 1967.

O objetivo deste estudo confuso e desordenado é a formulação de uma "teoria da arquitetura" de caráter operante, ou seja, capaz de conferir uma base científica ao ato de projetar. Misturando as contribuições mais díspares, desde a psicologia da *Gestalt* à semiótica de Charles Morris, o autor parece propor uma nova abordagem crítica, mas na realidade enreda-se num discurso confuso e acadêmico na sua essência. Rejeita a interpretação espacial, visto que não entende o seu significado. Confrontando a Sacrestia Vecchia com a Capela Medici di San Lorenzo, em Florença, afirma: "São dois espaços com uma forma quase idêntica, enquanto o tratamento das paredes é completamente diferente. A capela de Michelangelo deve ser interpretada como uma 'arquitetura cósmica' simbólica, bem diferente da simples definição de elementos estercométricos de Brunelleschi." Donde se conclui que, quando não se distingue entre espaço físico e espaço arquitetônico – o qual é sempre definido pelo contentor e pela luz que vitaliza a espessura atmosférica –, não se consegue, por mais completa e atualizada que seja a bagagem conceptual, entender nem fazer arquitetura.

"Não há razão para admitir que a palavra 'espaço' designe, na teoria da arquitetura, qualquer outra coisa para além da tridimensionalidade de todo e qualquer edifício (...). A descrição do todo arquitetônico deve ser conduzida mediante três parâmetros basilares: a função do edifício, a forma e a técnica", afirma Norberg-Schulz, muito embora tenha consciência de defender posições anacrônicas e inúteis. Além disso, na sua análise, a forma torna-se o símbolo do modo técnico com que a função é realizada, como um elemento acrescentado por artifício. A respeito dos perigos inerentes ao simbolismo, tanto em arquitetura como em urbanística, veja-se: "Elogio della crisi dei valori connotativi", in *L'architettura – cronache e storia*, nº 170, dezembro de 1969.

Essas incertezas metodológicas levaram mais tarde Norberg-Schulz a defender a tese do "pluralismo" arquitetônico, ou seja, da presença simultânea de sistemas formais discordantes: uma teoria do ecletismo insuficiente e nociva, apesar de confinada ao domínio das linguagens modernas. Veja-se, a esse respeito, "Pluralismo e pop-architettura", in *L'architettura – cronache e storia*, nº 143, setembro de 1967.

KLAUS KOENIG, GIOVANNI, *Analisi del linguaggio architettonico*, Libreria Editrice Fiorentina, 1964.

Este estudo quer mostrar: *a)* que a arquitetura é uma linguagem; *b)* como se articula; *c)* como é possível estudá-la cientificamente. Isto no intuito de substituir a incerta terminologia atual pela terminologia "da metalinguagem crítica usada pelos lingüistas, pelos filósofos e pelos lógicos, de forma a tornar-se possível expor-lhes, na sua linguagem, o nosso ponto de vista sobre a série fenomênica a que chamamos arquitetura". Aplicando a definição comportamentista de linguagem elaborada por Charles Morris e adotando as teses de Lewis Mumford ("A cidade é o sinal das relações sociais integradas") e de Sergio Bettini ("A arquitetura é a estrutura formal da história"), o autor afirma que a imagem arquitetônica é um complexo de sinais; que os *denotata* da arquitetura são o desenvolvimento das funções inerentes à vida associada do homem; que o sinal arquitetônico é icônico, dado que contém certas propriedades dos *denotata*; e, por último, que o sinal arquitetônico é prescritor, isto é, responde à exigência de comportamentos específicos.

A linguagem arquitetônica é subdividida em três subclasses de sinais: os sinais urbanísticos, os sinais propriamente arquitetônicos e os sinais dos objetos de uso (decoração, *industrial design*, etc.). O sinal arquitetônico é sempre "involucrante", enquanto uma ponte que não tenha espaço interior pode ser definida, melhor do que como uma "escultura à escala urbanística", "objeto de uso em escala urbanística". Analisada a articulação da linguagem arquitetônica, o autor passa a definir-lhe a semântica, a sintática e a pragmática, investiga seguidamente os problemas da representação da linguagem, reconhecendo a utilidade da graficização dos conceitos críticos e recordando que este método foi adotado por Bertrand Russell para esquematizar conceitos filosóficos e por Alexander Dorner no livro *A superação da arte*.

A par desta contribuição devem citar-se, de Koenig, *L' invecchiamento dell'architettura moderna* (Lef, Florença, 1962) – ótima transposição para o campo da arquitetura do *Envelhecimento da música moderna*, de Theodor Adorno – e o recente *Architettura e comunicazione* (Lef, Florença, 1970).

ARGAN, GIULIO CARLO, *Progetto e destino*, Il Saggiatore, Milão, 1965.

Entre as contribuições mais significativas dos últimos anos, inclusive sob o aspecto metodológico, devem incluir-se três monografias deste autor – *Walter Gropius e la Bauhaus* (Einaudi, Turim, 1951), *Borromini* (BMM, Milão, 1952) e *Brunelleschi* (BMM, Milão, 1955) – que vêm juntar-se, aliás, aos numerosos estudos anteriores, dos quais bastará recordar *L' architettura protocristiana preromanica e romanica* (Nemi, Florença, 1936), e *L' architettura italiana del Duecento e Trecento* (Nemi, Florença, 1937).

Este volume é uma coletânea de artigos e ensaios elaborados durante uma incansável e coerente luta de trinta anos em prol da arquitetura moderna. Os textos referem-se a problemas conceptuais (tipologia arquitetônica, módulo-medida e módulo-objeto, arquitetura e ideologia, espaço interior, arquitetura e arte não figurativa, relação arte-sociedade, qualidade, função e valor do desenho industrial), à análise de poéticas (o pensamento de Sant'Elia, Novembergruppe, arquitetura orgânica), a retratos de arquitetos e à leitura de determinadas obras (introdução a Wright, a igreja de Ronchamp). O capítulo de abertura, a que o livro deve o título, debruça-se sobre a totalidade da panorâmica da crise contemporânea, de um ponto de vista fortemente impregnado da filosofia de Husserl, detendo-se em duas tendências cujas repercussões na arquitetura o autor analisa: a neoconstrutivista ou gestáltica e a de *réportage* social, até a *pop-art*. Segundo Argan, "a arquitetura acomodou-se à cultura de massas e à situação tecnológica atual, destruindo-se como arquitetura e transformando-se em urbanística".

Em que consiste e como pode ser lido um plano urbanístico? "O plano urbanístico como forma atual da arquitetura nada mais é do que *'work in progress'*; uma obra de arte feita à medida que vai sendo feita. Aquilo que um plano realmente planifica não é um edifício ou um conjunto de edifícios, ainda que na prática resulte de um conjunto de projetos desse tipo, mas uma reforma da estrutura do real na medida em que esta se fenomeniza numa distribuição, medida e qualificação do espaço diferente; mais precisamente ainda, modifica e reforma a metodologia do projetar, determinando-a cada vez melhor no seu finalismo entendido como condição qualificante do agir humano. Em outras palavras, o plano não é o projeto de uma ação futura, mas uma intervenção no presente segundo um projeto (...). Vale a pena observar que o plano exerce a sua influência sem estar sujeito ao consumo (...). A intervenção da crítica no processo-projeto da arte, o criticismo profundo desse projetar a que a arte deveria conferir o modelo, consistem na verificação, passo a passo, dos atos propostos e da sua sucessão (...). Aquilo que criticamente se comprova não é tanto o ato em si quanto o ato como condição de estímulo e de direção, de um agir posterior. Se a obra de arte já não vale porque realizada ou perfeita mas porque não realizada, há então que se perguntar o que prepara e o que traz ela em si, qual o problema que apresenta ao futuro. Colocará um problema que exige ainda uma solução artística ou um problema que a exclua? A sobrevivência da arte no mundo de amanhã, seja ele qual possa ser, depende tão-somente do projeto que a arte de hoje fizer para a arte de amanhã."

Sobre as teses de Argan veja-se "Progetto e destino in urbanística", in *L'architettura – cronache e storia*, n° 124, fevereiro de 1966.

GREGOTTI, VITTORIO, *Il territorio dell'architettura*, Feltrinelli, Milão, 1966.

Reflexões assistemáticas mas profundas e pertinentes de um arquiteto que encontra a metodologia da sua ação a partir do pensamento fenomenológico de Maurice Merleau-Ponty e de Enzo Paci e nas teorias da semiologia e da antropologia. A tentativa de "institucionalizar as noções disciplinares com vistas a colher nelas instrumentos (ou parâmetros) de controle projetual" é ampliada à paisagem natural e urbana pela discussão da abordagem crítica de Kevin Lynch e Gyorgy Kepes, e pelo estudo da dinâmica morfológica do terreno, da tradição *landscape* e dos problemas de leitura dos conjuntos ambientais.

O autor trata seguidamente a história "sob o ponto de vista específico da sua utilização nos problemas da atividade projetual na arquitetura". Detém-se a seguir na tipologia e na técnica, e, nas últimas páginas do livro, tenta aplicar idéias de Ludwig Wittgenstein e Roland Barthes. Mas, honestamente, reconhece: "Parece-nos que o problema continua ainda todo ele por ser colocado, mesmo no nível da semiologia." Da maneira futura de habitar na superfície da Terra "quase nada sabemos, e as hipóteses que estamos em condições de formular vão se revelando cada vez mais insuficientemente imaginativas ou demasiado vagas; oscilam entre o reformismo e a ficção científica". Por isso a importância da arquitetura atravessa uma fase de decadência: "Nos nossos dias não há estádio nem biblioteca cujo significado assuma a intensidade de comunicação social de uma catedral gótica, e, visto que a estrangulação histórica, o custo social de toda e qualquer ação humana leva a estabelecer escolhas alternativas constantes, nada nos leva a esperar que, por enquanto, a arquitetura possa readquirir a antiga posição de privilégio no plano dos significados."

DE FUSCO, RENATO, *Architettura come mass medium. Note per una semiologia architettonica*, Dedalo Libri, Bari, 1967.

Precedido por *L' idea di architettura. Storia della critica da Viollet-le-Duc a Persico* (Comunità, Milão, 1964; reedição atualizada, Etas Kompass, Milão, 1968), e seguido de *Il codice dell'architettura. Antologia di trattatisti* (Edizioni Scientifiche Italiane, Nápoles, 1970), este ensaio representa a contribuição mais estimulante do diretor da revista *Op. Cit.*, órgão dedicado à difusão e ao aprofundamento dos problemas ligados à semiologia da arquitetura.

Reconhecida a atual "crise lingüística, simultaneamente efeito e causa da clivagem entre arquitetura e sociedade", e denunciados os inconvenientes de ordem sociológica e lingüístico-semântica daí derivados ("os modelos formulados pelos arquitetos e urbanistas não correspondem às expectativas, mais ou menos legítimas, da sociedade real"; "a perda de significado e, conseqüentemente, de valor da produção arquitetônica corrente"), o autor estende as características dos *mass media* à arquitetura, reconhecendo o valor comunicativo do seu sistema de sinais e, portanto, a necessidade de estudá-la no plano da artisticidade que informa qualitativamente toda e qualquer atividade operativa. Assim, aplica os conceitos de *kitsch* (mau gosto, sucedâneo de cultura), de *styling* e de *midcult* à edificação comercializada, e augura uma re-semantização da linguagem arquitetônica, orientada no sentido de "instituir um código entre técnicos e sociedade de massa, institucionalizar um plano de entendimento comum em que seja possível aceitar ou contestar os valores e os significados deste novo *mass medium*".

Isso implica uma resposta ao quesito "como e o que é que a arquitetura comunica: é preciso especificar os seus significados", a fim de esclarecer a natureza da relação entre as fontes emissoras e a massa dos usuários. Com base nos estudos de Saussure e de Barthes, mas sem esquecer as contribuições de August Schmarsow e dos seus seguidores, De Fusco afirma: "Na semiologia dos sistemas não lingüísticos a matéria insinua-se entre as duas componentes do sinal. O significante, como mediador do significado imaterial, é feito de matéria (...). Parece perfeitamente legítimo um paralelo entre significante e significado e espaço exterior-interior."

Na conclusão de *Storia e struttura* insiste: "A definição das componentes do sinal arquitetônico depende das características espaciais desta forma de arte (...). Visto que o caráter específico da arquitetura, considerada por Schmarsow como *Raumgestaltung*, ou seja, conformação espacial, é o de ser formada por um espaço tridimensional côncavo, podemos considerar este último como 'o significado' e o espaço exterior como 'o significante'. A união destas duas componentes do sinal, correspondentes, numa primeira aproximação, ao binômio continente-conteúdo ou à razão de ser de uma fábrica e aos elementos arquitetônicos que conformam esse conteúdo, permite-nos falar de uma significação semiológica distinta de uma significação iconológica (...). Uma vez que o próprio espaço-interior-significado não esgota a significação de uma fábrica, mas remete sempre para qualquer coisa que está para além da arquitetura, deve-se concluir que a semiologia não desautoriza a iconologia, mas ajusta as valências simbólicas desta com as da sua significação espacial."

BRANDI CESARE, *Struttura e architettura*, Einaudi, Turim, 1967.

Coletânea de diversos ensaios, entre os quais os dedicados a Michelangelo e a Borromini, particularmente notáveis, este livro surge no seguimento do diálogo *Eliante o l'architettura* (Einaudi, Turim, 1956), interessante apenas pelas vívidas páginas sobre Brunelleschi, *Segno e immagine* (Il Saggiatore, Milão, 1960) e *Le due vie* (Laterza, Bari, 1966). A obstinada negação da arquitetura moderna por parte do autor provocou o artigo "Cesare Brandi e la morte dell'architettura", in *L'architettura – cronache e storia*, nº 137, março de 1967.

Depois de investigar a origem e o desenvolvimento do conceito de "estrutura", Brandi afirma que as "cinco oposições binárias" de Wölfflin "representam inegavelmente a primeira e a mais coerente tentativa, acima das dissecações formalistas ou de conteúdo da filologia, de atingir através da obra a sua estrutura". Apresenta seguidamente a possibilidade de um paralelismo entre arquitetura e linguagem: "Se, por exemplo, partirmos da arquitetura grega, que é porventura o exemplo mais límpido de formalização arquitetônica, será possível reconhecer uma gramática que considera as diversas partes das ordens como declinações, uma sintaxe que rege o encadeamento dos diversos elementos das ordens como a ordem do discurso, e, finalmente, uma estilística que determina e equilibra as diversas combinações dos elementos estudados pela gramática e articulados pela sintaxe." Semelhantes analogias, porém, não são suficientes para inserir a arquitetura no âmbito da lingüística: "Se a essência da linguagem está na comunicação, a essência da arquitetura não se revela na comunicação. A casa não comunica que é uma casa, tal como a rosa não comunica que é uma rosa: a casa, o templo, o edifício termal 'põem-se', 'tornam-se presentes', quer como realidade de fato quer como realidade de arte, mas não são vias de comunicação (...). O escolho fundamental continua a ser o de que todo e qualquer sistema semiótico elabora um código para transmitir uma mensagem, e essa mensagem é coisa que a arquitetura não transmite: as informações que dela é possível inferir ou extrair não são a mensagem que deveria garantir a sua natureza semiótica (...). O significado de abóbada celeste da cúpula ou o símbolo do vale do Nilo nos pilares dos templos egípcios não dão a essência nem da cúpula nem do templo egípcio (...). A arquitetura não é uma língua cujos elementos coordenados representariam as palavras de um discurso: a arquitetura, se não é arte, é mera tectônica, acomodação prática a uma necessidade; se chega a ser arte, tem uma estrutura própria que não é uma estrutura semântica."

Detendo-se na espacialidade própria da arquitetura, Brandi precisa: "Se em todo e qualquer código é necessário ligar o significante ao significado, sem o que o código será inoperante, o código da arquitetura deverá ser ligado não já a um significado mas à espacialidade que exprime, e, visto que – contrariamente ao que acontece com uma língua – a mensagem tem de ser decodificada ou mantém-se incompreensível se não se lhe conhece o código, para decodificar a espacialidade de uma dada arquitetura não será necessário um conhecimento prévio do código arquitetônico, tendo este de verificar-se na própria altura (...). A espacialidade arquitetônica não existe nem fora da arquitetura nem anteriormente a ela (...). Esta espacialidade *sui generis* que não coincide com a do continente revela-se com uma determinada estrutura dimensional e, pelo fato de ter uma estrutura própria, pode então distinguir-se tanto do espaço existencial como da conceituaIização, seja ela qual for, do espaço (a três, quatro, n dimensões). A estrutura basilar da espacialidade arquitetônica a que preside qualquer código de arquitetura é, na sua expressão mais simples, a oposição de interior e de exterior, não já entendidos em termos fenomenológicos, mas estruturais. O conceito de oposição explicita que exterior e interior se condicionam alternadamente e que nenhum dos dois termos pode subsistir sozinho, no sentido estrutural e não fenomenológico em que devem ser entendidos. A obra de arquitetura terá então um interior para um exterior, mas o interior deverá ser também exterior a si próprio, e o exterior interior a si próprio: o exterior de um interior não será o exterior do edifício, nem o interior de um exterior será o interior efetivo do próprio edifício."

LUNING, PRAK NIELS, *The Language of Architecture. A Contribution to Architectural Theory*, Mounton, Haia e Paris, 1968.

"A confusão que pode verificar-se nos textos de arquitetura deve-se em parte à asserção de que o espaço arquitetônico é um simples objeto visível. Muito pelo contrário, existem razões válidas para distinguir três tipos de espaços: o espaço físico (o volume de ar, tal como o entende um engenheiro de instalações térmicas), o espaço conceitual (o que vemos ou visualizamos) e o espaço comportamental. Também no campo da construção é útil distinguir entre estrutura física (calculada) e estrutura fenomênica." A partir daqui o autor considera possível identificar uma malha concreta de relações entre estética arquitetônica e história social. E tem consciência do caráter discutível da sua interpretação: "Suponho que a estética arquitetônica é uma reação emotiva inconsciente às condições sociais. É uma mera hipótese (...). Ainda que pudéssemos deitar Brunelleschi no divã de um psicanalista, duvido que conseguíssemos tirar muita coisa de dentro dele."

Enquanto os capítulos teóricos se revelam insatisfatórios na sua tentativa de integrar as categorias vitruvianas, a psicologia da *Gestalt*, o pensamento filosófico de Susanne Langer, o simbolismo de Charles Morris e Erwin Panofsky, já as leituras históricas, de Santa Costanza à capela de Ronchamp, são por vezes pertinentes. A respeito da inconsistência metodológica do livro, veja-se "Tre spazi per l'architettura?" in *L'architettura – cronache e storia*, nº 165, julho de 1969. Não obstante, a tripartição postulada por Luning Prak pode ser empiricamente útil para se verificar a diversidade entre espaço físico e arquitetônico, inclusive em relação à fruição e aos comportamentos daí resultantes.

Eco, Umberto, *La struttura assente. Introduzione alla ricerca semiologica*, Bompiani, Milão, 1968.

Já em *Opera aperta* (Bompiani, Milão, 1962) o autor abordara alguns problemas arquitetônicos, como apontou o artigo "La poetica dell'opera aperta in architettura" in *L'architettura – cronache e storia*, n° 84, outubro de 1962. Os *Appunti per una semiologia delle comunicazioni visive* (Bompiani, Milão, 1967) referem-se, na terceira parte, à semiologia da arquitetura e são inseridos, com algumas atualizações, no plano mais vasto deste livro.

Atendendo ao fato de que "os objetos da arquitetura aparentemente não comunicam, mas funcionam", duas interrogações se colocam: "Se é possível interpretar as funções também sob o aspecto da comunicação; em segundo lugar, se o fato de se considerarem as funções sob o aspecto da comunicação não permitirá compreendê-las e defini-las melhor precisamente enquanto funções." Considerando que "os objetos comunicam mesmo quando não são utilizados", que, por exemplo, uma escada "estimula a subir", afirma-se: "Aquilo que permite o uso da arquitetura (passar, entrar, parar, subir, estender-se, debruçar-se, apoiar-se, etc.) não são apenas as funções possíveis, mas antes de mais nada os significados que dispõem para o uso funcional." Refutada a tese morrisiana segundo a qual a arquitetura seria "composta de veículos sinaléticos que promovem comportamentos", reconhece-se "no sinal arquitetônico a presença de um significante cujo significado é a função que ele torna possível". Donde resulta que "a forma denota a função apenas com base num sistema de expectativas e de hábitos adquiridos e, portanto, com base num código". Em vez de falar em denotações de *utilitas e* de conotações simbólicas, o autor distingue entre "função primeira" (*denotata*) e "funções segundas" (conotadas). As codificações arquitetônicas (sintáticas e semânticas) "dão forma a soluções já elaboradas", ou seja, são "codificações de tipos de mensagens", enquanto o código-língua "dá forma a um sistema de relações possíveis a partir das quais se pode criar uma infinidade de mensagens". Infere-se daqui que "a arquitetura não é uma maneira de mudar a história e a sociedade, mas um sistema de regras para dar à sociedade aquilo que ela prescreve à arquitetura". A arquitetura seria portanto um serviço, visto que os seus códigos "mais não seriam do que léxicos de tipo iconológico, estilístico ou retórico. Não estabelecem possibilidades geradoras mas esquemas feitos". Uma vez assente que "a arquitetura parece possuir as mesmas características das mensagens-massa" (pois que o seu discurso é persuasivo, psicagógico, fruído na desatenção, capaz de assumir significados aberrantes, oscilando entre um máximo de coerção e um máximo de irresponsabilidade, sujeito a uma obsolescência rápida e às determinações do mercado), Eco não pode negar que "toda a verdadeira obra de arquitetura traz qualquer coisa de novo": "Em arquitetura, os estímulos são simultaneamente ideologias. A arquitetura conota uma ideologia do habitar, pelo que se oferece, no próprio momento em que persuade, a uma leitura interpretativa capaz de levar a um acréscimo de informação." No entanto, em seu entender, "aquilo a que a arquitetura dá forma (um sistema de relações sociais, um modo de habitar e de estar em conjunto) não pertence à arquitetura", visto que "um sistema de relações espaciais como o que é estudado pela proxêmica, um sistema de relações parentais como o que é estudado pela antropologia cultural, situam-se fora da arquitetura".

Conclui-se então que "o arquiteto deve projetar funções primeiras variáveis e funções segundas abertas"; "no próprio momento em que procura, fora da arquitetura, o código da arquitetura, o arquiteto deve também saber configurar as suas formas significantes de molde a que possam fazer frente a outros códigos de leitura; (...) a sua tarefa é antecipar e acolher, não promover os movimentos da história".

As teorias de Eco são discutidas e parcialmente contestadas em três artigos: "Alla ricerca di un 'codice' per l'architettura", "Povertà della filologia architettonica", "Verso una semiologia architettonica", in *L'architettura – cronache e storia*, nº 145-147, novembro de 1967-janeiro de 1968. O pensamento de Edward T. Hall, cujo volume *La dimensione nascosta* (Garzanti, Milão, 1968) contém uma brilhante introdução de Eco, é discutido nos artigos "Tuttora caparbia la mentalità Beaux-Arts" e "Prossemica e dimensione extra-disciplinare", *ibid.*, nos 134 e 158, dezembro de 1966 e dezembro de 1968.

GAULDIE, SINCLAIR, *Architecture*, "The Appreciation of the Arts", I, Oxford University Press, Londres, 1969.

Muito embora os títulos de alguns capítulos repitam esquemas e categorias tradicionais ("Escala, ordem, ritmo"; "Peso, força, massa"; "O jogo da luz"; "Lugar, tempo e sociedade"), este manual leva a uma fruição dinâmica da experiência arquitetônica e, na sua abordagem pragmática, revela-se útil e convincente.

"De todos os canais através dos quais a arquitetura comunica, aquele pelo qual o faz com mais evidência é dado pela relação de corpos tridimensionais no espaço, tal como o apercebe um observador em movimento." Esta primeira definição é superada no sétimo capítulo, intitulado "A consciência do espaço". O autor introduz o tema com estas palavras: "Pode parecer surpreendente que os arquitetos e os críticos contemporâneos revelem pelos espaços vazios, dentro e em torno de um edifício, um interesse pelo menos igual ao que dispensam às massas 'reais' da estrutura, e que cheguem inclusive a definir a arquitetura – arte prática que implica a deslocação de toneladas de materiais sólidos – como a arte de modelar o espaço. Semelhante interpretação não é porém tão absurda quanto possa à primeira vista parecer", embora "constitua uma maneira inteiramente nova de ver a arquitetura". No seguimento desse raciocínio, Gauldie reconhece que "não é de modo algum exagerado ver no espaço o elemento característico e distintivo da arquitetura".

O autor dedica dois capítulos ao "diálogo espaço-estrutura", ampliando seguidamente o seu exame à cidade e ao ambiente físico. O objetivo de iniciar o público num conhecimento da arquitetura é substancialmente atingido.

JENCKS, CHARLES e BAIRD, GEORGE, *Meaning in Architecture*, The Cresset Press, Londres, 1969.

"Máquina para pensar", o livro apresenta-se sob a forma de uma controvérsia ou de um debate. Articulado em três partes – "Semiologia e arquitetura"; "Público e privado"; "Formas do significado" –, reúne ensaios de vários autores que abordam o tema sob os mais diversos pontos de vista. Cada um dos textos é enriquecido por observações de Jencks, Baird e outros, sem se procurar contudo extrair uma conclusão, que os próprios coordenadores do volume consideram prematura. Resulta naturalmente daqui uma certa descontinuidade, mas com a vantagem de uma tensão problemática muito eficaz.

A primeira seção abre com um glossário em que se postula: "O significante é uma representação de uma idéia ou de um pensamento que constitui o significado. Na língua, o som é o significante e a idéia o significado, enquanto em arquitetura a forma é o significante e o conteúdo o significado. O fato de todo o sinal ter pelo menos essa dupla natureza denomina-se dupla articulação." Seguem-se quatro artigos: "Semiologia e arquitetura", de Charles Jencks, em que se aplica o triângulo semiótico de Ogden e Richards e se traduz o "espaço semântico" de Charles Osgood na relação função-técnica-forma; "Urbanística e semiologia", de Françoise Choay, que se serve largamente da antropologia estrutural de Lévi-Strauss; "Estruturalismo e semiologia em arquitetura", de Gillo Dorfles (com o título italiano "Valori iconologici e semiotici in architettura", in *op. cit.*, nº 16, setembro de 1969), onde se distingue a mensagem da arquitetura de qualquer outra, na medida em que se "se baseia constantemente numa dimensão espacial-temporal complexa e só neste sentido deve ser considerada redutível a um código particular cuja decifração possa ser analisada"; "Significado em arquitetura", de Geoffrey Broadbent, o qual, pelo contrário, adota a distinção saussuriana entre *langue* e *parole* para depois reconhecer, porém, a necessidade da sua integração.

Na segunda parte: " 'La dimension amoureuse' em arquitetura", de George Baird, em que se denuncia a pobreza de significado do CBS Building de Eero Saarinen e de um projeto de Cedric Price; "A arquitetura de Wampanoag", de Reyner Banham, que responde a Baird acusando-o de aspirar por um regresso à tradição monumental e a uma segurança formal antidemocrática; "Casa-tempo, ou um tema para uma habitação existencial", de Martin Pawley, que defende a autenticidade da experiência individual contra a coletiva; "Obra, trabalho e arquitetura", de Kenneth Frampton, que, em contrapartida, defende, ainda que com muitas reservas, a tese oposta; "O interior do tempo" e "Um milagre de moderação", de Aldo van Eyck (com notas de Paul Parin e Fritz Morgenthaler), excelente leitura da edificação primitiva que demonstra como "passado, presente e futuro têm de constituir um *continuum* ativo", quer dizer, como o tempo tem de ser interiorizado ou "tornado transparente", a fim de evitar que o arquiteto, para fugir ao cativeiro da tradição, se deixe prender pelo mito da mudança; "Significado em arquitetura", de Christian Norberg-Schulz, aprofundamento das idéias já expressas pelo autor no livro de 1963.

A última parte examina várias formas de significado no ambiente e compreende: "A posição sentada – uma questão de método", de Joseph Rykwert; "História como mito", de Charles Jencks, excelente resenha dos perigos inerentes às atuais tendências historiográficas: "Tipologia e *design*", de Alan Colquehoun; "Arquitetura sem edifícios", de Nathan Silver, em que se convidam os arquitetos a concentrar a atenção nos comportamentos, considerando-os "agentes formais" mais eficazes que os edifícios.

Essas breves referências são suficientes para revelar o excepcional interesse do volume, riquíssimo, quase transbordante de idéias e de estímulo. No começo dos anos 70, ele prova que a semiologia não substituiu a crítica historicista e fenomenológica mas oferece um extraordinário incentivo de renovação. Atesta também que o discurso semiológico se quadra com a arquitetura, na medida em que se defronta com sua substância espacial.

Entre os outros estudos de tema semelhante, veja-se:

DORFLES, GILLO, *Discorso tecnico delle arti*, Mistri-Lischi, Pisa, 1952. E também *Il divenire delle arti*, Einaudi, Turim, 1959; *Simbolo comunicazione consumo*, Einaudi, Turim, 1962.
TEDESCHI, ENRICO, *Teoria de la arquitectura*, Nueva Visión, Buenos Aires; 2ª ed., 1969.
LYNCH, KEVIN, *The Image of the City*, Harvard University Press, Cambridge (Mass.), 1960. Trad. ital. *L'immagine della città*, Marsilio, Pádua, 1963. E ainda *The View From the Road*, do mesmo autor, em colaburação com Donald Appelyard e John Meyer, MIT Press, Cambridge (Mass.), 1964.
BENEVOLO, LEONARDO, *Introduzione all'architettura*, Laterza, Bari; 3ª ed., 1966.
GARRONI, EMILIO, *La crisi semantica delle arti*, Officina, Roma, 1964.
ALEXANDER, CHRISTOPHER, *Notes on the Synthesis of Form*, Harvard University Press, Cambridge (Mass.), 1964. Trad. ital. *Note sulla sintesi della forma*, Il Saggiatore, Milão, 1967.
BACON, EDMUND N., *Design of Cities*, The Viking Press, Nova York, 1967.
ATALIK, GÜNDÜZ, *An Introduction in Order to Investigate a Method in Architectural Criticism by the Data of the Social Sciences*, Black Sea Technical University Press, Trebizonda, 1971.
ECO, UMBERTO, "Per una analisi semantica dei segni architettonici", in *Le forme del contenuto*, Bompiani, Milão, 1971.
BOURDON, PHILIPPE, *Sur l'espace architectural – Essai d'épistémologie de l'architecture*, Dunod, Paris, 1971.

Não será necessário repetir o muito que o autor deste ensaio deve aos escritos dos arquitetos contemporâneos (em especial F. Lloyd Wright, Le Corbusier, Mendelsohn), a partir do momento em que se revelou abertamente o desejo de uma perspectiva crítica moderna. Para a bibliografia destes textos, veja-se a *Storia dell'architettura moderna*.

Os estudos semióticos e estruturalistas, particularmente numerosos nos últimos anos (veja-se, entre outros: Santino Langè, *Problemi di storiografia e pro-*

gettazione architettonica, Jaca Book, Milão, 1969; Christian Norberg-Schulz, *Existence, Space and Architecture*, Studie Vista, Londres, 1971; Renato de Fusco, *Segni, storia e progetto dell'architettura*, Laterza, Bari, 1973; Geoffrey Broadbent, *Design in Architecture*, Wiley, Londres, 1973), determinaram uma viragem radical na lingüística arquitetônica e, conseqüentemente, na metodologia do projeto. Sobre este assunto: *Il linguaggio moderno dell'architettura. Guida al codice anti classico*, Einaudi, Turim, 1973; *Poetica dell'architettura neoplastica. Il linguaggio della scomposizione quadridimensionale*, Einaudi, Turim, 1974; *Architettura e storiografia. Le matrici antiche del linguaggio moderno*, Einaudi, Turim, 1974.

A crítica arquitetônica, como vimos na nota 12, explica-se muitas vezes graficamente. Encerramos por isso esta resenha bibliográfica com três raciocínios visualizados sobre a essência da arquitetura e sobre o compromisso social do arquiteto.

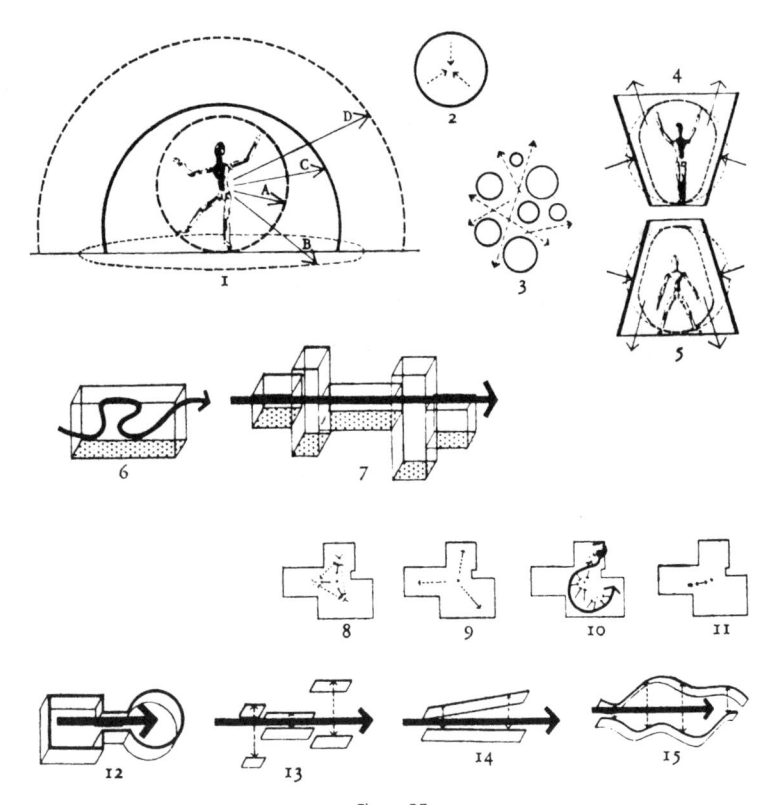

Figura 35

Figura 35

A conquista de um ambiente humanizado, segundo Michael Leonard. Ampliando o horizonte das suas experiências, o homem (1) passa da esfera pessoal (A) para as esferas da dança (B), da casa (C), da abóbada celeste (D). Tendo tomado consciência do espaço, limita-o centripetando-o (2), para depois articulá-lo e dinamizá-lo (3). Incapaz de suportar ficar encerrado em caixas cúbicas, dilata as cavidades (4) ou então comprime-as (5). O homem aprende a experimentar o espaço através do movimento, que pode ser complexo num todo unitário, monossinálico (6), ou simples num organismo complexo, polissinálico (7). Descobre que as qualidades de um mesmo ambiente se alteram quando diversos centros convergem num núcleo (8), quando as tensões são centrífugas (9), quando são múltiplos os pólos de atração (10) ou

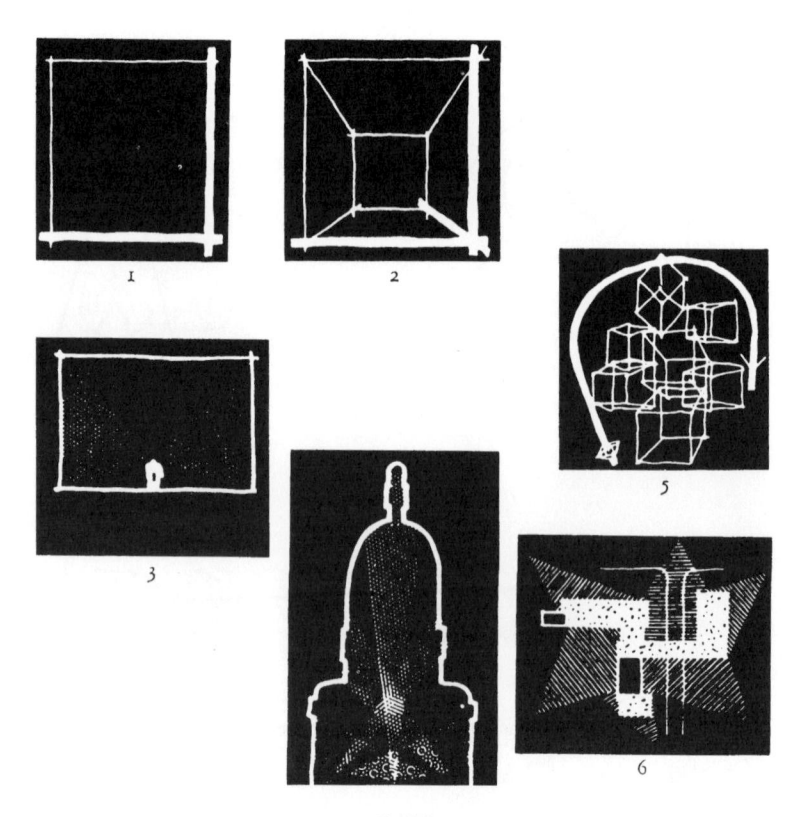

Fig. 36

quando o foco visual é deslocado relativamente ao baricentro geométrico (11). Finalmente, compreende que as seqüências espaciais exploram os contrastes de formas (12), as alterações imprevistas da amplitude em que se desenrola o percurso (13), as dilatações lentas (14) e as configurações plásticas livres (15).

Figura 36

A quarta dimensão ou tempo, na interpretação de Juan Pedro Posani. A bidimensionalidade (1) não pode proporcionar uma experiência arquitetônica concreta. Esta só se resolve dialeticamente no espaço, ou seja, na profundidade (2). No quadro da visão perspéctica clássica (3), a fruição espacial mantém-se todavia estática: o homem apreende o todo da cavidade de um único ponto de observação. Completamente diferente é o espaço barroco (4), que impõe o movimento da vista, fomentando sobreposições dinâmicas de cones visuais. A arte

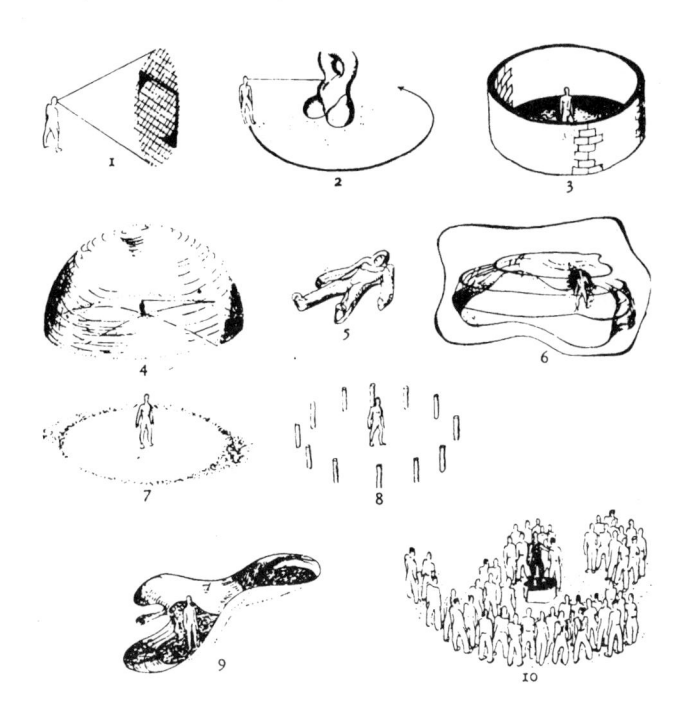

Fig. 37

moderna (5) fragmenta tanto os espaços clássicos como barrocos, projeta ou magnetiza volumes e espaços, exclui pontos de observação privilegiados; exige, conseqüentemente, o co-envolvimento do espectador, a sua participação ativa, o seu movimento em torno do objeto construído e no interior do mesmo. Testemunha-o claramente o Bauhaus de Dessau (ver Quadros 15 e 20), cuja conformação planimétrica (6) indica a exigência de uma fruição temporal de um itinerário, ou melhor, de uma multiplicidade de caminhos, sem os quais se torna impossível colher a imagem da obra.

Figura 37

A especificidade da arquitetura, segundo Ernö Goldfinger. A percepção de um quadro efetua-se estando o observador fisicamente no exterior do objeto (1) e parado. Em contrapartida, a visão de uma estátua leva o observador a uma fruição dinâmica, mas ainda e sempre exterior ao objeto (2). Só no envolvimento arquitetônico se vive o espaço (3), experimentando-se as diversas qualidades e a variação de intensidade desse envolvimento. Nada, com exceção da abóbada celeste, limita o homem que caminha ao ar livre (4). Pelo contrário, num escafandro (5) ou, pior ainda, num caixão, o homem vê-se condicionado até a paralisia. O empenho da arquitetura consiste em involucrar as atividades humanas sem sufocá-las (6), antes enriquecendo a gama das opções libertadoras. Mesmo um sulco circular determina potencialmente um espaço (7); mais ainda uma seqüência de pontais, que torna efetiva a terceira dimensão (8). Um interior sem qualidade – "vazio, não espaço" – torna-se repressivo; por isso o arquiteto manipula as cavidades (9) para exaltar a liberdade humana. Substancialmente, projeta novos comportamentos antes mesmo de projetar novas formas de edificações. A arquitetura é um sistema de gente, não um sistema de coisas (10).

ÍNDICE DOS LUGARES E MONUMENTOS CITADOS

Agra (Índia)
   Taj Mahal, quad. 17, pp. 148, 164, 165, 167.
Agrigento
   Templo de Zeus, fig. 31.
Alberobello (Bari)
   Trulli, quad. 18a.
Amiens
   Catedral, quad. 10, pp. 94, 141, 143, 170, 185.
Atenas
   Monumento de Lisícrates, 148.
   Partenon, quad. 5, pp. 56, 65, 67, 102, 167-169, 175.

Barcelona
   Parque Güell, quad. 19a.
   Pavilhão na Exposição (1929), quad. 15, fig. 27, pp. 124, 164, 167, 175.
Bear Run (Pensilvânia)
   Falling Water (Casa sobre a cascata), quads. 2, 16, figs. 11, 14, 28, pp. 46-48, 50, 124, 152, 165, 167, 168.
Beauvais
   Catedral, 141.
Bolonha
   San Petronio, quad. 10a.
Bourges
   Catedral, 94.

Brescia
    San Salvatore, 77.
Cambridge
    King's College, quad. 10, p. 185.
Casamari
    Abadia, quad. 10a.
Catânia
    Castello Ursino, quad. 2.
Chartres
    Catedral, 94, 141, 143, 250.
Chemnitz
    Armazéns Schocken, quad. 19, pp. 142, 167, 172.
Chicago
    Exposição Colombiana, 146.
Civita Castellana
    Catedral, 95.
Cluny
    Abadia, 89.
Como
    Orfanato, quad. 3a.
Constantinopla
    Mesquita do Sultão Ahmet, quad. 20a.
    Santa Sofia, quads. 8, 8a, fig. 18, pp. 74, 168, 170, 185, 240, 243.
    Santos Sérgio e Baco, 74.

Dessau
    Bauhaus, quads. 15, 20, fig. 36, pp. 141, 164, 167, 229, 266.
Dogliani
    Biblioteca Luigi Einaudi, quad. 19.
Durham
    Catedral, quad. 19, pp. 48, 80, 89.

Edfu
    Templo, fig. 34.
Ely
    Catedral, 94.
Estocolmo
    Município, quad. 18a.
Estrasburgo
    Catedral, quad. 10.

Ferrara
  Organismo urbano, 223.
Filadélfia
  Edifício dos seguros, quad. 17, pp. 165, 166, 168.
Filé
  Templo, fig. 34.
Florença
  Biblioteca Laurenziana, quad. 12, pp. 113, 164, 170.
  Campanário de Giotto, quad. 19, fig. 32.
  Cappella Pazzi, quad. 11, p. 168. Catedral, quads. 10a, 19, fig. 31, pp. 96, 104.
  Palazzo Quaratesi, 139.
  Palazzo Riccardi, 139.
  Palazzo Rucellai, quads. 11, 11a, pp. 101, 104, 139, 166.
  Palazzo Strozzi, quad. 11, pp. 101, 104, 139, 167.
  Palazzo Vecchio, quads. 11, 17a, pp. 167, 168.
  Piazza della Signoria, quad. 17a.
  Portico degli Innocenti, 96.
  San Lorenzo, 97, 99, 168, 252.
  San Miniato, quad. 9, fig. 19, pp. 96, 229.
  Santa Maria Novella, quad. 10a.
  Santos Apóstolos, 96.
  Santo Spirito, quads. 4a. 11, fig. 22, pp. 51, 97, 99, 167, 188.

Garches
  Moradia de Le Corbusier, quad. 2.

Herculano
  Escavações, 148.

Isili
  Nuraghe, quad. 18a.
Ivrea
  Catedral, 61.

Karnak
  Templo, quad. 19, pp. 93, 169.

Lichfield
  Catedral, 94.
Lincoln
  Catedral, 141.

Londres
 Abadia de Westminster, quad. 10, fig. 21, pp. 94, 139, 141, 143, 185.
 British Museum, 66, 148.
 Coluna de Nelson, 66.
 Hampton Court, 142.
 Parlamento, 149.
 Regent Street, 170.
 Santo Estêvão, 142.
 São Paulo, 141.
 Whitehall, fig. 31.
Los Angeles (Califórnia)
 Casa Levell, quad. 20.
Luxor
 Templo, 93.

Mächtige
 Catedral, quad. 9.
Madison (Wisconsin)
 Igreja Unitária, quad. 16a.
Mântua
 Palazzo del Tè, quad. la.
 San Sebastiano, 100.
 Sant'Andrea quad 11a. p. 100.
Meno
 Vierzehnheiligen, quad. 13, fig. 25, pp. 116, 118, 175.
Micenas
 Monumentos, 198.
Milão
 Catedral, quad. 10a, figs. 20, 21, pp. 93, 95.
 Estação, quad. 19a.
 Sant'Ambrogio, quad. 9, fig. 19, pp. 80, 90, 91, 167, 229.
 San Vincenzo in Prato, 77.
Modena
 Catedral, 91.
Monreale
 Catedral, quads. 18, 19, pp. 164, 167.
Montagnana
 Vista aérea, quad. 19a.

New Canaan (Connecticut)
 Casa de Johnson, quad. 15a.

Nova York
Arranha-céus, quad. 17, pp. 146, 164.
CBS Building, 261.
Lever House, quad. 15a.
St. Patrick, 170.

Oxford
Biblioteca Radcliffe, 249.

Pádua
Santa Sofia, 77.
Santo Antônio, quad. 3.

Palermo
La Martorana, 77.
San Giovanni degli Eremiti, quad. 18.

Paris
Galerie des Machines, quad. 17, pp. 6, 167.
Notre-Dame, figs. 20, 31, 33, pp. 94, 95.
Pavillon Suisse, 197.
Sainte-Chapelle, 94, 141.

Passariano
Villa Manin, quad. 17a.

Pavia
Certosa, fig. 31.

Pérgamo
Acrópole, 229.

Perugia
Fonte de praça, quad. 1a.

Pesto
"Basílica", quads. 5a, 17.
Templo de Posidon, quad. 5A, p. 68.

Phoenix (Arizona)
Casa Boomer, quad. 16a.
Casa David Wright, quad. 16a.

Pisa
Batistério, quad. 9a, p. 239.
Catedral, quad. 9a.
Torre Inclinada, quad. 9a.

Pleasantville (N. Y.)
Casa Friedman, quad. 16a.

Poissy
Villa Savoie, quads. 4a, 15, fig. 26, pp. 124, 144, 152.

Pompéia
  Escavações, quad. 17a, p. 148.
Potsdam
  Torre de Einstein, 150.
Praga
  Sala Wladislavski, quad. 20, pp. 168, 185.
Racine (Wisconsin)
  Edifício S. C. Johnson, quads. 3, 4, pp. 164, 167, 185.
Ravenna
  Sant'Apollinare Nuovo, quad. 8, pp. 74, 78, 90.
  S. Vitale, quad. 8, fig. 18, pp. 74, 76.
Reims
  Catedral, fig. 21, pp. 94, 141, 240.
Rimini
  Templo Malatestiano, quad. 11a.
Roma
  Aqueduto de Cláudio, quad. 1.
  Arco de Tito, quad. 1, pp. 28, 167, 168.
  Basílica de Maxêncio e de Constantino, quad. 6.
  Basílica Ulpia, quad. 6, fig. 16, p. 71.
  Coliseu, 168.
  Coluna de Marco Aurélio, quad. 1.
  Coluna de Trajano, 28, 148.
  Colunata de São Pedro, quad. 19, pp. 51, 115, 120.
  Estação ferroviária, quad. 2a.
  Exposição de 1942, 142, 146.
  Fontana della Barcaccia, quad. 1, p. 28.
  Foros, 67.
  Mausoléu de Santa Costanza, quad. 7, fig. 17, pp. 72, 73, 76, 113, 258.
  Monumento a Garibaldi, quad. 1.
  Monumento às Cave Ardeatine, quad. 2a.
  Monumento a Vítor Emanuel II, quad. 1, pp. 164, 167, 168, 185.
  Obelisco egípcio na Piazza del Popolo, quad. 1.
  Palazzo Barberini, 114.
  Palazzo da Farnesina, fig. 30.
  Palazzo Farnese, quads. 2, 23, figs. 10, 12, 13, 23, pp. 46, 50, 104, 114, 164, 167, 168.
  Palazzo Giraud, fig. 30.
  Panteão, quads. 6, 6a, figs. 17, 31, pp. 72, 73, 113, 143, 165.

Piazza del Campidoglio, quad. 2a.
Piazza del Quirinale, 51.
Pirâmide de Caio Céstio, quad. 1, pp. 168, 171.
San Carlino alle Quattro Fontane, quads. 13, 20, fig. 25, pp. 116, 117, 167, 169.
San Carlo al Corso, quad. 13a.
San Lorenzo in Damaso, fig. 30.
Santa Maria della Pace, quad. 13a.
Sant'Andrea do Quirinale, 115.
Santa Maria in Cosmedin, quad. 9, fig. 19, pp. 78, 79, 90, 120, 149, 188, 229.
Santa Maria sopra Minerva, 2.
Santa Sabina, quad. 7, fig. 16, pp. 71, 72, 74, 90, 167, 188.
Sant'Ivo alla Sapienza, quad. 13, fig. 24, pp. 32, 116, 170, 175.
Santo Stefano Rotondo, quad. 7a, p. 80.
São Pedro, quad. 19, figs. 1-9, 31, pp. 31, 32, 41-45, 103, 104, 164, 168, 169, 170, 243.
Spina dei Borghi, 120, 170.
Tabularium, 68.
Teatro de Marcelo, quad. 6a, p. 229.
Tempietto di San Pietro in Montorio, quad. 12, fig. 23, pp. 102, 166, 175.
Templo de Minerva Medica, quad. 6, fig. 17, pp. 72, 73, 76, 79, 113, 185.
Termas de Caracalla, quad. 17, p. 164.

Ronchamp
Capela, 254, 258.

Salisbury
Catedral, figs. 20, 31, pp. 94, 140, 167.
San Galgano Abadia, quad. 10a.

Santa Mônica (Califórnia)
Casa, quad. 18a.

Sicília
Templos gregos, 66.

Siena
Torre del Mangia, 167.

Siracusa
O Ateneu, quad. 7a, p. 229.

Spalato
Palácio de Diocleciano, 68.

Spring Green (Wisconsin)
Taliesin III, quad. 19, p. 167.
Stupinigi
Palazzina reale, quad. 14, pp. 142, 166, 168.
Sunnyvale (Califórnia)
Escritórios da Schuckl, quad. 20, p. 167.
Tivoli
Villa Adriana, quad. 6a.
Tóquio
Hotel Imperial, 239.
Torcello
Catedral, quad. 19a.
Santa Fosca, quad. 19a.
Toscana
San Pietro, 77, 78.
Trani
Catedral, quad. 18a.
Turim
San Lorenzo, quads. 14, 14a, pp. 143, 168.

Veneza
Ca'd'oro, 239.
Campo, quad. 17.
Fondaco dei Turchi, quad. 2a.
Igreja del Redentore, quad. 12a.
Igreja Santa Maria della Salute, quad. 13a, pp. 170, 240, 249.
Palazzo Ducal, quad. 20a.
San Giorgio Maggiore, quad. 12a.
San Marco, quad. 3a, p. 77.
Verona
Anfiteatro, quad. 6a, p. 229.
Ponte de Castelvecchio, quad. 1a.
Santo Stefano, 77.
San Zeno, quad. 9a, p. 91.
Vicenza
Palazzo Chiericati, quad. 12, pp. 151, 167, 169, 171, 175.
Teatro Olímpico, quad. 12a.
Villa Capra, quad. 18, fig. 23, pp. 167, 175.
Villa Trissino, quad. 1a.
Villejuif
Escola, 252.

Washington (D. C.)
   Capitólio, 146.
   Lincoln Memorial, 66.
Wells
   Catedral, quad. 10, p. 139.
Whitemarsh
   Casa Aburgton Glebe, quad. 20, pp. 164, 167, 168.
Worcester
   Catedral, 94.

ÍNDICE DAS FIGURAS

1 Michelangelo: projeto da Basílica de São Pedro, em Roma   31
2 Basílica de São Pedro: planta simplificada   41
3 Basílica de São Pedro: o negativo da planta   41
4 O espaço interior da Basílica de São Pedro   43
5 O espaço exterior da Basílica de São Pedro   43
6 A projeção das estruturas da Basílica de São Pedro   44
7 Basílica de São Pedro: uma interpretação espacial da planta   44
8 Basílica de São Pedro: outra interpretação espacial da planta   45
9 Basílica de São Pedro: uma terceira interpretação espacial da planta   45
10 Palazzo Farnese, em Roma: fachada   46
11 Falling Water, de Wright: fachada   47
12 Palazzo Farnese: negativo da fachada   47
13 Palazzo Farnese: uma interpretação da fachada   48
14 Falling Water, de Wright: uma interpretação da fachada   49
15 Evolução planimétrica do templo grego   65
16 Basílica Ulpia e Igreja de Santa Sabina, em Roma: plantas   68
17 Panteão, Templo de Minerva Medica e Mausoléu de Santa Costanza, em Roma: plantas   73
18 Santa Sofia, em Constantinopla: planta e seção. S. Vitale, em Ravenna: planta   75
19 Igrejas de Santa Maria in Cosmedin, em Roma, de San Miniato al Monte, em Florença, e Basílica de Sant'Ambrogio, em Milão: plantas   79

20 Catedral de Milão, Notre-Dame de Paris e Catedral de Salisbury: plantas   93
21 Catedral de Milão, Catedral de Reims e Abadia de Westminster: seções   94
22 Igreja de Santo Spirito, em Florença: planta atual e planta original   99
23 Tempietto di San Pietro in Montorio, em Roma, Villa Capra, em Vicenza, e Palazzo Farnese, em Roma: plantas   103
24 Igreja de Sant'Ivo alla Sapienza, em Roma: plantas   116
25 Igreja de San Carlino alle Quattro Fontane, em Roma, e Santuário dos Catorze Santos, no vale do Meno: plantas   117
26 Villa Savoie, em Poissy: plantas   122
27 Pavilhão de Miës Van der Rohe, em Barcelona: planta   122
28 Falling Water, de Wright: plantas   122
29 Interpretação racial e sociológica da arquitetura   149
30 Interpretação musical da arquitetura   162
31 Interpretação geométrica da arquitetura   163
32 Interpretação antropomórfica da arquitetura   164
33 Interpretação sexual da arquitetura   166
34 Os princípios da *escala* e da *urbanidade* em arquitetura   173
35 A conquista de um ambiente humanizado   263
36 A quarta dimensão ou tempo   264
37 A especificidade da arquitetura   265

ÍNDICE DOS QUADROS

Arquiteturas sem espaço interior

Quadro 1   9

Coluna de Marco Aurélio, em Roma
Fontana della Barcaccia, em Roma
Pirâmide de Caio Céstio, em Roma
Obelisco egípcio na Piazza del Popolo, em Roma
Arco de Tito, em Roma
Monumento a Garibaldi, em Roma
Monumento a Vítor Emanuel II, em Roma
Ruínas do Aqueduto de Cláudio, em Roma

Quadro 1a   11

Ponte de Castelvecchio, em Verona
Fontes no parque de Villa Trissino, próximo de Vicenza
Varanda setecentista
Palazzo del Tè, em Mântua: rotunda do jardim
Fonte de praça, em Perugia

Superfícies e volumes na representação fotográfica

Quadro 2   13

Palazzo Farnese, em Roma

Falling Water, de Wright
Castello Ursino, em Catânia
Vila em Garches, de Le Corbusier

Quadro 2a   15
Estação ferroviária, em Roma: átrio
Fondaco dei Turchi, em Veneza
Monumento às Cave Ardeatine, em Roma

Os jogos volumétricos na representação fotográfica

Quadro 3   33
Edifício Johnson, de Wright: vistas exteriores
Basílica de Sant'Antonio, em Pádua

Quadro 3a   35
Basílica de S. Marco, em Veneza Orfanato, em Como, de Terragni

O espaço interior na representação fotográfica

Quadro 4   37
Edifício Johnson, de Wright: vistas interiores Praça de São Marco, em Veneza

Quadro 4a   39
Igreja de Santo Spirito, em Florença: vistas interiores
Villa Savoie, em Poissy

A escala humana dos gregos

Quadro 5   57
O Partenon, em Atenas
Peristilo do Partenon, em Atenas

Quadro 5a   59
"Basílica" e Templo de Posidon, em Pesto
Interior da "Basílica" de Pesto

O espaço estático de Roma antiga

Quadro 6   61
Basílica de Maxêncio e de Constantino: estado atual e
reconstrução
Panteão, em Roma
Templo conhecido por de Minerva Medica, em Roma
Cúpula do Panteão, em Roma
Basílica Ulpia, em Roma

Quadro 6a   63
Panteão, em Roma: vista aérea
Teatro de Marcelo, em Roma: reconstituição
Anfiteatro de Verona
Villa Adriana, em Tivoli: vista aérea

A diretriz humana do espaço cristão

Quadro 7   81
Mausoléu de Santa Costanza, em Roma
Igreja de Santa Sabina, em Roma

Quadro 7a   83
Igreja de Santo Stefano Rotondo, em Roma: vista interior e
exterior
Ateneu de Siracusa, transformado em catedral cristã

A aceleração direcional e a dilatação de Bizâncio

Quadro 8   85
Igreja de Sant'Apollinare Nuovo, em Ravenna
Santa Sofia, em Constantinopla
Basílica de S. Vitale, em Ravenna

Quadro 8a   87

Santa Sofia, em Constantinopla: aspectos do interior e das exedras

A barbárica interrupção dos ritmos e a métrica românica

Quadro 9   105

Igreja de Santa Maria in Cosmedin, em Roma
Basílica de Sant'Ambrogio, em Milão
Igreja de San Miniato al Monte, em Florença
Teto do coro da Catedral de Mächtige

Quadro 9a   107

Igreja de San Zeno, em Verona: vistas interior e exterior
Catedral, Batistério e Torre Inclinada, em Pisa

Os contrastes dimensionais e a continuidade espacial do gótico

Quadro 10   109

Abadia de Westminster, em Londres
Catedral de Amiens
Capela da Catedral de Wells
Capela do King's College, em Cambridge
Interior da torre da Catedral de Estrasburgo

Quadro 10a   111

Catedral de Milão: vista de uma das naves laterais
Igreja de Santa Maria Novella, em Florença: interior
Basílica de San Petronio, em Bolonha
Catedral de Florença
Abadia de San Galgano: detalhe da pilastra
Abadia de Casamari: pilastra da sala do capítulo

As leis e as medidas do espaço do século XV

Quadro 11   128

Palazzo Vecchio, em Florença

ÍNDICE DOS QUADROS **283**

Palazzo Strozzi, em Florença
Palazzo Rucellai, em Florença
Cúpula da Cappella Pazzi, em Florença
Igreja de Santo Spirito, em Florença
Interior da Cappella Pazzi, em Florença

Quadro 11a   130
Palazzo Rucellai, em Florença: detalhe de uma janela
Igreja de Sant'Andrea, em Mântua
Templo Malatestiano, em Rimini: detalhe da fachada

Volumetria e plástica quinhentista

Quadro 12   132
Tempietto di San Pietro in Montorio, em Roma
Biblioteca Laurenziana, em Florença
Palazzo Chiericati, em Vicenza
Átrio da Biblioteca Laurenziana, em Florença

Quadro 12a   134
Igreja del Redentore, em Veneza: detalhe da abside e do interior
Teatro Olímpico de Vicenza: aspectos da bancada e do palco
Igreja de San Giorgio Maggiore, em Veneza: vista aérea

O movimento e a interpenetração no espaço barroco

Quadro 13   153
Cúpula da Igreja de San Carlino alle Quattro Fontane, em Roma
Igreja de Sant'Ivo alla Sapienza, em Roma
Santuário dos Catorze Santos, no vale do Meno
Cúpula da Igreja de Sant'Ivo alla Sapienza, em Roma
Interior da Igreja de San Carlino alle Quattro Fontane, em Roma

Quadro 13a   155
Cúpula da Igreja de San Carlo al Corso, em Roma
Igreja de Santa Maria della Pace, em Roma
Igreja de Santa Maria della Salute, em Veneza

Quadro 14 — 157
Cúpula da Igreja de San Lorenzo, em Turim
Palazzina reale di Stupinigi

Quadro 14a — 159
Igreja de San Lorenzo, em Turim: aspectos do interior

A "planta livre" da idade moderna

Quadro 15 — 177
Villa Savoie, em Poissy: aspectos do interior e do exterior
Pavilhão na Exposição de Barcelona: aspectos do interior e do exterior
Bauhaus, em Dessau

Quadro 15a — 179
Casa, em New Canaan: exterior e interior
Lever House, em Nova York

O espaço orgânico da idade moderna

Quadro 16 — 181
Falling Water, de Wright: aspectos

Quadro 16a — 183
Casa Friedman, em Pleasantville
Igreja Unitária, em Madison
Casa David Wright, em Phoenix
Casa Boomer, em Phoenix

Através da história da arquitetura

Quadro 17 — 201
Vista dos arranha-céus de NovaYork
O Taj Mahal, em Agra (Índia)

Edifício dos seguros, em Filadélfia
Galeria das Máquinas, na Exposição de Paris
Termas de Caracalla, em Roma
Vista aérea de um *campo* veneziano

Quadro 17a   203

Villa Manin, em Passariano
Piazza della Signoria, em Florença
Escavações de Pompéia: vista aérea

Quadro 18   205

Catedral de Monreale
Villa Capra, perto de Vicenza
Cúpulas da Igreja de San Giovanni degli Eremiti, em Palermo

Quadro 18a   207

Nuraghe, em Isili, na Sardenha: interior da abóbada
Trulli, em Alberobello
Casa, em Santa Mônica, Califórnia: interior e exterior
Catedral de Trani: exterior e interior
Município de Estocolmo

Quadro 19   209

Catedral de Florença
Catedral de Monreale: aspecto do interior
Residência de Taliesin III
Biblioteca Luigi Einaudi, em Dogliani
Armazéns Schocken, em Chemnitz
Basílica de São Pedro, em Roma: vista aérea
Templo de Ámon, em Karnak
Catedral de Durham

Quadro 19a   211

Estação de Milão: interior
Parque Güell, em Barcelona: detalhe das estruturas inferiores
Montagnana: vista aérea
Igreja de Santa Fosca, em Torcello: interior e vista aérea
Catedral de Torcello: interior e vista aérea

Quadro 20   213
Casa Aburgton Glebe, em Whitemarsh
Escritórios da Schuckl, em Sunnyvale, Califórnia
Bauhaus, em Dessau
Pátio da Igreja de San Carlino Alle Quattro Fontane, em Roma
Sala Wladislavski, em Praga
Casa Levell, em Los Angeles

Quadro 20a   215
Mesquita do Sultão Ahmet, em Istambul: interior e exterior
Palácio Ducal, em Veneza: aspectos da Galeria

As fotografias não originais de monumentos italianos são de Alinari, Anderson, Salbaroli, Direção dos Monumentos de Florença, Richter, Aeronáutica Militar, Salvatore, Fotocelere.

GRÁFICA PAYM
Tel. [11] 4392-3344
paym@graficapaym.com.br